U0958753

立人天地

世界前沿教育书系

CORWIN

WHAT IS IT

课堂内外：打造全方位发展的学生

ABOUT ME YOU

[美] 埃莉诺·蕾妮·罗德里格斯（Eleanor Renee Rodriguez）
詹姆斯·贝兰卡（James Bellanca） 著
刘清山 译

CAN'T TEACH?

黑龙江出版集团
黑龙江教育出版社

版权登记号：08-2016-014

图书在版编目（CIP）数据

课堂内外：打造全方位发展的学生 /（美）罗德里格斯（Rodriguez, E. R.），（美）贝兰卡（Bellanca, J.）著；刘清山译.
-- 哈尔滨：黑龙江教育出版社，2016. 2
ISBN 978-7-5316-8664-4

Ⅰ. ①课… Ⅱ. ①罗… ②贝… ③刘… Ⅲ. ①教学法—研究 Ⅳ. ①G424.1

中国版本图书馆CIP数据核字(2016)第045629号

课堂内外：打造全方位发展的学生

KETANG NEIWAI：DAZAO QUANFANGWEI FAZHANDE XUESHENG

作　　者　〔美〕埃莉诺·蕾妮·罗德里格斯（Eleanor Renee Rodriguez）
　　　　　詹姆斯·贝兰卡（James Bellanca）著
译　　者　刘清山 译
选题策划　王春晨
责任编辑　宋舒白 张培培
装帧设计　Amber Design 琥珀视觉
责任校对　周维继

出版发行　黑龙江教育出版社（哈尔滨市南岗区花园街158号）
印　　刷　北京鹏润伟业印刷有限公司
新浪微博　http://weibo.com/longjiaoshe
公众微信　heilongjiangjiaoyu
天 猫 店　https://hljjycbsts.tmall.com
E-mail　heilongjiangjiaoyu@126.com
电　　话　010—64187564

开　　本　700×1000　1/16
印　　张　18
字　　数　313千
版　　次　2016年4月第1版　2016年4月第1次印刷
书　　号　ISBN 978-7-5316-8664-4
定　　价　39.00元

目录 / contents

前言

如果你的老师第一天上课时就皱起眉头，似乎在说“我当然希望你在这个课堂上学到一些东西，但是我对这件事持怀疑态度”或者“为什么把这名学生安排到教室的第一个座位上”，那么你会有什么样的感受呢？如果你的老师用很多话来暗示“你不可能在我的课堂上学到什么东西”，你会怎么想呢？

这就是各个年级成千上万名学生的真实感受和想法，他们的教师经常用肢体语言暗示：“我不相信你能学到什么东西。”这些孩子们只能问自己：“我有哪些特点让你觉得我无法学有所成呢？是我破旧的衬衫和不合身的裤子吗？是我的口音吗？是我的肤色吗？是我的发型吗？是因为我是女孩子吗？是因为我的父母收入低吗？……到底是什么原因呢？”

一位教师向任何一个对自身存在疑虑和想法的孩子回答这些问题的方式，是决定这个孩子学习效果好坏的一个关键因素。理想状态下，教师应该先向孩子们表示：“我完全有理由相信，你能够取得最好的成绩。”接着，教师应该说：“为了证明我的确相信你能够和班上其他同学一样学到我所讲授的知识，我要使用最好的教育方法，帮助你取得成功。”

本书的第一个目的就是向现在和未来的任课教师说明，通过使用一些实用的教育方法，我们可以确保所有的孩子享受到最好的教育。其次，本书向需要提高教学技能的教师提供了一些方法技能，可以帮助那些面对为全体学生设置的高标准严要求时感到吃力的孩子。这样一来，所有教师在面对这些孩子时都可以给出更好的回应：“对于你或者班上的其他孩子来说，没有什么东西是我无法让你们学不会的。”

为了写这本书，我们进行了一些研究，这些研究主要关注在城区环境下工作的教师，他们需要面对由于种种原因导致学习成绩普遍不佳的学生。首先，我们花了许多年时间亲自与上述环境中的学生、教师、助教、管理者进行接触。接着，我们将这些经历与研究人员的分析研究结合起来。这些研究人员查看了各种效应值，得出了一份统计排序，指出了哪些教育方法最有可能对挣扎在上述环境中的学生们产生积极、重大的影响。最后也是最重要的一点，是基于认知心理学家鲁文·费厄斯坦（Reuven Feuerstein）的理论和实践而进行的调查和有效研究。

我们已经认识到了对许多城区学生面临的学习问题获得清晰认识的重要性，因此本书以费厄斯坦的"中介学习过程"理论为核心进行了组织。该理论是费厄斯坦跟随皮亚杰（Piaget）学习期间提出的，以"结构化认知可变性"概念为基础，认为智力不是固定不变的，而是灵活可变的。在"中介学习过程"理论中，费厄斯坦详细介绍了最有利于帮助所有学生更加迅速有效掌握知识的师生互动所具有的特点。"中介学习过程"理论最初是针对第二次世界大战屠杀中幸存下来的犹太儿童提出的，常规教学方法很难在这些儿童身上发挥作用。实践证明，"中介学习过程"理论适用于具有特殊需求的学生，包括存在学习障碍、行为障碍、唐氏综合征、孤独症的学生；克利夫兰、哈特福德等城市中心城区贫困家庭的非裔美国孩子；巴伊亚（巴西）和阿留申群岛农村地区的孩子；美洲原住民（亚利桑那州），印第安人（不列颠哥伦比亚省），因纽特人（阿拉斯加州），埃塞俄比亚人（以色列）和拉美裔（洛杉矶，墨西哥城）学生；被监禁的青年（布朗克斯）；从西海岸波特兰（俄勒冈州）到东海岸威明顿（特拉华州）的美国学校中没有发挥出应有水平的聪明学生以及在阅读和数学方面存在困难的学生。

本书各章是按照"中介学习过程"理论的各项特点编排的。每章关注一项特点，介绍这项特点如何为教师提供最有利于实现"高期望值"教育的工具。我们选择了最符合每个特点的教学策略。我们会介绍每个特点的内容、由来和使用方法，以便让教师理解这个特点，知道它的重要性以及如何在课堂上使用。最后，我们还会在每章末尾提供三个课例，以说明如何将这些策略融入到日常教学中。这些课例得到了差异化处理，分别适用于低年级、中年级和高年级学生。

第一章简要介绍城区学生的特点以及满足这些学生教学需求的具体要点。

第二章重新审视教师在教学过程中使用高期望值语言的教学策略的相关数据，特别关注以教师期望提高学生成绩（TESA）方法的重要性。我们认为该方法是每个城区课堂上必备的基本工具。

第三章介绍如何将教师培养每个学生思考能力和将这些能力应用到学科中的意图与教师吸引学生注意力即学生“互动”的能力结合起来，提出了吸引学生注意力以及让学生在一整堂课的时间里参与到教学中来的重要策略。

第四章关注“含义”的中介，这是每堂课都要使用的一个重要特点。我们会讨论先验知识以及帮助学生构建含义的课程设计的重要性。

第五章解释“超越”中介的重要性。通过这种方法，教师可以让学生对他们正在学习的知识进行推广和总结。我们将介绍如何用交互教学方法让学生掌握“主动学习”技能，以便将各种概念整合到一起。

第六章探讨“自我管理”中介，这种方法可以帮助学生学习如何控制自己的学习行为并为此负责。我们将介绍费厄斯坦“工具强化”计划高年级学生版（标准版）和低年级学生版（基本版）中的方法，以便让教师更加有效地帮助差生学习自我管理。

第七章讨论使用“中介学习过程”理论和“工具强化”计划帮助学生建立自信，以便让他们走上正轨的重要性。我们将把感觉自己无法取得良好学习成绩并且感觉不到学习重要性的学生行为作为胜任感中介的基础。

第八章介绍将分享行为中介与非正式和正式合作的使用结合起来，使之成为在课堂上和家庭中培养学生分享行为的优秀策略。

第九章将“中介学习过程”与加德纳（Gardner）的多元智能理论结合起来，指出教师应当区别对待不同学生的学习。我们将介绍如何设计课程，以便让所有学生产生强烈的学习兴趣，以及如何进行区别化教学，以便让学生根据自身需求进行个性化学习。

第十章强调了学生应当建立并实现个人学习目标，同时提出了许多教学策略，用于帮助学生制订和评估个人目标。

第十一章介绍在学生培养技能和能力的过程中，教师为所有学生设置挑战时应当采取的措施和需要避免的行为。我们将关注“三层智能”，将其作为为各个科目由浅入深地设置教学计划的参考标准。

第十二章讨论自我改变，这需要教师取消学生们的身份标签，将一切贬损语言清出课堂。这是学生认识自身能力、进行积极反思和自我评估、在无需教师中介的情况下改变自身行为的第一步。我们会介绍一些策略，帮助学生进行积极的自我评估，进而改善他们的学习效果。

第十三章指出，将课堂教学从教师讲解和不对学生寄予过高期望的方法转变成以学生为中心的中介式教学，需要教师改变观念。为了实现这种改变，教师最好能够参加一项包含大量指导和后续跟踪的综合职业发展计划。

对于使用过本书第一版的读者来说，当前版本有几个值得注意的变化，包括：

- 更新了第一章对城区教学挑战的描述。
- 增加了第十三章对职业发展的讨论。
- 每章添加了三个教学案例。
- 更新了对“工具强化”计划中新式“基本”工具的描述。
- 澄清了“中介学习过程”理论及其在本书中的主线作用。
- 增加了最新研究结果，重点关注第一版出版后成形的对于有效教学策略的元分析理论。
- 增加了每章末尾的重点提示。

在这个新版本中，我们更新了1996年使用的材料。自本书第一版出版以来，关于如何更好地将城区学生从被动学习者转变成有能力且愿意提高学习成绩的积极主动学习者的研究让我们的思想得到了进一步完善。所以，我们根据从这些研究中学到的东西以及国内外大量教师就如何最高效地让这些学生提高成绩以及如何改善本书内容提供的反馈，对本书进行了修改。

目前，我们比任何时候都更加相信，这本书能够满足人们的需要。我们强烈希望我们倡导的方法能让每位读者成为有效的中介教育者。我们知道这些建立在有效研究基础上的观点与一些将教师转变成无法满足学生大多数重要需求的“念书机器人”的趋势背道而驰。高质量的教学，尤其是对学习存在困难的差生的高质量教学，依赖于那些善于就如何教导不同孩子的问题制订重要决策的优秀教师。这些教师从不需要面对“你为什么不能把我教育成好学生”这样的问题，因为他们已经掌握了足够的技能，可以问心无愧地说：“在我的课堂上，我知道没有什么东西是我无法把你教会的。我要让你的学习潜力变成现实。我决不允许你在学习成绩上输给其他任何同学。”

——埃莉诺·蕾妮·罗德里格斯（Eleanor Renée Rodriguez）

——詹姆斯·贝兰卡（James Bellanca）

序

我们很少有机会读到这样一本解答学生成绩和学校改革问题的作品。埃莉诺·蕾妮·罗德里格斯和詹姆斯·贝兰卡的这本《课堂内外：打造全方位发展的学生》探讨了国家在分析许多学校出现的问题时没有考虑的一个话题，即培养和维持优秀教师的重要性。虽然琳达·达林-哈蒙德（Linda Darling Hammond）在全国范围内出版的《最重要的事情：教出美国的未来》（*What Matters Most: Teaching for America's Future*, 1996）中讨论了教与学的中心问题及其对成绩的影响，但其他学校改革方面的出版物很少关注课堂教学问题。

罗德里格斯和贝兰卡为学校改革领域的文献添加了一份重量级作品。在这本书中，他们（通过"学生的视角"）指出了教师的态度和表现对城区孩子学习的影响。书中有许多鲜明的反面例子，引导读者思考城区教师如何以不同方式对待城区学生。正如作者在这些例子中所说，教师常常放慢学习节奏，缺乏努力帮助学生的耐心，将城区孩子视作有缺陷的、任性的、不适应社会的、迟钝的、愚笨的学生——而且不断将这些标签变成现实。认为学生能够取得成功的教师则会朝着这一目标努力，他们得到的结果常常可以证明他们的乐观预期。例如，他们可以采取教学策略，以有趣的方式向学生传授学科内容，帮助学生对各种信息进行认知上的适应和处理。

研究表明，在学科内容教学中，城区教师必须改变他们的教学实践，将更多的时间和精力放在概念和认知培养、推理、思考以及高级理解技能上。在学习中将认知发展和先验知识紧密联系起来的研究基础出现于20世纪70年代后期。这些研究认为，同先验知识和经验不充分或不完整的学生相比，拥有与学习主题相关的大量先验知识和经验的学生更容易学习新知识，而且能够记住更多的内容，这种现象在阅读学习模式中尤为明显。教师需要告诉城区学生如何回顾先验知识，这可以帮助他们更好地学习新内容。

在这本书中，罗德里格斯和贝兰卡将带领读者浏览综合性的跨学科展示性课例，这些课例使用了上面提到的大部分认知研究成果。读者将会欣赏到适用于所有学生，尤其是城区孩子的相关主题和思想。预测、图形组织工具、费厄斯坦的

“工具强化”计划、概念主题、解决问题的策略以及概念获得模式都被整合到了内容领域的教学中。这种综合为恰当的课堂中介提供了必要的概念基础。

本书的最后一个贡献是，它为读者描绘了最适合为城区学生服务的教育工作者的清晰形象。这种教育工作者敏感而自信，同情他人，了解合适的教学方法和学科知识，适应许多城区孩子使用的微妙的学习方法。这种教育工作者对学生具有强大的榜样作用，他们对自己所服务的所有学生寄予很高的期望，能够将学术知识融入到结构化的应用学习机会中。虽然我们的许多城区学校学生不断面临着严酷的生活现实，但如果有了上面这种教育工作者，学校生活将成为一种兼具培养性、指导性、领导性和支持性的生活。

在此，我非常荣幸地将这本书的修订版本介绍给全国城区学校系统的诸位同仁，同时感谢本书作者的卓越贡献。

——埃里克·库珀

纽约成功湖全国城区有效教育联盟，

华盛顿特区大城市学校委员会，伯明翰市阿拉巴马大学

特别说明

"聪明人懂得用谚语来解决问题。"

——约鲁巴人

在非洲，讲故事是一个非常重要的语言传统，每个故事都可以让我们学习到关于历史、风俗和传统的知识。我喜欢非洲谚语。在我看来，它们蕴含着简短而精确的道理。例如，尼日利亚人用谚语"培养一个儿童需要一村之力"来表示每个人都应该为其他人的教育出一份力。在本书中，凡是需要强调或需要读者格外注意的地方，我们都会使用谚语或引文。希望大家能够喜欢。

——埃莉诺·蕾妮·罗德里格斯

致我们所照顾的孩子们。
我们可以改变人生。
感谢你们的努力。

只有当孩子们知道你有多在乎他们时，他们才会在乎你的话语。

——佚名

我遇到了一个鼓励我实现梦想的人。她激励我放开脚步，追逐自己的目标。她鼓励我做一个不一样的自己。我以前总是认为，如果我表现出自己真实的一面，没有人会成为我的朋友。我以为做一个聪明人是一件很丢脸的事情，至少不能让别人知道。当她帮助我审视内心时，我的想法发生了改变。我发现了一个囚禁在监狱里的人，这个监狱没有声音，没有光亮，里面的人也戴着虚伪的面具。当这个人被释放出来时，就好像一头野兽被释放出来一样。我的眼前似乎出现了一个充满危险与机遇的世界。我发现了一个从未见过的世界；过去我总是觉得我的世界走到了尽头。我从未想过一个人可以改变你的人生，幸亏我遇到了这个富有爱心和同情心的人，我的人生正在发生变化。感谢我的新朋友。

——拉切尔·金（Rachell King），16岁
卡特里娜飓风幸存者
弗吉尼亚州诺福克市
2005年8月28日

第一章 我从未向你许诺过一座玫瑰园

安德里亚（Andrea）仍然记得那天的情景。“我坐在地理课教室里。我当时是二年级学生。那天我过得特别不顺利。母亲为我糟糕的成绩训斥了我。老师正在为我们分发试卷。轮到我时，老师把试卷扔在桌子上。我看到了满纸的红色标记。‘你这种人不配待在教室里，’他说。我甚至没有听到他接下来说了什么。我崩溃了。当我听到‘你这种人’时，我就崩溃了。这是压倒骆驼的最后一根稻草。当我的举手示意被他忽视时，当他一直装作我不存在时，我什么都没有说。当我崩溃时，我愤怒地盯着他，用让人最不舒服的语气说道：‘罗西先生，我到底和别的同学差在哪里，你为什么不能把我教成好学生呢？’”

城区教育的挑战

安德里亚愤怒的话语把城区课堂的核心教学问题摆在了我们眼前：教师如何对待各式各样的学生。市郊富裕学校的教师可以拥有设备齐全的教室和实验室，获得许多参考意见，拥有现场辅导服务、最新的教科书、社区支持的活动、大量课外活动以及最新的前沿技术。这些条件让市郊学生拥有了“成绩优势”和出色的表现。

另一方面，许多城区教师需要努力保护陈旧的围墙不被人涂鸦，使用经常掉页的教科书授课，努力在子弹横飞和毒贩横行的环境中保护学生的安全。通常，希望有所作为的城区教师需要自己花钱购买教学物资，安慰陷入困境的孩子，平息孩子们言语和身体上的剧烈冲突，想办法让存在特殊困难、没有其他资源可以使用的孩子到学校上学。城区学校资源的匮乏导致学生“在成绩上处于劣势”，与市郊学生的差距越来越大。同城区课堂相比，急诊创伤中心或空中交通管制塔似乎是梦幻般的工作场所。

改革努力

始于《危机中的国家》（*A Nation at Risk*）的全国改革运动开展以来，城区学校出现了许多有组织的改革举措。立法机构、家长组织、专业的教育工作者组织、社区机构全都加入到了这项运动中。这些努力的成果包括国家标准、替代性学校和特许学校、现场管理、社区服务机构与学校的合作、社会与家长的参与、教师增权、精选计划、职业发展学校、对进步学校的财物奖励、授课日课时的延长、国家收购以及私有化。在有些情况下，甚至有人想要改善城区学校教学资源一向短缺的情况。

本书与上述努力没有任何关系。我们不会判断哪些努力能够帮助或者不能帮助城区学生。本书也不会讨论城区学生所在社区的社会学及其对学生的学习影响。其他人也许可以更好地解决这些问题。本书探讨的是最有利于缩小成绩差距，至少能让城区学生与富裕的郊区同龄人共享一部分学习优势的城区课堂高质量教学问题，这个问题很重要，但是常常被人忽视。

大部分优秀的教师和大部分优秀的学生都不是天生的，都需要经过后天的努力。有些学生的计算能力、阅读能力、沟通能力或者运动能力可能天生就比别人强，但大多数学生都是通过自己的汗水与教师的汗水取得成功的。类似的，有些教师鼓励学生学习的能力天生就比别人强，但大多数教师的教学技能都是通过努力工作和刻苦学习取得的。所有孩子都可以通过自身的刻苦努力和教师的帮助在学校取得更好的表现，类似的，所有教师都可以通过学习提高教学水平。不是每个篮球运动员都叫迈克尔·乔丹（Michael Jordan），但如果没有训练出高超的球技，迈克尔·乔丹也无法成为一名伟大的运动员；不是每个写诗的人都叫马娅·安杰卢（Maya Angelou），但如果不运用自己的天赋，马娅·安杰卢也无法成为一位伟大的诗人。儿童的基本能力并不是他们的能力极限，只是他们的发展起点。同样的道理也适用于教师。

关注研究

近20年来，一些研究表明，教师可以采取一些行动，完善自己的教学知识和技能，从而帮助学生学到更多知识，取得更好的成绩。本书关注的就是这样一些研究成果。

城区课堂上的教学情况并不能否定上述改革努力的重要性；实际上，这些改革对于高效教学是有促进作用的；良好的教学本身并不能拯救我们的学校。不过，学校的核心问题在于，我们的教学需要获得高度关注，而且需要得到改善，而这与上述所有改革努力关系不大。与有意义的课程和健全的评估相结合的教学是至关重要的。如果教学得不到改善，学生的成绩就无法提高，学生的才能也无法得到培养。

以教师的期望提高学生的成绩：不是纸上谈兵

对于学生成绩的研究，大多数认为，学生成绩的改善始于教师期望的提高。本书不是为那些认为自己无法改善学生学习成绩的城区教师编写的。请不要忽视这个问题的严重性。这种观点广泛存在于城区学校之中，这一现象不容小觑。例如，最近有一场由一个大型城区系统的高中数学教师参与的会议，会议室正前方的公告板上写着标语“我们相信所有学生都能学有所成——所以请为了这个目标而努力吧”。面对“我们如何让超过60%的学生通过州级期末考试”这个问题，教师们的回答反映了他们对学生的期望之低，而且他们似乎对此已经习以为常了：

> 让他们的家长帮忙。
> 给他们布置更多家庭作业。
> 将他们尽快清出教室。
> 懒虫是不可能好好学习的。
> 他们大多数人都应该去特殊学校学习。
> 他们不会思考。
> 这事没戏。
> 他们才不关心这件事呢。他们毫无志向。
> 他们和过去的学生不一样了。

说这些话的数学教师有非裔教师、西裔教师、白人教师，他们都有多年的教学经验，教学水平不低。上述话语显示出了他们的沮丧，他们认为自己不管怎样努力都不能帮助无法通过考试的40%学生提高成绩。这些教师过低的期望和坚定的信念还会继续变成现实，那些贫穷的学生、有肤色的学生、有特殊困难的学生和讲其他语言的学生是不可能提高成绩的。他们的学习成绩之所以无法提高，是因为教师相信他们的学习成绩无法提高，他们“不需要”好好学习，他们所接受的教学方式注定了他们无法取得好成绩。

本书是为那些相信所有孩子都能学有所成的教师写的。在这些教师当中，有的人天生有能力把所有孩子教育好，包括具有不同背景的城区孩子，具有特殊困难的城区孩子，以及城区穷人家的孩子。这些教师是行业里的迈克尔·乔丹、马娅·安杰卢、小马丁·路德·金（Martin Luther King Jrs.）。不过，大多数教师都知道，他们必须不断培养自己的能力，以找到将“所有孩子都能学有所成”变成现实的方法。许多人没有成为明星，但也表现得很好，他们的确希望所有孩子好好学习。他们所在的地区课堂资源极其有限，而学生们又面临着巨大的困难，他们通常很少有机会获得职业上的发展，学习“最好的做法”、最新方法以及替代性教学策略。他们的格言是“是的，我们的确相信所有孩子都能学有所成”，他们的问题是“怎样才能实现这一点呢？”在现代城区课堂上教书可能是这个最困难的行业中最困难的任务，但它也为教师提供了最大的提升空间。我们这里关注的就是能够帮助课堂上所有孩子学有所成的方法。

本书中有许多关于实用策略的例子，有的可以直接运用到实践中，有的还需要长期的实践。这些方法还配有教案设计，以说明如何在一节课或一个单元的设计中将有效的做法与课程内容和评估结合起来，以便对学生产生最大的影响。所有这些都是在研究背景下介绍的，这些研究可以说明如何将每种方法有效运用到城区课堂上。不过，在介绍所有这些教学方法之前，我们必须提出警告：没有一种方法能够永远适用于所有课堂。教师在使用每一种方法时都需要作出明智的判断。教师需要根据教学内容、学生的需要以及具体情况选择合适的策略。随着经验的增长，城区教师会将这种选择变成自身教学能力的一个重要组成部分，他们会使用得越来越熟练。随着这些方法的成功使用，我们可以证明，只要学生和教师拥有合适的方法、能力和足够的决心，那么所有学生，包括学习条件非常艰苦的城区学生，都可以学有所成。

城区孩子和他们面对的挑战

教师的课堂职业发展伴随着他的一生。这个过程的一个重要组成部分就是理解课堂上的孩子。当城区教师在职业道路上前进时，他们必须不断思考城区孩子的五个主要特点。什么是城区孩子？他们有哪些特点？我们对他们又有哪些误解？

首先，我们需要知道，一个城区孩子是一个年龄介于1到18岁之间的个体。通常，涉及接受特殊教育的年轻人时，这个范围会扩展到21岁。这些年龄基本覆盖了早期的小学、初中和高中。目前，10岁以下的孩子和十几岁孩子之间的界限变得越来越模糊，但他们仍然是孩子。实际上，我们在教育城区孩子时面对的一个主要问题就是他们的正常成长速度。城区孩子的生活经历比大多数成人更加丰富，这些不同的生活经历很可能会在生理和心理上加速他们的成长过程。不过从年龄上看，城区孩子或者其他地区的孩子仍然是孩子，这与他们生活经历的类型和程度无关。

标签的受害者

其次，同大多数孩子相比，城区孩子（过去被称为中心城区的孩子）更有可能成为标签的受害者，人们往往会把这些标签与较低的期望联系在一起。下一页的清单列出了教师、校长、社会工作者、家长甚至孩子们自己用来逃避刻苦学习和高强度教学的借口。通常，人们会为把这些标签换成另外一些微妙的词语，不过这些词语本质上还是低期望的代名词。

低期望之祸

第三，城区孩子将来最有可能进监狱（尤其是男性）。这是怎么回事呢？下面两个例子可以将部分原因归结为学校的低期望。

阿卜杜勒（Abdul）的初中是在玩耍中度过的。他在九年级时旷课22天，体育和工艺美术不及格，文化课勉强及格。升入高中后，阿卜杜勒只能学习基本的课程：实用数学、基础英语、数据输入、木工工场、科学概论。一周以后，阿卜杜勒告诉姐姐，他不想上学了（阿卜杜勒的母亲去世了，父亲在其他州生活）。姐姐很不安，拉着阿卜杜勒来到了辅导员办公室。听了姐姐对阿杜卜勒课程表的抱怨，看了教师对阿卜杜勒的评价记录，如“学习数据输入这门课程可以让你找到一份工作，事业有成”“这是你第五次学习这个基本数学问题了，我希望你这次能学会”以及“愚蠢的人只能做简单的事情——这门课程就是为最笨的人开设的”，辅导员说：“看看吧，他显然无法完成最基本的工作——否则他现在就应该坐在教室里。我们已经尽了最大的努力。不过，他必须学习基本的工作技能。”

此时，阿卜杜勒的姐姐从兜里掏出一张阿卜杜勒的测试记录，用手指着“智商”一栏，上面写着147。辅导员惊讶了片刻，说：“这不可能是阿卜杜勒的测试单，我们学校没有人得到过这么高的分数。”

一个月后，阿卜杜勒离开了学校。他的潜力在街头活动中表现了出来：在街上混了一个月以后，他成了一名会计师——为专门从事可卡因生意、年收入数百万美元、包含450名成员的团伙记账。三年后，他进了监狱。

何塞（Jose）的经历也好不到哪里去。他在六年级时是一名有天赋的运动员，曾在市级全明星小组中比赛。不过，他在申请初中西班牙语课程时遭到了拒绝。当他询问原因时，校长回答道：“你们这些人可以成为优秀的运动员，但你们无法在语言课程上取得良好的表现。”五年后，何塞被判二十年监禁。原因是什么呢？何塞成了一名专业伪造犯，每年为他的团伙贡献几十万美元的收入。

我不能把你教好，因为你是……

黑种人
棕种人
黄种人
红种人
白种人
混种人
反复学习第一章/第一篇的学生
母语不是英语
使用两种语言
只能使用一种语言
英语不流利
不努力的学生
不刻苦的学生
街头混混
留守儿童
年龄最大的孩子
年龄最小的孩子
非法居民
外来人口
没有父亲
没有母亲
没有家
联邦关联儿童
左脑学习者
右脑学习者
难民
避难者
社会经济地位低
社会经济地位高
来自农村地区
来自城区地区
来自郊区
有学习障碍
有视力障碍
有肢体障碍
有语言障碍
情绪紊乱
有注意力缺陷/多动症
孤僻
有听力障碍
女同性恋
男同性恋
有阅读障碍
身体虚弱
哮喘
亢奋
过度活跃
不够活跃
懒散
迟钝
头脑简单
没有阅读能力
文盲
差生
聪明的差生
移民
流动人员
处于危险之中
囚犯
受政府监护的人
孤儿
被收养的人
逃学的人
中年父母的孩子
艾滋病病毒携带者
没有接受过免疫注射
辍学者
9月18日以后出生的孩子
不适合上幼儿园
早期教育接受者
食品救济接受者
福利接受者（未成年子女家庭援助，AFDC）
WIC（妇女、婴儿和儿童）项目参与者
公共住房居民
接受住房补助的居民
受过身体虐待
受过性虐待
受过头部创伤
轮椅使用者
瘫痪
患有唐氏综合征
行为失常
情绪失常
有学习缺陷
接受教育存在障碍

单亲家庭的孩子

第四，城区儿童可能是单亲家庭的孩子，家长很可能是女性，很可能从事着工资低、没有出路的职业，或者依靠福利维持生活。许多城区学校的教师看到这种家长时会作出肤浅的判断，这些判断隐含着很低的期望：

> 你怎么能指望马里奥（Mario）拥有更好的表现？他的父亲现在还在州级监狱里服刑。
>
> 她的母亲甚至没有上完八年级。她还想干什么？
>
> 安东尼奥（Antonio）的母亲从来也不来学校看看。她根本不在乎。

第五，城区学生可能是移民的孩子，生活在来自同一国家或地区的社区。通常，这些孩子放学回家后要和堂亲表亲、姑姑阿姨、叔叔舅舅住在同一个房间里。他们周围的朋友也来自俄罗斯、波兰、墨西哥、危地马拉、越南、非洲或中国的同一个村庄。他们仍然保留着“故国”的传统和价值观。

眼前的任务

当这些具有不同文化、背景、语言的孩子们来到同一间教室时，教师面对的不仅是知识和技能上的差异。城区教师的课堂上存在的差异性超越了语言的范围。他们面临着极大的教学障碍，即使是最有能力的教师也会手足无措。怎么办呢？从哪里开始解决这个问题呢？

各个学区当然应该继续扩建学校、调整课程表、加强评估，但他们也不能忘记改善教学质量。在这一点上，城区学区应关注最有利于提升城区学生考试成绩的研究成果。

这种以提高学习期望为出发点的研究始于几十年前洛杉矶的“以教师期望提高学生成绩”（TESA）项目。在教师们掌握了TESA方法以后，他们证明了学生的学习方式比教师的教学方式更加重要这一观点。他们根据能够对不同学生切实发挥作用的方法，制订了用于改善学习效果的策略和战略。

在教师的观点发生了这种实质性转变以后，他们自愿成了学习的中介者。根据认知心理学家费厄斯坦的定义，中介者指的是通过培养学生的学习方式，或者叫作“认知功能”，帮助学生更好地理解这个世界的教师。通常，由于城区学生缺少学前引导，他们入学时的认知能力很差。对此，中介者可以使用中介学习的原则和做法，帮助这些孩子培养他们所缺少的必要认知能力。

下面各章会为教师介绍中介的原则和做法。教师可以通过这些章节理解每个中介标准的内容，每个标准对于提高学习质量的重要性，以及如何将中介做法融入到有意义的课堂教学中。

本书不会提供让城区学生改善学习成绩的所有答案。部分答案来自教师和学校领导对这些方法的系统使用，部分答案来自关于如何有效帮助城区孩子更好地学习、以便使他们掌握自身教育命运的未来研究，部分答案来自城区学区正在开展的其他改革。不过，我们一定不要忘记这个基本思想，那就是学生最大的收获来自以所有学生取得好成绩为目标的中介教学的质量。

第二章 对所有人寄予期望

"他们无所期待，付出很少，收获也很少。"

——莎琳·亨特-高尔特（Charlayne Hunter-Gault）

【卡森（Carson），1991】

华盛顿特区雷色莱克森市，1968

大多数教育工作者都会说："所有孩子都能学有所成。"不过这句话到底是什么意思呢？有的人会加上一些条件："所有孩子都能学有所成，条件是……"有的人则会说："所有孩子，除了……"有的人还会加上"如果""但是""当"等各种词语来证明他们的说法。这种说法仅仅适用于玫瑰盛开的教室吗？它是否适用于杂草荆棘丛生的教室呢？

所有孩子都能学有所成

肤色主义与殖民主义、性别歧视主义、种族主义一样，都会阻碍我们前进。

——艾丽丝·沃克（Alice Walker）【莱利（Riley），1993】

"所有孩子都能学有所成"是一个很常见的说法。不过，在城区学校中，能够将这种说法变成现实的教学实践并不是很常见。这种实践的稀缺性的证据是很充分的，这说明人们在提出这种说法的时候缺乏信心。当这种"言语"和"行为"之间的差异被提起时，人们常常会迅速用托词、理由和其他借口来解释为什么"这些孩子"无法成为好学生。"这并不是我理想中的教学，"一位新手吃惊地说。"我显然不是因为这个原因把学费花在这份终身职业上的，"另一位教师补充道。"我的学校从来不是这样的，"第三位教师插话道。"同这所学校相比，我的学校简直是一座玫瑰园。"

幸运的是，许多教育工作者能够做到言行一致。他们找到了将未经证实的说法变成现实的许多方法。正如亨利·希金斯（Henry Higgins）信守承诺，将伊莉莎·杜利特尔（Eliza Doolittle）从街头的卖花姑娘改造成了优雅的交际名流，让专家们误以为希金斯的这位学生是一位匈牙利公主。许多教育工作者也在努力将所有学生，包括学习最为困难的学生转变成积极主动的成功学习者。他们不是去寻找美丽的玫瑰园，而是将自己脚下的土地改造成了玫瑰园。

所有学生都能学有所成的信仰来自看待学习潜力的积极视角。悲观者看到学生时，只能看到半空的水杯，感到非常沮丧。“看吧，”他们说，“这些孩子的智力水平有限。根据统计学的钟形曲线，智力有限的人对国民生产总值的贡献最小，产生的罪犯最多，对福利的消耗最大。因此，教育他们是没有好处的。”另一方面，乐观者看到水杯时，发现还有半杯水。“我们可以做很多事情，”他们兴奋地说。“教育他们可能要花费更多的精力，但是让我们使用最好的工具让每个孩子获得最好的教育吧。”与詹森（Jensen）、默里（Murray）、哈滕斯坦（Hartenstein）等悲观者不同，乐观者知道支持他们这种观点的可靠研究的确存在，他们正在努力将这种高期望值转变成现实。

最近二十年，乐观者指出，有一些方法可以消除只有高智商或在家里获得过良好早期教育的学生才能好好学习的误区。这些乐观者中有两位作出的贡献尤其重要，他们分别是洛杉矶县学校系统“以教师期望提高学生成绩”（TESA）项目主任塞缪尔·凯明（Samuel Kermin，1972），以及创立“工具强化”计划的以色列认知心理学家费厄斯坦。最近的研究成果包括加德纳的多元智能理论以及发展势头不错的以真实学习与评估为目标的运动。

TESA：实验与真相

研究人员发现，教师面对他们认为学习能力差的学生时会有不同的表现。

20世纪70年代中期，凯明和洛杉矶学校委员会公布了TESA的多年研究成果。凯明和同事回顾了关于教师行为对学生表现影响方式的早期研究，为面对贫穷和少数族裔学生（他们曾长期被认为无法好好学习）的教师设计了实用的方法，以帮助所有孩子学习。凯明和同事发现了15种教师行为，这些行为看起来可以对学生在阅读和数学测试上提高成绩产生最大的效果。他们还开设了一个培训项目，让教师将这个理念付诸实践。这是TESA项目第一次大规模公开展示如何将这种理念转化成现实。15位教师对学生寄予的期望表明，贫穷和种族并不是难以逾越的学习障碍。真正的障碍是教师在教学时对学生的低期望值。通过使用新的教学方法，这些孩子也可以像家庭条件优越的孩子那样掌握大量知识。

在对洛杉矶学生开展的TESA项目取得初步成功后，凯明和同事设计并开展了一个教师培训项目，以扩大初步研究的影响，这个项目目前也被人们称为TESA项目。在这个培训项目中，他们规划了每种行为的研究方法，对教师如何有效完成每种行为制订了模型，进行了有指导的教学实践，并建立了辅导团队，用于观察课堂情况、提供现场反馈。

以“等待女士”玛丽·巴德·罗(Mary Budd Rowe)的做法和罗伯特·罗森塔尔(Robert Rosenthal)的研究报告《教室里的卖花姑娘》(*Pygmalion in the Classroom*)为基础，TESA项目的研究显示，在教师不相信所有学生都能学有所成的教室里，教师不太容易表现出等待时间、拉近距离、提出高级问题、提供建设性反馈等行为。更加明显的是，研究人员发现，教师面对他们认为学习能力差的学生时会有不同的表现。通常，这些判断是以阶级、人种和家庭的成见为基础的。面对这些孩子，教师会提出难度较低的、与事实相关的问题，如“主要人物是谁”或“哥伦布在哪一年离开了西班牙”，或者请他们选择一个正确答案填在空格里。当教师发现孩子反应迟钝时，他们会使用较少的等待时间，减少对正确回答的肯定，降低对学生个人的关注。

另一方面，TESA研究人员发现，当教师相信某些学生有能力取得好成绩时，他们的行为会发生变化。面对这些孩子时，教师定期频繁表现出高期望行为的可能性会增加。面对这些学生，教师更有可能提出需要学生思考的问题(“你认为林肯为什么要释放奴隶？”)，等待超过五秒钟的时间，并且提供积极丰富的反馈(“回答得很好。我特别欣赏你的描述”)。

凯明和同事指出，一旦教师获得了与他们不抱太大期望的学生互动的新方法，他们就会主动改变与这些学生的互动方式。这些学生面对有难度的新互动方式，也会改善他们在课堂上的表现和行为。在某种程度上，新的教学行为导致了一种不同的师生互动。新的互动要求学生以更加积极的方式回应教师。学生的回应又会改变教师对于学生学习能力的看法。教师对教学方式的改变越大，他们就越能将学生转变成为专心的学习者。例如，当对学生不抱太大期望的教师对学生的不正当行为、不服从任务指导的行为、没有完成任务的行为或漠不关心的态度毫不在意时，或者当他们对学生大喊大叫时，学生的行为马上就会发生变化，但很快又会恢复原样。学生会暂时顺从教师，但当教师愤怒的叫喊停止时，这种顺从又会消失得无影无踪。当这些曾经极力为叫喊和惩罚策略辩护的教师学习了如何使用提示、高级问题、等待时间和其他TESA策略时，他们在学生身上看到了持久的新变化。在这些积极反应的鼓励下，教师会加大表扬力度，与学生拉近距离，并且采取其他鼓励学生的方法，这又会导致学生更加积极的反馈。实际上，凯明关于高期望做法的假设可以证明，教师行为的变化会改变学生的表现。

TESA的成功对教育工作者看待来自贫困家庭的学生和有肤色孩子的方式产生了重大影响。首先，这个项目明确表明，教师期望的高低会直接影响孩子的学习。其次，这个项目提供了一个系统方法，可以让教师改变对学生的低期望，以便让学生作出能让他们产生高期望的行为。第三，这个项目打破了主导美国教育的关于“自然”教师的误解。项目的结果有力支持了改善教师培训发展项目质量、以便让教师进行成功教学以及转变他们对于学生学习潜力所持态度的观点。而这反过来又会让教师在面对问题学生时取得更大的成功。第四，该项目提供了易学易用的工具，可以让所谓“无动机”或“不可教”的学生产生重大而显著的变化。最后，该项目说明，教育工作者常常把贫困、家庭历史和种族当作学生学习成绩不佳的借口，而这个结果实际上主要是由于他们在教学策略中没有对这些学生寄予太大期望造成的。

具有魔术效应的高期望并不是什么新生事物，而且它不限于正式教育。萧伯纳（George Bernard Shaw）在20世纪早期的戏剧《皮格马利翁》（*Pygmalion*）中就用一个希腊神话故事向现代观众宣传了这一概念。几十年后，百老汇将故事改编成了流行音乐剧《窈窕淑女》（*My Fair Lady*）。全世界的观众激动地看着带有伦敦口音的卖花姑娘伊莉莎如何一步一步跻身贵族行列。他们看到，伊莉莎的导师相信自己可以让任何人学会任何事物。他先是改变了伊莉莎的发音和词汇，然后改变了她的举止和服装，最终所有人都相信伊莉莎具有贵族血统。伊莉莎有时会对自己产生怀疑，但在导师的不断坚持下，她取得了最终的胜利。

十五种行为

周围的环境对孩子有什么期望，孩子就会朝着这个方向发展。

——威廉·格里尔（William Grier）和普赖斯·科布（Price Cobb）（莱利，1993）

在凯明和同事的研究中，哪些教师行为（及其透露出的期望）对教室里表现不好的孩子具有最大的效果呢？他们在洛杉矶的课堂上研究了15种行为，这些行为成了TESA培训项目的核心内容。

1. 公平分配。托马斯·古德（Thomas Good，1987）的研究表明，教师在找学生回答问题时，更喜欢找教室前排和中间座位的学生（T形），他们往往会忽略T形座位以外的学生；坐在后排角落里的学生被点名回答问题的可能性是最小的。此外，到了中年级，许多学生已经知道了这种分布策略，他们会根据自己是否愿意回答问题来选择座位。表现好的学生会坐在T形座位上，表现不好的学生会坐到角落里。

为纠正这种不公平的提问方式，TESA项目组让教师在提问时有意关注教室角落和后面的学生。采用这一做法以后，学生们意识到所有人被叫到的机会是均等的，与座位无关。TESA课堂上没有死角。

2. 确认/纠正。古德（1970）在教师行为研究中发现，教师对他们认为表现不好的学生给予的反馈不够精确和具体，对他们认为表现好的学生给予的反馈则更为详细准确。他还注意到，同墨西哥裔美国学生相比，盎格鲁裔学生更有可能获得准确详细的反馈。鲁伯维茨（Rubovits）和迈尔（Maehr，1973）发现，同一间教室里的黑人学生和白人学生也具有类似的模式。

TESA项目组对教师进行了培训，让他们对每名学生的回答作出准确的评价。他们需要指出学生的回答是否正确，而且最好解释一下原因。

3. 距离。通过各种研究，TESA项目指出，教师与学生的物理距离会对学生完成任务的时间产生影响。在项目中，教师学会了如何调换学生的座位，如何重新安排座位，让某些学生离教师更近，以及如何靠近开小差的学生。

4. 个人帮助。萨德克（Sadker，1985）指出，好学生的自信来自比旁人更多的个人帮助，尤其是男同学。在TESA项目中，教师学会了如何发现两到三名所受关注最少的学生，虽然他们可能是以正常的方式寻求帮助的。

5. 表扬。罗森珊（Rosenshine，1971）和古德（1987）分别发现，教师不太愿意表扬他们认为表现不好的学生，他们更愿意表扬他们认为表现好的学生。此外，研究人员发现，教师往往不会对差生的错误答案给予批评。TESA项目要求教师对所有学生给予积极正面的反馈和奖励，同时特别关注他们认为表现不好的学生。

6. 等待。玛丽·巴德·罗的研究显示了教师在提出问题后保持沉默的重要性。罗注意到，教师常常在不到0.8秒钟的时间里回答自己的问题或者跳到另一个问题上。她还注意到，当教师等待或沉默两到三秒钟时，学生的参与度出现了明显的增长。TESA项目要求教师等待两到三秒钟，在此期间既不回答自己的问题，也不提出新的问题。

7. 礼貌。包括布罗菲（Brophy）、古德、希勒（Hillar）、萨德克、里斯特（Rist）在内的一些研究人员发现，许多教师对“差生”没有礼貌，不够尊重，但却要求这些学生尊重自己。通常，教师最为关注的好学生会学习教师对待差生的态度，包括打断差生的回答，对差生进行冷嘲热讽。好学生基本都是白人男生，少数族裔女生则属于差生群体。

在TESA项目中，教师需要通过用“谢谢你”“请”等礼貌用语回复学生、避免使用讽刺语气和贬低词语等做法，对学生给予关注，避免他们形成好生和差生群体。

8. 表扬的原因。在帮助教师改变了他们的表扬模式后（见上面第5条），项目组又让他们进一步理解了提供表扬原因与学生地位的平等分布之间的关系。布罗菲（1996）注意到，许多教师很少会向表现不好的学生说明表扬他们的原因；教师往往向表现不好的学生提出夸张而简单的“静态”表扬，如“回答得不错”“是的”“好的”。布罗菲发现，如果教师在表扬学生时说出表扬的原因，学生的表现就会发生变化。

TESA培训师要求教师遵守布罗菲的标准，选择合适的时机给予表扬，如学生取得真实而重大的进步时，或者学生没有感受到自身的进步时。培训师还提供了对表扬质量进行评价的标准。这些标准的思想包括表扬应当真诚，能够被学生感受到，而且对应于学生的具体成就，自然，面向个人，可以归结为努力和能力因素等。

9. 个人关怀。布罗菲（1986）发现，在他的研究中，教师对社会经济地位低的学生在学习和生活上关注较少。社会经济地位较高的学生则可以得到更多微笑、更多眼神交流、更多将课程内容与个人经历相联系的提问、更多对个人情况的回复。在课堂以外（如学校食堂或操场），教师对社会经济地位低的学生在个人生活和兴趣方面给予的时间和关注较少。

在TESA项目中，教师需要知道如何将他们提出的问题与学生可能感兴趣的内容联系在一起。例如，一位科学教师可以让拉斐拉（Raphaela）解释水温如何对她的游泳产生影响；一位社会学教师可以让胡安（Juan）对墨西哥当地使用的交通工具与洛杉矶的交通工具加以比较。在任何情况下，教师都不能仅仅对好学生提出这些与兴趣相关的问题。教师的挑战在于是否能将这些问题和其他个人关怀均匀地分配给所有学生。

10. 发掘。布罗菲（1986）还发现，同表现好的学生相比，表现不好的学生被问到的问题更少、更容易。如果表现不好的学生脸上露出不知所措的表情，那么教师更容易去问另外一名学生或者给出问题的答案。当教师向表现好的学生提问时，他们更愿意给予提示，引导学生拿出证据或者进行推理，或者鼓励学生作出更加全面的回答。在TESA项目中，教师需要督促学生完善自己的回答，并向所有学生提出第二个或第三个后续问题，促使他们更加深入地发掘课程内容，同时向所有学生给予提示，尤其是表现较差的学生，促使他们作出完整的回答。

11. 倾听。1964年，佛兰德斯（Flanders）发现，教师同表现不好的学生讲话的时间较多，同表现好的学生讲话的时间较少。反过来，在教师心目中，表现好的学生有更多的时间分享自己的观点，与教师交流，参与需要学生讲话的活动。

12. 接触。TESA项目的研究人员发现，教师把手放在学生肩膀上或胳膊上的做法比简单斥责或训话更能引起学生的注意，这一研究成果在时间上领先于后来的学习方式研究，这些研究发现动觉学习者在学习时需要身体接触。（显然，在这些研究之后，课堂上发生了一些不愉快的事件，教师接触学生的行为遭到了禁止，或者只能以非常小心的方式进行。）

13. 高水平问题。教师认为表现好的学生可以进行高水平思考，表现不好的学生只能进行低水平思考，TESA将这个问题摆到了桌面上。研究人员发现，表现不好的学生只能被问到事实类问题：谁，什么，何时，何地，怎么样。表现好的学生在回答问题时则需要对各种思想进行处理、使用和评估。为遏制这种趋势，TESA让教师使用布卢姆（Bloom，1956）的认知目标分类等工具，以便使所有学生都能被问到各种各样的问题。通过这种方法，教师可以向学生传达这样一个信息：在教师眼里，所有学生都能进行复杂的思考。

14. 承认学生的感受。TESA研究人员发现，教师对学生的表现给予漠不关心的回复与教师对学生的表现或回复中蕴含的感情给予肯定是有区别的。例如，如果教师仅仅承认学生的回答是正确的，那么这种反馈的效果不是很好；如果教师指出学生回答或回复时表现出来的喜悦或自豪，那么这种反馈的效果更好。就算教师需要对学生的回答进行纠正，他也应该承认学生的失望之情。当教师经常在教室里给予这样的反馈时，学生更愿意接受教师的反馈并作出反应，从而更有可能改善或纠正他们的表现。

15. 制止。TESA研究人员发现，在教师对学生抱有较高期待的教室里，教师通过正面处理学生的分心行为来提高学生的注意力。这种正面处理包括发现学生的具体不当行为，表达教师对此的感受以及教导学生停止这种不当行为，代之以某种可接受的行为。相反，如果教师对学生不抱太大期望，他们会放任学生的不当行为，还会用“你还能指望什么”这样的话语来表达这种放任态度，或者干脆高声尖叫。

由于TESA行为的发现和TESA项目的引进是三十多年前的事情，因此常常有一些沉迷于毫无价值的流行概念的教育工作者，认为TESA已经过时了。不过，在这个国家的一些地方，仍然有许多学生正在沦为低期望的受害者。

让孩子从战争中恢复过来："中介学习过程"

费厄斯坦发现，这些特殊的学生缺乏"基本的学习能力"。

就在凯明开展TESA项目的时候，费厄斯坦（1980）在以色列以一种完全不同的方法复制了TESA的成功。费厄斯坦在巴黎从师于皮亚杰，他为大屠杀幸存下来的、二战后从世界各地来到以色列的儿童开发了一个学习系统。费厄斯坦在基布兹的学校工作时，遇到了教育儿童的问题，这些儿童经历了集中营生活，他们的家庭和文化都受到了破坏，因此他们的心灵遭受了极大的创伤。

这些儿童来自埃塞俄比亚沙漠、黎巴嫩平原以及欧洲和亚洲遭受摧残的国家或地区。他们很少有人接受过正规的教育，许多人的情绪受到了创伤，认知存在缺陷。大多数人都缺少费厄斯坦所说的"基本学习能力"。

当这些儿童被安排到基布兹的教室时，教师们举起了手："你们没法让人教，因为你们根本就不会学习！"这些教师面对的儿童和年轻人具有冲动行为，无法将不同信息联系在一起，缺乏学习的主动性，一切正常的教育方式对他们都不起作用。

学习之瓶

费厄斯坦没有否认这些资深教师的感受和低期望。作为一个经典的乐观主义者，他发现"瓶子是半满的。根据我的判断，我知道这些瓶子的容量很大。我们大有可为，不过我们并不知道应该怎样做。"在想办法开启"这些被锁住、无法学习的心灵"时，费厄斯坦对传统的智商评估方法进行了修改，用于研究这些孩子表现不佳的原因。首先，他注意到，这些孩子在来到以色列之前经历了非常严峻的生命和身体威胁。通过使用后来被他称为"学习倾向评估工具"的检测工具，费厄斯坦发现了取得重大学习成就必须具备的14种认知功能。通过将这些特殊学生的童年经历与在学校表现不错的学生进行对比，费厄斯坦发现学习存在问题的孩子缺少这些必备的认知功能。此外，费厄斯坦还发现，家长是培养这些必备认知功能的"中介"的主要提供者。由于战争和集中营极大地摧毁了孩子们的家庭，因此费厄斯坦想要帮助的这些孩子从未经历过必要的中介学习。

发现问题以后，费厄斯坦需要寻找一些认知工具，帮助大龄儿童恢复他们所欠缺的认知基础。在研究中，他建立了中介学习理论和相关的教学方法。

中介学习理论认为，所有孩子都能学有所成。对费厄斯坦来说，这一命题没有任何限制条件。只有那些不想通过自己的努力让所有孩子通过中介学习取得成功的人才会寻找借口，为这个命题添加限制条件。

两种学习方法

学习在学习者的主动脑力活动中处于中心地位。

费厄斯坦的系统教学方法摒弃了斯金纳（Skinner）的行为矫正理论，后者认为学习仅仅是对外部刺激的反应。在皮亚杰的教导下，费厄斯坦认为学习的动力来自个体的心灵和思想。如果没有内在动机，人类是不可能学到任何东西的。

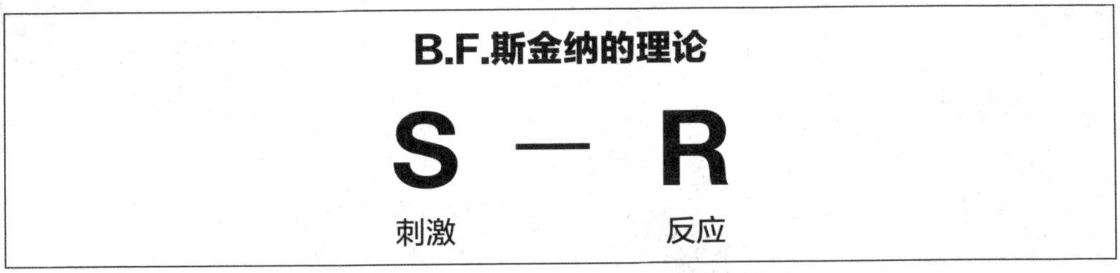

皮亚杰提出，教师的主要作用是创造一个适合学生认知发展的浓厚学习环境。后来，维果斯基（Vygotsky，1962）在对理念构建的早期解释中对这种思想进行了扩展。在这种情境中，学习者需要努力“理解”教师在课堂上提供的刺激。费厄斯坦还认为，学习在学习者主动将既有知识与新的经历相结合的脑力活动中处于中心地位，在这种活动过程中，学习者将新旧知识整合在一起，这就是“学习”。

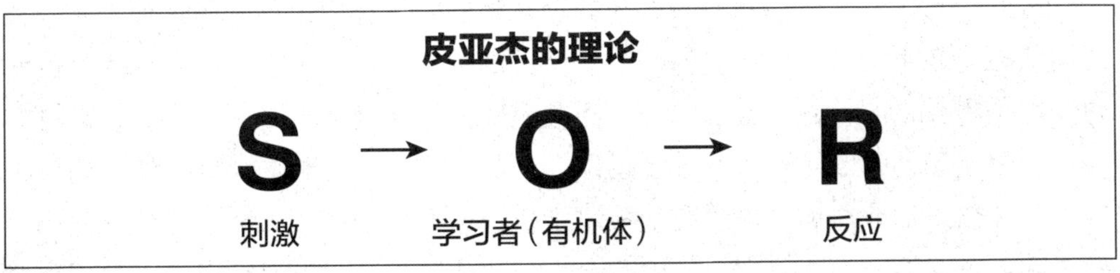

不过，费厄斯坦与维果斯基的观点不尽相同。费厄斯坦认为，最佳的学习过程并不是在真空环境中发生的。他注意到，家长、兄弟姐妹和其他重要人员可以对学习者的幼年产生重大影响。他还注意到，许多由于贫穷、种族或其他不利环境因素而缺乏这种互动的儿童并没有发展出学习能力。根据观察，费厄斯坦对皮亚杰的S-O-R模型进行了扩展，他在刺激和学习者以及反应和学习者之间添加了中介者。中介者捕捉每天投向学习者的大量信息，对这些刺激进行过滤，并帮助孩子发展出自己的信息过滤方法，将分心的信息滤除出去，从而更好地学习。费厄斯坦认为，家长是孩子最早的中介者。此外，中介者还包括同龄人、兄弟姐妹、教师、辅导员以及其他帮助学习者培养学习爱好的人。

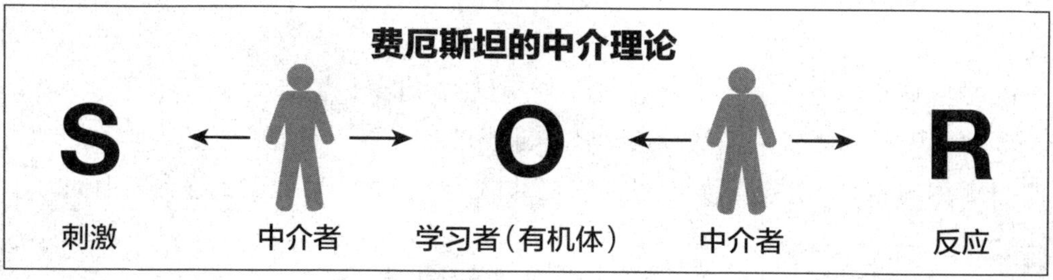

费厄斯坦的中介理论

无内容课程

> 中介者帮助孩子发展出自己的信息过滤方法，将分心的信息滤除出去，从而更好地学习。

为了辅助中介过程，费厄斯坦设计了一门仅仅包含“无内容”打印材料的课程，他称之为“工具”。实际上，每个工具的内容正是“思考”本身。使用这种无内容方法时，学生不会被语言障碍或任何学科前期知识的匮乏所阻碍。费厄斯坦认为，这种阻碍会影响认知的重建。

学习者需要解决每个工具中越来越难的问题，在这个过程中，中介者可以帮助学习者关注思考过程。此外，通过精选的开放式问题和积极的反馈，中介者还可以帮助学习者发现他们解决问题的计划、他们对问题解决过程的评估以及最成功的策略。在中介者额外提出的开放式问题的指导下，学习者可以发现成功的解题过程，将其中的关键要素运用到后面难度更大的问题中。

费厄斯坦注意到“教师单方面授课”、漫不经心的课堂作业与对学生的低期望无法让孩子们取得成功，因此他采用了自己做儿童心理学家和教师时学到的询问策略，并进行了修改。他将这些策略称为“中介”。这些策略成为了教师和学生在课堂上发现包括缺乏学习能力的孩子在内的所有孩子都需要的认知功能的基本方法。

费厄斯坦和他的同事发现，中介是中介者（家长、教师、辅导员或辅导教师）与学生之间的互动。通过选择、设计、解释外在信息，引导学生关注特定的刺激，为他们提供线索，中介者有意将这种互动朝着一个指定方向引导。假设一个年轻的学生正在放学回家途中，当他穿过破旧的街区时，身旁的家长或教师可以让他关注周围的情况、声音和气味。通过强调他们的共同经历，家长或教师可以对他的经历进行解释，确立因果关系，让他了解每件事的意义。中介者可以将学生的注意力导向不同的人，让他在其他地点对其他类似的人进行比较。通过制止学生冲动而肤浅的判断，中介者可以帮助学生系统性地整理他的大量经历。简而言之，费厄斯坦认为，体贴的中介者可以保证孩子学会如何进行完整而有目的的学习。中介者可以培养孩子的认知基础和思维过程，确保孩子在未来的学习中不论接受何种教育（包括直接、间接、建设性和合作性的教育）都能学有所成。通过这种中介，孩子可以形成自控能力，学会如何学习。

成功中介的标准

费厄斯坦提出了有效中介的10个基本互动标准。1. 意图和互动；2. 含义；3. 超越性——费厄斯坦认为前三个标准是任何教学环境中成功中介的必要条件；4. 胜任感；5. 自我管理和行为控制；6. 分享行为；7. 个性化；8. 目标规划；9. 挑战；10. 自我改变——费厄斯坦认为后七个标准具有辅助作用。他认为，由于这些中介方法可以教导学生如何学习，因此所有这些中介方法在改善学生表现的过程中都是至关重要的。对于由练习册、随意布置的作业、教师单方面授课和记忆性测试主导的课堂来说，这些方法对于改善糟糕的教学尤其重要。因此，教师作为中介者，应当引导学生主动学习，将学生从偶然学习者转变成具备基本学习能力的学习者，领导学生在各个学科中取得成功。

在中介的使用上，有一些区别教师和中介者的要点：

- 中介者培养学生的认知基础，确保学生掌握学习能力。
- 意图的中介始于中介者；受到中介的学生必须进行互动，作出反应。如果意图和互动缺乏平衡，就无法实现成功的中介。如果中介者没有获得想要的反应，说明学生的学习效果并不好，或者根本没有学习。
- 含义的中介是第二个必备要素。尽管记忆有助于理解，但回忆本身并不是学习。要想让学生掌握一个概念或思想的含义，学生必须理解这个概念及其内涵。

- 超越性的中介是中介学习过程的第三个必备要素。它同意图、互动和含义一样，是每一堂课都必不可少的。超越中介的目标不限于当前的语境。超越中介的目标在于让学生放飞想象的翅膀，帮助他们看清自己的前进方向。这是一种帮助学生应对未来的方法。如果学生能问出“这个任务的哪些内容适用于其他情形”这种问题，说明他已经掌握了超越的本领。
- 在胜任感的中介中，学习任务变得越来越难——从简单到复杂，从具体到抽象——从而帮助学生增长自信和自主精神。当学生的学习能力变强时，教师作为中介者，应当自觉站到一边。教师可以考虑孩子们在玩游戏时的紧张程度。大多数游戏的级别越高，难度就越大，不过孩子们通常能跟上游戏的难度，他们愿意投入时间，以取得最终的胜利。
- 分享行为具有教育性。通过学习如何与他人交流，学生可以知道如何跟自己的内心交流。分享的重要之处在于让学生们相互融合，相互配合。尽管存在文化差异，但与人分享的需要对于增进与他人的联系是非常重要的。没有任何一个儿童是一座孤岛。学生需要知道他们是集体的一部分。
- 让学生完成一项任务属于基本要求。在目标规划的中介过程中，学习可以养成规划的习惯，而不是草率行事。目标规划可以降低学生的冲动性。
- 自我管理和行为控制要求学生对自己的行为负责，提高自主性。通过对学生思考和解决问题方式的自我管理进行中介，教师可以获得很大的回报。当学生可以控制自己的思考方式时，他们的思考能力会增强，冲动性会下降。当这种变化帮助孩子们在学习上取得成功时，教师可以对学生其他行为的自我管理进行中介。在学生与同龄人的互动中，教师可以帮助学生提出多个选项，引导学生思考这些选项的后果。
- 我们可以听到家长说：“如果你的朋友从桥上跳下去，你也会跳下去吗？”这是家长在询问孩子是否能为自己考虑。帮助孩子学习为个人思考需要个性化中介。“我学到了什么？”“我如何把刚刚学到的东西用到自己身上？”
- 自我改变是在个体内部发生的。它是内部动机与外部动机共同作用的结果。自我改变是很微妙的，因此教师需要关注孩子，让他们看到自己的变化证据。作为自我改变的中介者，教师可以帮助孩子看到他们是怎样利用其他中介的。将自我改变的中介标准写在一张巨大墙壁上的做法有助于引导孩子们看到他们在思考和行为方式上发生的变化。

- “工具强化”理论在实践中可以让每一间教室里充满智慧。

1. 所有人都是可以变化和改变的，这与他们在遗传、染色体、生物状况和代谢上与正常的人差异无关，不管这些差异有多严重。我们只需想一想仅仅30年前人们对唐氏综合征的普遍看法。所有患有唐氏综合征的儿童和成人都被人们看作“弱智”，智商在70附近徘徊。今天，数据显示“染色体并不具有决定性”（费厄斯坦）。唐氏综合征患者可以成为诗人、演员、作家、画家以及老人或以色列军队中战士的护理人员。

2. 疾病不应成为最终障碍。不管一个孩子的学习困难有多严重，教师都不应该放弃；每个孩子都可以让我们有所作为。

3. 有些学生学习能力薄弱或存在缺陷。他们被错误地诊断为“弱智”，并被贴上了标签。通过中介，教师可以创造条件，帮助认知功能薄弱的学生克服自身障碍，取得学习的成功。

4. 改变是对预期发展路径的偏离。在中介者的帮助下，学生思考方式的变化是具有结构的。例如，假设我们有一堆坚果。如果移开一个坚果，整堆坚果的结构就会发生改变，但它们仍然是一堆坚果。

- 中介无法被标准化。它是一种个性化的学习行为。
- 学生参与到“工具强化”计划中时更愿意表达，他们会提出问题，踊跃作答，主动分享观点。他们愿意将更多的时间花在任务上，而且他们持续专注的时间也得到了延长。他们敢于说出“我不知道”。他们的个人形象得到了提升，而且学会了用不同的方法解决冲突。更重要的是，他们可以注意到自己的行为所产生的后果。我们希望学生在学习知识的过程中进行探索，而不是按部就班地学习。
- 将学生的经历作为出发点，以便让他们理解并应用他们学到的知识。在教师向学生传授技能时，练习并不是教学过程的终点。学生练习了技能后，中介教师需要提出问题，让学生对他们学到的知识进行思考。如果没有这种思考，学生学到的东西就没有进入大脑。如果教师不引导学生思考，教师就没有教会学生任何东西。如果教师告诉学生他们学到了什么，这就违反了教师的目的。教师提出的问题可以引导学生思考，让学生亲自理解这些原则。我们应当作出的最大改变是将注意力从教师的教学转移到学生的学习上。

- 在中介学习中，学生只有在中介者的帮助下进行思考，才能理解所学的内容。教学的目标是帮助孩子理解“为什么”。教师提出为什么这个问题的速度越快，效果就越好。不要对答案作出限制；尽量保持中立。教学的艺术在于提问的艺术。换句话说，不要插手孩子们的思考过程。
- 避免孩子们形成“不管三七二十一”的思考方式。这种心理会提高孩子们的冲动性。冲动是孩子最具破坏性、对学习阻碍最大的行为之一，它源于许多因素，包括不在任务上花时间，或者在行为之前不进行认知控制或元认知控制。学生需要学会在动手解决问题之前花时间进行分析和规划。为了完成任务，他们必须学会停下来思考。
- 寻求经过深思熟虑的回复。教师最好不要鼓励学生经过片刻思考就迅速作答。教师提出的问题并不是越多越好。

多元智能

20世纪80年代，哈佛大学认知心理学家霍华德·加德纳（Howard Gardner，1983）提出了多元智能理论，强化了费厄斯坦的可变智能观点。和费厄斯坦一样，加德纳认为智能固定不变的传统观念是错误的。对于城区课堂的学生，尤其是许多认知方式与常规学习方法不同的学生来说，加德纳的理论具有重要意义。

多元智能理论拓宽了人们对于教室的理解。我们不应该一提到教室就想到一名教师指导30名学生的那种35英尺×35英尺的房间，一切适于学习的地点都可以成为学习中心。在加德纳眼中，对于儿童来说，博物馆并不只是旅游的地方，它是包含丰富学习机会的教室。植物园并不只是参观的地方，它是孩子可以把手插进土里去的教室。教室并不是每天游玩40分钟的地方，它是一个包含各种材料和工具，可以培养、使用和拓展各种智力的场所。

加德纳的多元智能理论并不是偶然出现的。为支持该理论，他制订了证明他所提出的各种智能的严格标准。加德纳将智能定义为“人类的智力能力，包含一系列解决问题的技能，可以让个体解决他所遇到的真正问题或困难，并在合适的时候得到有效的成果”（加德纳，1983）。以此为基础，加德纳拓展了自己的理论，提出了许多符合这种标准的智能。

假设教室里有一个孩子具有特殊的学习障碍，轻者如轻度失读症，重者如晚期多发性硬化。对于这种情况，加德纳的理论扫清了孩子的学习障碍，破除了可以用一种正确方法教育所有孩子的错误思想。加德纳强调营造教室环境的基础作用，提出了可以让教师和学生突破传统界限的教学策略。摆脱了教学限制的教师可以将这种理论应用到无数学习机会中，鼓励学生取得超越传统期望的表现。

加德纳理论最大的好处在于它考虑到了更加真实的促进学生学习的方法。它最大的弱点在于没有提出具体的操作方法，尤其是当教师需要帮助拥有最大学习需求的学生群体改善成绩时。

自从加德纳首次提出多元智能理论以来，关于有效教学策略的研究已经发现了对学生学习影响最大的教学策略。这种研究可以帮助教育工作者选择教学策略，使他们不必仅凭猜测行事，或者追随当地教育专家心血来潮的想法。有了这些“高效策略”，教师更容易设计出符合多元智能理论的课程，同时更好地指导那些最有可能从这些策略中受益的学生。

在高期望教学的语境下，下面各章提出的策略与多元智能理论具有较高的契合度。它们为教师提供可以付诸实践的实用工具。其中，合作学习、提出问题和图形组织是最有利于提高学生成绩的做法【马尔扎诺（Marzano），皮克林和波拉克（Pickering & Pollack），2001】。

真实评估

在答题卡评分机的影响下，传统评估方法喜欢提出事实类问题，让学生作出简短的回答。学生在短时间内回答许多问题的能力成了他们学习能力的主要衡量标准。在责任压力下，教师不得不调整教学方式，以适应这种简答测试。熟悉游戏规则的学生花费大量时间用来记忆事实和数字。显然，记忆力最好的学生最擅长应对这种死记硬背的工作；其他许多学生认为死记硬背没有价值，他们拒绝参与这种游戏。

过去几年，学生评估的重点从简答测试和单一分数评分转变成了多种信息来源，强调将学生所掌握的知识和能力与地区、州和全国标准进行对比。在几乎所有科目中，全国委员会都在努力定义这些科目的内容和处理标准。在员工发展等其他领域，全国委员会也在标准的定义上处于领先地位。最近，人们开始认识到教师在以多种方式评估学生的过程中扮演的角色。

当评估突破使用2号铅笔的标准测试界限，用真正的评估手段检查学生真正的学习情况时，关于学生的知识和能力涌现出了许多观点。在写作中，教师转而评估学生撰写说服性或解释性论文的真实水平。标准测试可以说明学生对语法使用方法的了解程度，但只有让学生写作一篇真正的论文，才能看出他们对语法的使用水平。在社会研究中，简答测试可以说明学生对课程中事实的了解；但学生对服务项目的参与和在辩论中对关键课程思想的应用可以表现出他们对知识的运用能力。通过制订成功标准，在课堂上用新工具挑战学生们的多元智能，教师可以评估学生的知识以及以有意义的方式运用知识的能力。当学生通过使用知识的方式学习时，他们是在通过“真正的途径”学习；当教师用标准和工具对这种真正的学习进行评估时，他们是在进行“真实的评估”。

从本质上说，同允许学生逃避有效学习责任的简答测试相比，真实评估对学生寄予了更高的期望。在高期望课堂上，学生根据日常经验，知道他们无法脱离教师的监督，只能认真完成学习任务。他们知道自己必须满足这种高标准，以便在测试中展示出自己的知识和能力。

真实评估的好处

同简答测试相比，真实评估对学生寄予了更高的期望。

真实评估对学生学习的促进作用体现在以下几个方面：

- 它允许教师用符合标准的新知识评估学生的能力。这种评估不限于知识本身。
- 它允许教师发现对于学生思考与行动方式的分析错误。这些分析错误可以带来丰富的信息，帮助教师一劳永逸地纠正一些基本误解【本（Ben）-许尔（Hur），1994】。
- 它允许教师同时关注结果和过程。教师可以更好地评估学生对知识技能的理解程度，让学生摆脱单纯死记硬背的学习方式。
- 它允许教师将“高期望”定义成需要以更复杂的方式思考和解决问题的任务，而不是简单的“更多任务”。这种高期望可以取代强加在贫穷学生和少数族裔学生身上的低水平期望，后者仅仅评估学生学到的知识量，不考虑其中的智力成分。

二十年的研究

过去二十年，研究人员提供了大量证据，证明将高期望转变成现实的工具是存在的。人们已经制订了标准框架，保证所有学生都可以接受同样严格的课程。根据标准制订的课程内容可以保证每个课堂对最重要的概念给予同等关注。根据学生个体需要作出调整的高效教学方法可以让教师有能力帮助所有学生，包括最不愿意学习的学生。以研究为基础的职业发展计划可以帮助教师学习如何使用这些工具，如何将这些知识运用到表现不佳的学生身上。此外，还有一些工具可以用于改善所有学生的学习成绩。

研究：需求永远存在，从未得到满足

虽然研究人员发现了那些高期望做法可以让表现最糟糕的学生获得最大的提升，最有效地缩小成绩差距，但这仅仅是一个开始。这个开始是必不可少的，但是不足以让学生取得他们所需要的进步。

教育研究人员将他们能够找到的工具收集在一起。他们分析了各种项目、方法和策略对学生学习的影响数据。由此，他们得到了与学生成功关系最大的学习因素排序。

有了这种必要的信息，教育领导人和任课教师的工作比以前轻松多了。他们不再需要猜测哪些工具可以对教室里的学生产生最佳效果。他们也不再需要依赖虚假宣传了。有了这些研究结果，他们现在可以作出明智的选择。他们还需要什么呢？

心有多大，舞台就有多大

三十多年前，有效学校教育先驱罗恩·埃德蒙兹（Ron Edmunds）告诉教育工作者，关于如何提高学习成绩，他们已经掌握了足够多的信息。他提出的问题是，教育工作者们是否有足够的愿望使用这些工具。自从埃德蒙兹向教育工作者们发起这个挑战以来，许多地区已经取得了巨大的进步。其他人则主要依靠教师自己作出改变，不给教师提供必需的资源。改变教学质量的意愿不能仅仅来自教师。这种改善意愿应该始于公共政策和基金会，并由地区和当地领导跟进，他们应向教师提供工具和资金。

职业发展是地区领导人的责任。只有参与职业发展项目，教师才能获得“购物车”，用于从“货架”上收集他们所需要的工具。

在收集工具时，教师需要的不是“在职”期间使用的、满载一次性培训班与热门话题的破旧二轮货车。他们需要的是拥有最新配备、能够保证他们将精挑细选的最佳方法带回家的货车。对此，支持新思想应用的课堂后续跟踪和同事支持是至关重要的。

高期望与职业发展

除了发现最能影响学生成绩的教学策略这项开创性工作，TESA还发现了必要的职业发展因素，这些因素可以避免教师象征性地参加一次培训班后继续使用原有的教学模式。TESA指出了包括讲习班、同事辅导和领导监督在内的多角度职业发展计划的重要性。

以教师期望提高学生成绩：职业发展部分

1. 学习者社区
2. 有指导的培训班实践与研究评价
3. 带有演示和反馈的教师后续跟踪
4. 同事辅导和互助小组
5. 现场领导和支持
6. 结果评估

一位教师在一个项目中使用现有工具不会对学生的成绩产生太大影响。不过，当一个学校里的教师和校长齐心协力，共同努力，将时间和精力投入到缩小学生成绩差异的行动中时，他们应当确立一个共同的成绩目标，并从研究人员发现的对学生影响最大的工具中选择一些共同的方法。同单枪匹马的个人努力相比，具有共同目标的团队努力可以取得更好的结果。

从高期望行为开始

为终结学生的糟糕表现，一所学校首先可以采取的措施就是制订一个目标，完成第一年的计划。学校的行动方向取决于当前数据中体现出来的学生表现。

如果许多五年级以上学生的表现至少低于两个年级以下的预期水平，那么教师一定不能继续将更多信息灌入他们过于饱和的大脑中。他们上了这么多年学，却没有消化规定的课程内容，说明这些学生很可能没有发展出基本的学习能力。他们的基本思考能力没有充分发展起来，无法理解他们所接受的信息。这就像把垃圾堆到一座巨大的垃圾场上一样。对他们来说，不同信息之间没有任何联系。如果向他们灌输更多内容，他们头脑中的垃圾堆只会越堆越高。

为帮助这些学生，教师需要从基本学习能力入手。他们需要强化这些学生的认知过程，让这些学生理解并消化他们所学到的知识。

面对这些与普通学生的学习成绩越拉越大、需要掌握基本学习能力的学生，教师可以采取以下步骤:

1. 在学校里开展一项“工具强化”计划。这项计划涉及5～7年级或6～8年级的所有学生。

2. 准备使用TESA方法。在实践中，比较好的做法是在每次碰头会上介绍三种教学行为，然后用三到五个星期的时间进行课堂实践、同事支持和反馈。提出问题这一高效策略是TESA方法的核心。

3. 如果教师能够有效使用提问策略，熟练地提出“为什么”这个问题，并能在面对所有学生，尤其是表现不好的学生时等待一段时间，那么他们就可以准备在所有科目中定期使用高效的认知学习工具，如图形组织，合作学习，假设和总结。这可能是一个为期两到三年的职业发展项目。

4. 准备使用包含大量概念的教学方法，关注每个科目、错误分析、问题解决以及“工具强化”计划中提供的认知工具的高级使用方法的关键概念。

这种缩小学生成绩差距的规划，鼓励教师和管理者直接关注表现最差的学生的需求。通过使用上述建议中的优秀教学方法改善这些学生的表现，教师可以最大限度地帮助学生，缩小不同学生之间的差距。在这项计划中，从学习基础着手是非常重要的，不过我们并不需要等待所有学生掌握基本的学习能力。教师可以在这个项目进行的同时学习提问、合作学习以及其他高效策略。

少即是多

在规划如何在很大程度上缩小学生差距时，学校团队应在一两个科目中制订一个可测量的目标。这是一个三到五年的努力方向。有了这个目标，每个学校都会建立自身的职业发展结构，将所有精力和资金集中起来。最糟糕的局面是每个教师或管理者单独参与同这个目标联系并不紧密的研究生课程或会议。通过坚持“少即是多”的立场，学校可以提高取得预期结果的可能性。

为实现长期规划的理想结果，团队可以从第一年的目标开始着手。为确保实现这个目标，团队可以建立某种结构，形成一个学习社区，支持进行变革的教师。这些重要结构包括什么呢？

1. 现场领导团队。这个团队由校长挑选并领导，它最好包括：（1）1名工会或行业协会代表；（2）1名管理者；（3）3～5位年级团队领导或系主任；（4）1位家长或社区领导。学区人员、外部顾问和评估顾问也可以加入这个团队。这个团队的职责包括计划监督，后勤安排，数据分析，与学区或顾问交流，过程和结果评估以及解决实施过程中遇到的困难。

2. 同行指导和互助小组。自从乔伊斯（Joyce）和肖沃斯（Showers，1983）发表研究成果以来，许多研究人员证实了同行互助小组所具有的明确力量和潜力，认为它是改善学生成绩的一个重要工具。这些团队每周开会，对每周的课堂表现和项目活动进行规划、总结和评估。遇到无法解决的问题时，他们会求助于现场领导团队和现场顾问。

3. 年级团队。年级团队或部门团队每个月开会，评估全校改革目标的进展情况。这种会议通常由校级导师召开。在会议上，同行互助小组研究需要其他部门配合的问题，确认前进的障碍，分享和庆祝成功，并且相互鼓励，增进学习团队的感情。

4. 专家建议。不管一个学校团队如何收集变革信息，这个团队通常都需要一个外部专家提供实施建议，尤其是当教员们不熟悉这些方法时，专家们会到教室里演示应用方法，观察教师对新观念或新策略的初次使用，与教师就他们遇到的问题交换意见，协助领导团队解决问题，帮助年级团队改进使用方法，等等。这些专家有助于计划的实施，他们可以帮助团队解决变革过程中遇到的困难。至少在项目第一年，熟悉新策略或新计划的外部专家每月一次的现场访问可以让团队受益匪浅。

5. 评价和评估。有的学校拥有收集项目信息并进行评估的内部资源，不过许多学校都需要外部评估人员。即使学校拥有内部资源，最好也应该让外部评估人员开展评估、分析结果并向学校团队和学区汇报。

6. 学区协调团队。如果一个学区里的几所学校正在实施这个项目，即使每所学校的关注点不同，这些学校的校长和课程教学联合负责人或首席学术官也应该至少每个季度碰一次面，评估进展情况，提供相互支持。在第一年，这个团队在合同和预算问题的解决上可以发挥很大的作用。

由谁负责?

有了这些结构，学校团队就可以根据目标进行信息收集工作了。这一过程可以由行为研究团队进行，可以借助于顾问讲习班，也可以参考行为研究的成果。由于信息收集工作结束后，根据行动计划，所有教师都需要将他们在这些信息中学到的内容付诸实践，至少要进行试点，因此在团队研究新思想时，专家和领导人在团队研究程序的建立和维护过程中起着关键作用。许多研究发现，校长是最关键的人物。如果校长在某个行为研究过程中得到良好的培训，或者在费厄斯坦“工具强化”项目或TESA项目的培训中获得认证，并且有时间和意愿，那么他们应当领导这个变革过程。至少，校长可以聘请一位外部认证专家对项目进行指导，并向现场领导团队汇报情况。在领导一个用于改善学生表现的大型改革项目时，只会说“教师有什么想法我都不反对”的放任型校长是不称职的。

你到底为什么不能把我教成好学生?

当学生提出“我和别的同学有什么不一样？你为什么不能把我教成好学生？”这个问题时，我们应当给予的回答只有一种：“你并不比别的同学差，我们完全可以把你教成好学生。”这意味着整个学校在教师层面已经对学生的特殊学习需求进行了评估，制订出了高期望教学计划。学校团队实施这种教学计划的一个有效方式就是从费厄斯坦的中介学习标准着手。在接下来的11章里，团队可以研究每个标准，收集以研究为坚实基础的战略和策略信息，研究将这些策略融入课程的教案，制订将新思想付诸实践的计划，以便将这些思想融会贯通。

在三到四年的时间里，学校团队可以将每学年的四分之一用于研究和实施本书一章的内容。在每个季度的第一周，团队可以研究这些信息，制定接下来各周在课堂上使用的教学计划。在接下来的各周里，他们每周开一次同事团队会议，每月开一次年级团队会议。在每个季度的最后一周，他们会对来自考试的正式数据和来自教师的非正式数据进行总结，以评估学生的进步情况。

重点提示

在费厄斯坦（“工具强化”）、凯明（以教师期望提高学生成绩）和加德纳（多元智能）的帮助下，教育工作者获得了：1. 帮助那些对当今严格学习标准毫无准备的学生培养基本学习技能的方法；2. 关于对学生表现影响最大的教学行为的研究结果；3. 促进学生学习的更加真实的方法的一个案例。

对于通常被称为“弱智”“没办法教”的学生，“工具强化”计划、TESA以及多元智能的恰当使用可以取得明显、可测、重要的结果。

TESA研究结果表明，当教育工作者认为来自贫困家庭的学生和有肤色的孩子“能力差”时，他们的观念会对这些学生的学习产生负面影响。研究显示，当这些孩子被寄予高期望时，他们并不像教师想象的那样无法取得好成绩。经过培训、能够恰当使用高期望行为的教师非常清楚，当这些学生接受适当的教育时，他们的表现非常好。

学生既要掌握学校技巧，又要掌握生存技巧。教师如何帮助学生在学校生存？教师必须认识到，一个重要问题在于他们与这些学生的交流方式。教师使用的词汇在不同的社区中可能具有不同的含义。教师应该调整自己的语言，让所有学生接收到高期望信息。

元认知要求学生提出这样的问题：“我是否拥有回答这个问题的必要数据？”

试错法并不是学生的有效学习方法。学生必须学会在回答之前进行思考。思考可以抑制和控制冲动，提高学生对各个科目的理解速度。

大多数教师在入行之前都没有想过使用新兴理论和最佳实践。为了学习如何使用这些强大的工具提升学生的成绩，尤其是帮助缺乏基本学习能力的学生提升成绩，教师需要在职业生涯中获得系统性、高强度的职业培训支持。

课例

低年级教师应该走快车道还是慢车道？在涉及期望时，答案似乎很明显。不过，实践并不总是与语言相符。例如，许多小学教师只能使用语音课文。学生只能整齐划一地一遍遍重复这些声音，教师并不知道他们是否已经理解了这些声音的含义。教师根本不可能让已经理解这部分内容的同学去学习下一部分内容。

所有人的步伐都放慢下来，以便以同一速度前进。其他小学教师信奉“自愿”模式。他们静静地等待，直到学生愿意抓起一支铅笔，说出一些单词，或者表现出其他的征兆。在这些极端做法之间，我们需要将高期望付诸实践。一方面，教师需要在课堂上激发孩子的阅读兴趣，引导孩子进行理解性阅读。学习单词的发音固然重要，但他们也应该在学习过程中进行思考。另一方面，教师也不能等待学生自发产生足够的学习意愿。教师应当帮助学生“进入下一环节”，挑战那些看上去比较困难的任务。对于低年级学生来说，这一点尤为重要。

在第一个课例中，教师引导低年级学生学习故事结构。教师每个星期至少向学生阅读一个故事。在这个过程中，教师可以强调故事的结构元素，让学生对故事进行“探索式猜测”。这些探索是发展认知能力的途径。研究人员巴拉克·罗森珊（Barak Rosenshine，1997）注意到，这些途径对学生的阅读乐趣和阅读理解是非常重要的，学生在阅读过程中不仅听到了一组声音，而且进行了一些思维活动，将“学习阅读”转变成了“通过阅读学习”。这种做法可以为学生今后在各个科目中取得成功打下坚实的基础。

低年级课例

编一个故事

标准 理解一个故事的各个部分

多元智能关注 口头表达/语言

辅助智能 视觉/空间，内省，精神运动

中介重点 含义

先验知识检查

在黑板或厚纸板上画出一张K-W-L图（见第四章）。写出每个字母对应的单词，为学生念出来，引导学生齐声朗读（知道，想知道，学会）。询问学生是否知道这些单词的含义。这个框架建立以后（后面的故事还会用到它），询问学生关于“讲一个故事”知道（K）什么。鼓励他们描述喜欢的电视剧。你可能需要举一个例子，例如，“每个故事都有一个主要人物。在《勇敢的小火车头》（*The Little Engine That Could*）里面，谁是主要人物呢？”找出“小火车遇到的问题”，研究他是如何解决问题的，揭晓最终结果。用其他故事强化这个模式。

设计任务结构

将学生分成三人一组。让每个小组包含一名阅读熟练的学生、一名可以阅读的学生和一名不会阅读的学生。

1. 让每个小组思考一部电视剧，这部电视剧包含一个故事、一个角色和一个问题。

2. 将下述表格展示给所有学生看。让每个小组思考在每一列当中写什么。

人物	问题	解决方法	结果

来源：辛金卡普公司鲍勃·卡普海姆（Bob Kapheim）。

3. 将这些内容填写在表格中，让所有人看到。练习把这些词语读出来。

4. 给每个小组分发一张下面的纸条，让他们阅读。巡视各个小组，发现问题时及时帮助。每个小组需要找出故事中的人物、问题、解决方法和结果（你可以向不同的小组分发相同的纸条）。

（1）胡安（Juan）用来吃午饭的钱丢了。他的午饭怎么办？为胡安编一个拥有美好结局的故事。

（2）卡拉（Carla）的妈妈忘记放学后来接她了。你怎样帮助卡拉回家？

（3）托尼（Tony）是乔（Joe）最好的朋友，但是乔叫了托尼的外号。托尼正在生乔的气。

（4）罗宾（Robin）的朋友想要偷商店里的洋娃娃服饰。你怎样帮助罗宾？

（5）杰米（Jamie）的新夹克丢了。他认为衣服被人偷了。你怎样帮助他找到夹克？

回顾与反思

在所有小组找到解决方法以后，对四个故事元素进行总结。整张表填满以后，让学生回想他们知道的其他故事，并填入表格。当你指导学生讨论时，选择一两个TESA行为进行练习。

内容延伸

选择一个故事，读给学生们听。总结故事中的四个元素。在合适的地方停下来，让学生找出这些元素。

评估学生的表现

1. 检查每个学生是否能读出四个关键词。
2. 让学生默读故事，然后找出四个故事元素。
3. 让学生说出他们关于故事元素学到了什么，然后填写K-W-L表（见上面的先验知识检查）。

材料

故事纸条，厚纸板，故事书。

变形

1. 将纸条换成故事作为阅读材料分发给年龄较高的孩子。
2. 将大型故事书的内容念给学生们听。在每个故事结尾，填写K-W-L表格。

中年级课例

下雨天

标准 在环境科学中解决问题

中心智能 自然

辅助智能 内省，口头表达/语言

中介重点 超越

先验知识检查

从科学杂志上选择一篇关于酸雨的文章在课堂上阅读。询问学生关于酸雨知道些什么。将学生的回答填在表格中，让所有人看到。

设计任务结构

1. 告诉学生，在这个高科技的世界上，有许多环境问题。在这个国家的某些地区，酸雨是一个持续存在的问题。告诉他们这节课的目的是教他们如何研究一个问题。

2. 将学生均匀地分成五人一组。帮助每个小组选出一名首席科学家、一名记录员、一名记者以及其他科学家。

3. 选择一部关于酸雨的电影。告诉学生如何制作一幅认知图，将他们看到的记录下来。观影后，让每个小组从发现问题开始，逐步完成认知图。

4. 让每个小组在图书馆或网上寻找文章进行研读，从而完成对这一主题的研究。他们需要用收集到的信息替换或扩充他们的认知图。一定要告诉他们如何为每篇阅读过的文章制作记录卡片，以便引用这些文章。记录卡片的内容应当包括文章标题、作者、引文日期、页数以及引用的文字。各小组可以以他们认为合适的方式分配工作任务，确保每个人付出相同的精力。

5. 每个小组选出他们认为最好的解决方法，以此为基础完成研究。

6. 要求每个小组展示他们的认知图，并对他们的解决方案进行解释。

回顾与反思

告诉学生，这个问题有许多解决方法。通过研究，各个小组可以学到一种解决问题的模式。这个模式包括：1. 作出一个假设；2. 收集信息；3. 评估信息；4. 得出一个合理的结论。请同学们回顾这个案例研究，评估他们在这四个步骤中的表现。让每个小组汇报他们的评估结果。你可以用TESA策略扩充每个小组的汇报内容。

内容延伸

每个季度至少提出一个环境问题，让学生们用四个步骤得到一个可行的解决方案。告诉他们，你在年末想让所有学生通过一个之前没有分析过的环境问题展示出他们使用这些步骤的能力。

评估学生的表现

1. 见上面的回顾与反思。

2. 让每个小组通过头脑风暴的方式思考他们学到了哪些解决问题的步骤。选择一个当前的环境问题，让每个小组使用上述步骤就这个问题写一篇短文。

材料

1. 关于酸雨的电影/视频。

2. 为每个小组提供记号笔和作图纸。

变形

1. 将酸雨问题换成一个当地的环境问题。

2. 当每个小组理解了四个步骤的模式以后，给其布置另一个问题。

高年级课例

《推销员之死》(*Death of a Salesman*)：人物分析

标准 分析小说中主要人物的动机

中心智能 口头表达/语言

辅助智能 内省，视觉/空间

中介重点 含义

先验知识检查

人们有时会相互伤害对方。关于这种行为的动机以及其他人类行为的动机，引导全班同学进行讨论。邀请学生分享个人经历、电视或个人阅读中的例子。使用你所掌握的TESA策略帮助学生扩充他们的思想。

设计任务结构

1. 让学生以“读者剧场”的形式阅读米勒(Miller)的《推销员之死》。首先将所有角色分给所有学生。这可能意味着每个角色对应若干名学生。分配时要分出几个小组，每个小组覆盖所有角色(如果需要，有些学生可以阅读不止一个角色)。

2. 第一幕读完以后，把所有扮演同一角色的学生分到一组【如威利(Willy)组，比夫(Biff)组】。在这些小组中，学生们需要寻找揭示人物性格的线索(人物的言行或其他人对人物的评价)。他们要为他们的人物制作一张概念图，并预测人物的主要特点。

3. 邀请每个小组通过抽签选出一个人汇报小组的成果。你可以询问其他组员，让他们提出证据支持这些选项(使用TESA策略)。每一幕结束时重复这一过程。

4. 最后一幕结束后，每个小组需要回顾他们的结论，看一看他们的预测准确程度如何。

回顾与反思

1. 在全班范围内进行讨论。

（1）他们对哪些角色的预测最准确？证据是什么？

（2）哪些角色的预测不准确？为什么？

（3）假设比夫是你的兄弟。和威利相比，你会采用哪些不同的做法对待他？

（4）你学到了哪些分析戏剧角色的方法？

2. 请学生研究这篇戏剧为什么被命名为《推销员之死》。

内容延伸

和学生们共同总结如何根据人物的言行或其他人对人物的评价来分析人物。此外，作者还用了哪些方法揭示人物性格？制作一张表格，挂在墙上，并让学生们记在笔记本上。对于每一篇小说的故事，让学生使用这个步骤。你仍然要使用TESA策略引导这些讨论。

评估学生的表现

1. 让每个学生将上述步骤应用到一篇小故事里，为主要人物画出概念图。

2. 让学生将上述分析过程中的关键元素融合在一起，写一篇关于人物角色的文章。

材料

1. 每个学生一份戏剧材料。

2. 硬纸板，记号笔。

变形

1. 阅读前播放戏剧的电影。

2. 选择另一部戏剧，如《阳光下的葡萄干》(*Raisin in the Sun*)或《窈窕淑女》(*My Fair Lady*)。

第三章 意图与互动

“一个人的写作源泉只有一个，那就是个人经历。他的一切成果取决于他是否能坚持不懈地从这种经历中提取出温馨或苦涩的最后一滴浓浆。这是艺术家唯一关心的事情，他们通过这种方式在混乱的生活中创造出艺术的秩序。”

——詹姆斯·鲍德温（James Baldwin）（莱利，1993）

在当今这个高科技社会，我们所有人都面临着大量刺激。各种爆炸性事件层出不穷；电视广告以极快的速度传送着各种画面，而且声音极大；快餐食品招牌上闪动着新颖快捷的食品广告；学校的课程中充斥着无数事实和细节，教师必须以越来越快的速度将这些内容灌输给学生。

现在，孩子们比以往任何时候更需要中介者的帮助，他们需要中介者帮助他们将分散注意力、影响学习的刺激过滤出去，在众多刺激中寻找重要信息，他们需要在中介者的帮助下培养这种能力。如果孩子缺乏控制冲动的能力，或者他们身体、心理、情绪上存在问题，无法精确处理信息，那么他们需要一个有序处理信息的系统。

意图：有目的的过滤器

教育中介者关心师生交流的质量。

在所有中介的早期阶段，细心的中介者需要将各种刺激加以区分，分别进行解释，并将经过过滤的刺激呈现给学生，以便鼓励学生作出积极的回应。这种有目的的中介行为叫作意图中介。

中介者过滤具体经历的意图中介工作很像医生将切片放在显微镜下，然后用有颜色的染料突出特定的组织。医生这样做可以让其他人员更容易看到他想展示的内容。染料可以突出显示特定的组织，因此其他人更容易关注医生想让他们看到的内容。当他们开始关注染色组织时，他们就进入了一种警觉状态。这种警觉的反应状态叫作互动。

突破束缚

如果中介者不坚持要求他们作出改变，大部分学生会维持对自身的低期望。

不管是帮助学生学习如何比较两个物体，完成一道数学题，还是记忆科学词汇，教师中介者都很关心师生交流的质量。他们首先要帮助学生滤除让人分心的无关信息。如果学生感到自身能力不足并将其当作借口，那么教师中介者会通过鼓励来帮助他们回归正常的学习状态（“你能做到，我知道你能做到”）。如果学生在大量事实性信息中迷失方向，中介者会用提示（“我想让你从这里开始”）和定位（“请看这两个例子”）来帮助他抓住要点。在大型教室中，教师中介者需要关注抵触情绪特别强的学生。他们不允许学生隐藏起来。他们的语调坚决、恭敬而直接。当学生完成分配给他们的任务时，中介者用温暖、热情、具体的反馈来祝贺他们的胜利：“做得很好！我知道你在比较故事中的人物角色时至少可以找到五个可比之处，结果你找到了七个！棒极了！”

让学生作出反应的意图并不是软弱无力的。高水平的中介者可以通过眼神交流向学生传达这样的信息：“看着我。注意听。跟着我手指的方向走。此刻，你既不能感到疲惫，也不能对其他事情产生兴趣。注意听我讲。跟上我的思路。”

在成功进行意图中介前，许多潜在中介者必须首先忘掉“乖”和“哦，他真可爱”的放任模式，放弃他们一直以来与学生之间的低质量交流：“不要给他们压力。不要让他们难堪。不要和他们对抗。不要坚持你的高期望，让学生作出改变。让他们自己理解吧。”

费厄斯坦的教学方法恰恰相反。他自己也是大屠杀中的一名幸存者，知道学生的抗压能力有多强。他还知道当成人免除学生的学习责任时，学生的互动能力不会提高。通过与来自世界各地的大屠杀幸存儿童和问题青年的接触，他还知道如果家长和教师不对这些年轻人思想和行为的改变寄予期望，如果中介者不坚持要求他们作出这种改变，那么大部分学生会维持对自身的低期望，继续栖身于无法学习的泥潭里。

带有尊重和关怀的中介

费厄斯坦还指出了带有尊重和关怀的中介同语言虐待之间的区别。任何看到他对年轻人进行意图中介的人都能看出他所创造的关怀氛围。他坚定，催人奋进，同时又不失温柔。一位观察者称他是穿彩衣的吹笛人，他与孩子们的交流可以将孩子们吸引住，就像拥有魔法一样。他的魔法首先在于他不允许学生表现出逃避行为。在极端的逃避行为中，有的孩子以手掩面，有的孩子钻到桌子下面，有的孩子将头埋进胳膊里，或者紧紧捂住耳朵。费厄斯坦用柔软而坚定的语气督促孩子，鼓励孩子，命令孩子，让孩子与他产生共鸣；他从不发牢骚或者乞求孩子。当他注意到孩子们领会他的话语的最初迹象时，他会祝贺孩子，向他们给予肯定，轻声说出自己的喜悦之情。他会强化这种联系，直到孩子们自愿地全神贯注听他讲课。“好样的”是他最喜欢的庆祝用语。

意图的中介策略

意图包含了有目的的方向。中介者开始同学生交流时，他们有两个层次的意图。首先，他们希望学生投入到当前的课程或任务中。他们需要发现学生的自然抵触情绪和让他们分心的因素，并使用策略解决这些问题。他们需要增进学生的兴趣和需要。

除了上面提到的语言交流，意图中介者还可以用视觉符号和话语向学生指明方向。

意图的中介策略

- 将课程目标张贴出来
- 将预定任务的日程表张贴出来
- 将学生表现评估标准张贴出来
- 在一节课开始时进行口头总结，并且将课程目标、日程表和评估标准中使用的词汇解释清楚
- 通过提问要求学生将当前任务与课程目标和评估标准联系起来
- 在教室里按顺序张贴年度目标图
- 用故事和提问策略来研究课程或任务的价值和原理

互动的中介策略

促使学生投入到课程中的四个要素：检查先验知识，任务结构，元认知反思，内容延伸。

除了费厄斯坦所坚持的尊重和交流，中介者还需要积累引诱策略，让学生进行互动，尤其是存在抵触情绪或学习成绩不理想的学生。中介者使用这些诱惑之网捕捉学生，让他们进入到学习过程中。除了吸引学生学习课程内容，中介教师还希望学生突破具体课程。中介者的直接意图也许是要求学生学习整数加法或者记住各州首府。突破技能使用或事实记忆的意图也许是要求学生解释这种信息或技能的重要性，指出它们的用途，甚至对其加以运用或者展示应用过程。这些是将具体学习内容与学习、理解和知识运用原则相联系的超越性目标。

显然，意图和互动中介需要贯穿一节课或一个单元的始终。随着课程的进行，中介者需要不时地将学生从身体上和心理上拉回到他们所教授的内容中。他们的意图越是能让学生不断投入到学习任务中，他们得到的结果就越好。

互动的中介策略

- 用打印出来的语言、符号和画在新闻纸或白板上的彩色图画强调课程目标、说明和规则
- 设计一些任务，让学生从具体信息转移到抽象符号上
- 用具有不同阅读水平的各种教学材料激发每个人的阅读意愿
- 站在同一个位置讲课，以便帮助精力不集中的同学提高注意力
- 用序列图或思维图等图形工具帮助学生看出知识之间的联系
- 在一堂课开始的时候先教词汇
- 缩短任务长度
- 用手势信号核查学生的理解
- 尊重学生的所有回答，指出答案的哪些部分是正确的，并请其他同学给予补充
- 用通过准则和“轮流”策略建立提问结构
- 先提问题，然后叫学生的名字
- 以轮流形式每天让学生说出今天自己学到了什么
- 每节课开始时让学生两人一个小组进行回顾
- 用公告板显示联系图
- 使用搭伴制，确保每个学习存在困难的孩子都有一个明确的伙伴，不会掉队
- 让学生在固定答案以外寻找答案
- 提供膝板、毡笔、贴纸、纸夹、翻页器等特殊材料帮助身体存在缺陷的学生

在每节课上设计意图和互动

除了在整个教学过程中使用中介策略，中介者还会将意图和互动穿插到每节课的设计中。高质量的设计包含四个要素，它们可以吸引学生投入到课程中。这

四个要素分别是：检查先验知识，设计任务结构，回顾与反思，内容延伸。

检查先验知识

通过检查先验知识，教师为学生架设了一座桥梁。

一堂优秀的课开始时，教师应当检查学生关于这节课的主题已经掌握的知识。这为学生提供了一种衔接过渡，也让他们主动把当前的内容与过去的学习联系起来。在许多课堂上，教师既没有提供这种衔接过渡，也没有让学生将当前的内容与过去的知识联系在一起。不善于使用意图策略的教师可能会引入一组新的词汇或用语。这些教师并不打算将这一章出现的词语同下一章再次出现的词语联系起来。这些做法让学生更加相信他们在各节课上学到的词语和事件是偶然的，孤立的，没有联系的。

孤立学习或偶然学习

第一章	第二章	第三章
前缀	后缀	同形异义

当倾向于冲动学习和孤立学习的城区学生遇到这种没有联系的片断式教学时，会产生更具破坏性的后果。学生联想不到之前的学习，不知道应该怎样入手。不过，当教师通过检查先验知识帮助学生建立联系，对这些学生进行意图中介时，教师不仅可以知道学生已经掌握的知识，而且知道学生对当前主题与之前主题之间关系的理解。例如，学生是否知道前缀和后缀对改变一个单词的用法都很重要？如果中介者注意到这一点，他就可以指出这种联系，用之前课程中关于前缀的例子对当前的后缀进行解释。当教师提供这些联系时，当习惯于片断学习的学生发现这种关系时，他们会对学习产生更加强烈的兴趣。

通过检查先验知识，教师为学生架设了一座桥梁，引导他们理解新思想与旧知识、意图与互动之间的关系。通过这一过程，教师可以培养学生的学习能力。了解了学生对于当前主题的原有知识以后，教师就可以邀请学生参与到扩充知识范围的任务中。

目前，检查先验知识的最佳工具是简单易用的唐娜·奥格尔（Donna Ogle，

1986）K-W-L图。教师可以将这张图画在新闻纸或白板上：

题目

K 我们知道的	W 我们想知道的	L 我们学到的

教师可以将学生分成小组填表，也可以全班共同填表。首先，他们需要就当前主题填写第一列。当全班同学掌握的所有知识都列出来以后，学生们就可以开始就这个主题提出问题了。每堂课结束时，他们要完成最后一列，然后由教师指出学生们忽略的知识联系。

设计任务结构

许多美国学校的课程衔接并不好。教师经常说“现在是早上10点，现在开始上拼写课”，然后到了上午10点半，他们会说“现在上数学课”，等等。一节课刚上完，另一节课又来了。本已头昏脑涨的学生们越发迷失在每天的课程漩涡之中。

有些教师向学生们提供大量毫无联系的信息，然后让他们完成任务，尽管这些任务可能饶有趣味，能够引起学生的兴趣，但教师无法帮助学生理解这些信息。和他们相比，中介教师则会使用合适的教学策略，帮助学生理解他们学到的内容。

在大多数优秀课堂上，教师在讲课前都要检查一下学生的先验知识：“关于这个主题，我的学生们已经知道了哪些知识呢？”检查了先验知识以后，他们就可以设计课程结构，收集探索新的信息，帮助学生理解所学内容。检查了先验知识以后，教师可以将实践、“含义开发”、关联、转移等实践设计元素融入到课堂中。

这些元素每一个都能增加教师的创造性，帮助学生理解他们所学的内容。首先，它们可以帮助教师确定如何向学生提问，让学生收集新的信息，获得新的知识。教师可以选择合适的学习策略和认知工具并作出调整，让学生更好地收集所需信息，理解这些信息之间的联系。它们还能让学生更好地思考，将知识推广到其他领域。

以一堂几何课为例。在课堂上，学生需要拿出课本，比较几何形状，发现每个形状的特点。

教师向学生提供了彩纸、剪刀、胶带。他把每种形状的图片展示给学生，让学生找出每种形状的特点。在他的指导下，学生组成了许多合作小组，每个小组分到了一个不同的形状。

每个小组找出了他们分到的形状所具有的特点以后，他们需要向全班汇报结果。如果需要，教师可以对他们得到的结果进行强调或纠正。所有小组汇报完毕后，他会指导这些小组用彩纸剪出各小组的形状，并贴上标签。此外，他还指导学生在日志上画出每个形状。确认学生理解了这些任务后，教师就可以让学生们完成这些任务。

学生们继续沉浸在教师分配的任务中。当教师发现大部分学生都已完成时，他示意全班停止绘画，讨论他们做了哪些事情以及为什么要做这些事情，然后总结他们在这一系列任务中学到了什么。为帮助理解，教师通过提问的方式引导大家思考。这些问题包括“长方形最明显的特点是什么？”“三角形呢？”“正方形呢？”“菱形呢？”“知道这些特征有什么意义呢？”“它们加深了你对每种形状的哪些理解呢？”“当你区分两种形状时，你能得到哪些适用于所有图形的规则呢？”“这些规则有哪些用途呢？”。

每个问题还可以引出其他问题，以澄清和扩展学生对于他们所学知识和学习方式的理解。通过这些问题，教师可以带领学生跨越正常的“完成任务”层面，从数学角度思考课程的本质内容。此时，教师的中介有助于这种理解。随后，教师可以通过中介帮助学生将这些知识推广到许多不同的情形中。没有这种中介，学生只能感受到完成任务的乐趣，他们只能记住各种图形的特点，仅此而已。有了这种中介，他们不仅在澄清各种形状特点的丰富多彩的任务中收获了乐趣，知道了每种形状的特点，而且共同理解了为何这些特点对每种形状非常重要。通过回答教师提出的问题，他们了解了几何形状的一般规则。从始至终，教师一直坚持着自己的意图，让学生通过智力参与来理解他们所“制作”的几何形状。

回顾与反思

检查学生对知识的理解是教师“串联知识”时最重要的工具。

在一堂精心设计的课结束时，教师需要分配时间让片断式学习者总结他们所学到的知识以及学习方式。首先，他们应当对这节课学到的内容进行整体总结。其次，教师还需要对学生的学习方式和当前知识的应用进行评估。实际上，在这种评估中，教师需要指出知识之间的重要联系，让学生不仅能看出直接的联系，还能学会如何亲自为知识建立联系。教师最好为学生提供一些时间，让他们思考自己学到的内容和学习方式，以便让他们在学习知识的同时掌握学习过程。

内容延伸

在教学设计中，这类学习过程中的关联出现在“内容延伸”标题下面。行为学家（S-R）认为，知识并不会发生转移。中介观点则认为，在细心指导下，知识的确会发生转移【福格蒂（Fogarty），珀金斯（Perkins）和巴雷尔（Barell），1992】。“优秀的指导者”会花时间有意识地引导知识转移。为此，中介者需要将课堂上的关键概念与将来要学习的其他内容或人生中的相关局面联系起来。

下面的教学设计包含了上面描述的四个元素：

- 检查先验知识
- 设计任务结构
- 回顾与反思
- 内容延伸

教学设计范例

本书列举的每个课例都使用了上述四元素模型。此外，每个课例还会标明它的适用年级，主旨标准，相关的多元智能和中介标准。当教师进行教学设计时，他们可以使用这种格式作为模板。

低年级课例

绘制坦桑尼亚地图

标准 确定地理区域

中心智能 口头表达/语言

辅助智能 身体/运动，视觉/空间

中介重点 意图和互动

先验知识检查

请班上的一名同学在地图或地球仪上找到：1. 非洲；2. 坦桑尼亚；3. 乞力马扎罗山；4. 塞伦盖蒂平原；5. 恩戈罗恩戈罗火山口。在新闻纸、黑板或投影屏幕上展示这张图。我们怎样找出这些地理区域的区别？

	平原	山脉	火山口
已经掌握的知识			

请同学们主动说出他们关于每个词语知道些什么。将学生的回答填入表中。当没有人继续回答时，横着画一条虚线。然后，找出平原、山脉、火山口对应的地理区域并对这三个词语作出解释。告诉学生，这节课结束时，每个人将会知道：1. 一个地理区域（平原、山脉、火山口）的三个突出特点；2. 如何在一个地区（坦桑尼亚）找到这些特点；3. 如何在另一片大陆上想象出具有三个类似特点的国家。

设计任务结构

将全班同学均匀地分成三人一组。向每个小组分配角色（制图员、抄写员、

材料管理员/计时员)，提供材料(新闻纸，记号笔，关于坦桑尼亚、平原、火山口和山脉的地图或其他视觉材料)。向每个小组分配一个地理特征，让每个小组成员回答三个关于这个地理特征的问题。

乞力马扎罗山
塞伦盖蒂平原
恩戈罗恩戈罗火山口

1. 盖伦盖蒂平原是什么？恩戈罗恩戈罗火山口是什么？乞力马扎罗山是什么？
2. 为什么说它是一块平原？一个火山口？一座山脉？
3. 它的独特之处在哪里(塞伦盖蒂平原与非洲或世界其他地区的平原有什么不同)？

一个小组里的每个学生都回答了三个问题以后(给30分钟时间)，每个学生和另外两个学生结成一组，讨论相同的话题。给他们20分钟时间交流答案，得出共同的答案，然后让他们回到原来的小组。在原来的小组里，每个学生与大家分享问题和答案(15分钟)，然后在新闻纸上画出坦桑尼亚，并且加入图片或符号来描述每个区域的主要特点。每名小组成员都需要为解释图片或符号做好准备。找出三个制图员，让他们描述小组的选择(5分钟)。让其他学生注意听与他们相同的区域。在简单讨论之后，检查学生们的理解程度(5分钟)。检查方法是随机选择一名学生对某种地形进行解释。请其他学生用拇指朝上(同意)或拇指朝下(反对)的方法进行投票。当存在不同意见时，请其他同学说出他们的理解，直到全班对每个概念的定义取得一致。在黑板或投影屏幕上展示每种地形的“正式”定义。让每个小组选择一个大洲(不包括南极洲)。(你可以用一个盒子随机抽签。)每个小组需要根据他们知道的每个区域的共同特点在这个大洲上创造一个国家，这个国家具有他们在课堂上学到的特点。给大家展示你做的例子，告诉每个小组怎样标出各个区域及其特点。你可以让大家用新闻纸画二维地图，也可以提供材料，让大家制作三维立体模型(50～90分钟)。

回顾与反思

在各小组展示成果并欣赏他人的成果之后，进行全班讨论。

1. 关于坦桑尼亚的三个地区，学生们学到了什么？

2. 关于平原、山脉、火山口这些概念，他们学到了什么？

3. 如果他们登上月球，他们怎样确定那里的平原、火山口、山脉？

4. 在寻找不同地区的相同点和差异时，他们应该使用什么样的思考过程？

内容延伸

让学生在日志上记录下面一个或两个任务：

1. 你发现自己在平原迷路了。你怎么知道这是平原？平原上的哪些资源能让你生存下来？为什么？

2. 找出另一个至少具有三种不同地理区域的国家。解释一下你是如何分辨出每个区域的。

促进意图和互动的策略

中介者用图形工具帮助学生“看到”他们关于一个主题的思维结构。

除了课程设计的四个元素，教师还可以用其他策略丰富课堂，辅助学生学习，提高学生成绩。

1. 以问题为中心。在以问题为中心的课堂上，问题的定义有明确和不明确之分。明确定义的问题指的是有固定答案的封闭式问题，如“如果火车的速度是每小时92英里，A站和B站之间的距离是236英里，那么火车从A站到B站需要多长时间呢？”定义不明确的问题类似于“研究这起事故的可能原因。”通过以问题的形式设计课程，中介者可以让学习成为一种探索过程，而不是对知识的死记硬背。中介教师在黑板上把问题呈现给大家，检查大家对词汇的理解，然后请学生预测这节课的内容。接着，他们会把问题与评估学生表现的标准联系起来。当然，他们也会把标准写出来，向学生解释这些词语的含义。

2. 吸引人的任务。检查了学生的先验知识以后，中介者会为学生准备具有挑战性的、吸引人的任务（如在地理课上绘制地图），以加深他们的理解，扩展他们的能力。合作研究可以促进分享行为（见第八章），提高学生的参与积极性，促进学生的互动。图形工具可以吸引学生进行思考，是最吸引人的工具之一【莱曼（Lyman）和麦克泰（McTighe），1988】。

每一种图形工具都可以强化中介者的意图。中介者用图形工具帮助学生“看到”他们关于一个主题的思维结构。例如，问题网可以告诉学生如何在类似的情形中提出一系列问题。它可以帮助学生发现一个人、一个地方、一件事或一个概念的特点。在合作任务中，这种图形工具可以帮助学生加深对课程内容的理解。他们很容易通过一种有助于复杂思考的思维模式看出不同知识之间的相互联系。

3. 检查学生的理解。教师在检查学生的理解时，最简单的做法就是请学生通过手势来表示他们是否能够解释一个概念。低年级教师让学生用拇指朝上、拇指放平或拇指朝下的手势对“谁能重复我的要求”或“谁知道你们现在需要做什么”这些问题作出反应。到了中年级，学生可以用带颜色的卡片（红色，黄色，绿色）对具有一定深度的问题作出反应，如“谁能解释为什么……”或者“谁能告诉我一个原因……”到了中学，学生可以对预测问题、假设问题和总结性问题举手示意。当然，在所有情形中，示意只是一个开始。等到所有人作出反应以后，教师需要选择一名学生，让他作出回答。当学生回答得不全面时，教师可以问“谁可以补充”或者“谁还有其他不同想法”。优秀教师懂得合理分配答题机会，在每一次答题时可以让每一名学生都有可能被问到。最后，当教师在检查时发现学生没有给出他所需要的信息和理解时，教师可以重新讲授一篇课程内容，然后重新检查。

4. 以项目为中心的课时和单元。项目是挑战学生进行高强度思考的第三个工具，尤其是两人或三人一组合作完成的项目。下面这个项目出现在昆虫单元的末尾。通过将课程内容（昆虫）提升到项目的高度，教师将学生对知识的学习转化成了一种引人深思的经历。

创造一个生物

	A 身体对称性	B 体节	C 运动形式	D 感觉器官	E 支撑结构	F 体表
1	两侧对称	无	无	眼睛、耳朵、鼻孔	硬骨骨骼	体毛
2	放射状	2个体节	2个或4个步足	成对的触角	软骨骨骼	鳞片
3	两侧对称	3个体节	腿和翅膀	复眼和触角	外骨骼	体毛
4	两侧对称	多个体节	6条或8条腿	触角	软性体质	羽毛
5	放射状	2个体节	鳍	眼睛、耳朵、鼻孔	可开合贝壳	鳞片
6	两侧对称	无	多个步足	复眼和触角	携带式贝壳	体毛

来源：伊利诺伊州埃尔姆赫斯特市约克高中鲍勃·卡普海姆。

当一节课的设计包含所有这些鼓励学生作出反应并参与到课程中的元素时，教师更容易通过其他中介交流提高学生的参与度，从而提高学生成绩。下面这个基于问题的教学设计使用了所有这些设计元素。

中年级课例

文化与大洲

标准 如何理解生态系统对我们这个世界的影响方式

中心智能 视觉/空间

辅助智能 人际交流，自然，口头表达/语言

中介重点 意图与互动

先验知识检查

1. 让学生说出他们来美国之前所在的国家或地区。让每个学生戴上一块3英寸×8英寸的牌子。

2. 在教室里悬挂下列牌子：(1) 北美洲；(2) 南美洲；(3) 中美洲；(4) 欧洲；(5) 亚洲；(6) 非洲；(7) 澳大利亚。让戴上牌子的学生集合到上述挂牌下面。将这些牌子读给全班同学听，让他们齐声朗读，学习发音。

3. 告诉学生，他们要学习环境(解释这个词)对这些地区居民的一些影响。用一张图作为例子，说明天气对自然资源的影响以及人们用自然资源抵御天气的方法。你可以选择三到七个词语讲解课程中的新词汇。

设计任务结构

1. 用公告板或幻灯片上的图片展示许多不同文化中的房屋。一定要将与课堂上学生有关联的房屋包含在例子里。下面是一些示例：

(1) 美国原住民

(2) 因纽特人

(3) 墨西哥印第安人

(4) 墨西哥城

(5) 东非-马赛牧民

(6) 维京群岛

(7) 英格兰

(8) 南太平洋岛屿

2. 请学生解释他们认为哪些住所具有相似性，哪些住所与众不同，为什么。

3. 将学生均匀地分成三人一组，给每个小组分发材料，让他们研究、设计、建造一座与自身文化不同的房屋模型。模型完成以后，学生需要：(1) 标出与他们当前住所的相似点；(2) 为解释环境条件对房屋特殊之处的影响做好准备（如寒冷和降雪天气中的冰屋）。

4. 将成果展示给全班同学。

回顾与反思

1. 请每个小组分享他们关于环境对文化的影响学到了哪些知识。用他们的工作成果进行说明。

2. 制作一张大型表格，放在公告板上展示。在最上面列出这节课研究的各种知识。先用一个例子进行展示，然后让各个小组将表填写完整。（你可以替他们填写，或者让他们写在纸板上，放在表格里。）

文化					
房屋形状					
房间数量					
原始材料					
用途					
特点					
天气					

3. 让所有学生轮流发言，发言的形式是："在我们对不同地区不同房屋的研究中，我学到了……"（允许学生说"我不知道"。）

4. 总结学生的陈述。

内容延伸

让学生在日志上完成下面一个或两个任务：

1. 列举我所在的镇或城市的环境对我们的住所的影响。

2. 画一幅素描，将环境因素（如降雪）和你的住所的元素（如暖气）联系起来。

评估学生的表现

学生能在何种程度上（选择一个非本地的生态系统）：

1. 解释关键环境因素与普通住宅的设计和建造元素之间的联系。

2. 在选定的生态系统中找出影响住所设计和制造的环境因素。

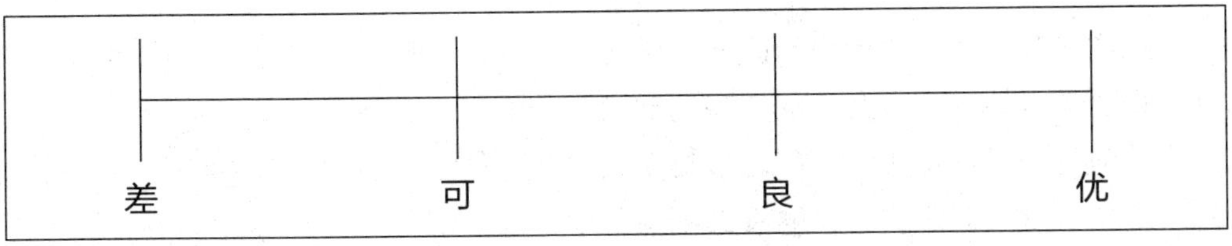

材料

地球仪或世界地图，每个洲的标志，各种生态系统中气候条件的照片，世界上6到12种文化的住房图片，制作模型或艺术品的材料，学生日志。

变形

1. 选择一个具有独特住房的生态系统。让全班同学用具有代表性的地质特点和植物制作一个仿真住房模型。

2. 选择一个具有独特住房的生态系统，制作一幅能代表这个系统特点的壁画。

一枚硬币的两面

意图和互动是一枚硬币的两面。优秀的教师可以提前制订计划，让学生理解他们将要学习的知识以及这些知识的意义，从而吸引学生在课堂上自始至终专心听讲。他们会用得到研究证实的最有效的策略方法设计每一节课，让学生自愿学习，产生学习兴趣，从而自愿投入到课程中。

使用意图和互动中介方法类似于邀请学生参加学习晚会。对于有些学生来说，一封邀请函就足够了。其他学生则需要再打一通电话，或者寄一份“今晚勿忘”的提醒。有的学生可能会拒绝最有吸引力的请帖。有经验的中介者知道，一封请柬无法请来所有人，他们会考虑到不同学生具有不同程度的学习意愿，因此他们会调整、修改、保留、干预、重发请帖，直到所有学生出现在晚会上。

重点提示

- 意图类似于激光束，指的是做某件事是有目的和计划的，不是偶然随便做的；它是有目的方向的。
- 同学生分享教师的想法（即教师想让孩子们参与到讨论中，以便让他们知道教师所做的事情及其原因）。这样一来，学生的不连贯行为会减少，他们会更加关注课堂上的内容。
- 学生不仅需要知道即将学习的内容，还需要知道为什么要学习这些内容。
- 在本章和后面各章里，每个年级课例都会包含四个主要的课程设计元素：检查先验知识，设计任务结构，回顾和反思，内容延伸。每个元素都需要学生积极参与其中，这样他们才能知道教师在做什么，为什么要这样做。
- 每堂课都应包含意图与互动、超越和含义的中介。
- 所有学生都必须参与到学习中；学生需要构建自己的理解方式。
- 学生的先验知识是每堂课的出发点，教师应在学生现有知识和能力的基础上对其进行扩充。
- 图形工具能让学生看到他们的工作，并且能吸引他们的注意力。
- 学生需要分享学习经历。教师必须根据学生不同心理状态下思考方式的理想转变方式，向学生提供中介。

课例

在查看下面几页的教学范例之前，最好先回顾一下本章要点。

选择最适合学生年龄段的例子来研究。当你浏览这些课程时，请注意哪些方法和策略可以用于更好地告诉学生这节课的意图或目的，鼓励他们互动。

低年级课例

角与直角

标准 理解直角的特点

中心智能 数学/逻辑

辅助智能 视觉/空间

中介重点 意图和互动

先验知识检查

向学生展示一张直角的图片，看看谁能叫出它的名字。让其他学生寻找教室里的其他例子（如桌角、椅子腿、门框和窗框）。

设计任务结构

1. 检查是否有人知道直角（即成90度的两条线）的特点（说出来）。将这些词语拼写出来，让每个学生将它们抄写在3英寸×5英寸的索引卡片上。所有学生都完成以后，给他们一段胶带，让他们把卡片粘到他们在教室里看到的直角上。检查他们的准确度，请学生解释为什么这些角是直角。

2. 将翻转过来的直角和头朝下的直角展示给大家看。请学生辨认这些形状。所有人都应该回答“直角”，不过许多人可能会说“左角”或“颠倒角”。通过回顾直角的特点来纠正这些错误。直角的定义与方向无关。

3. 让学生每两人组成一组。给他们提供一份练习题，上面至少有八个以上不同角度放置的直角。请各小组就这些形状达到一致意见。

4. 请学生谈谈辨认直角的重要性。

回顾与反思

请学生在教室里寻找之前标记的直角。

询问他们为什么这些角是直角。

内容延伸

给每名学生提供五张“直角”索引卡片。让他们思考在学校以外哪里能找到直角。

在全班同学面前列出这些位置，然后让每个学生在放学回家的路上或自家周围寻找直角。在卡片上画出这些物体。

评估学生的表现

1. 准备一个包含各种角的多选测试。在每道题中包含一个具有不同方向的直角。
2. 请学生画出一个直角，标出其重要特点。

变形

1. 带学生到城市里散步。让每个学生画出他看到的三个直角，并标出其位置。
2. 向学生提供彩色硬纸和剪刀，让他们练习剪出直角。

中年级课例
地铁和公交

标准 阅读、理解和评论文学作品
中心智能 口头表达/语言
辅助智能 人际交流，内省
中介重点 意图和互动

先验知识检查

将学生均匀地分成三人一组（能力混合）。让每个小组画出一辆完美的地下列车或城市公交（舒适度没有限制）。让各小组展示他们的绘画，对设计进行解释。在这个过程中，在黑板上写下他们使用的词语，以确定他们对于地铁和公交的了解。

设计任务结构

1. 向每个小组提供一首诗或一支歌曲，这些诗和歌曲选自《动态的诗：来自地铁和公交的100首诗》（*Poetry in Motion: 100 Poems From Subways and Buses*）【帕钦（Parchen），皮科克（Peacock）和内奇斯（Neches），1996】。

2. 请每个小组研究他们的诗。
   - 这首诗关于地铁和公交说了什么？关于城市和人民说了什么？
   - 诗人唤起了读者的哪些感情？他们是如何做到的？
   - 你喜欢或不喜欢这首诗的哪些地方？为什么？

回顾与反思

请每个小组向全班阅读他们的诗，讨论上述问题的答案。就诗歌的美学元素进行一次总结性讨论。

内容延伸

邀请每个小组自己创作一首关于地铁或公交的诗。

评估学生的表现

这首诗在何种程度上：

1. 捕捉了城区生活的感受？

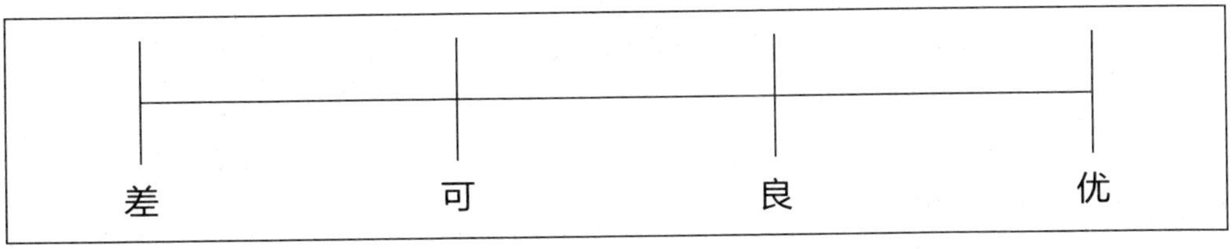

2. 使用了诗歌形式？

3. 传递了城区生活的信息？

材料

诗歌副本。

变形

1. 选择其他关于城区的诗歌或者以城区为背景的短篇故事。

2. 让各个小组以视频、歌曲、活动雕塑、素描等不同形式表现公交或地铁。

高年级课例
选举权

标准 如何用《人权法案》(*Bill of Rights*)解决当今社会问题

中心智能 视觉/空间，人际交流

辅助智能 数学/逻辑，人际交流，内省，口头表达/语言

中介重点 意图和互动

先验知识检查

请每个学生完成下面的“同意/反对”表。所有学生填完表以后，随机邀请学生谈谈对每种说法的看法。由于许多说法存在争议，而且你想让学生探索不同的观点，因此你最好通过“你为什么这么想”“你的证据或理由是什么”等问题引导学生思考。鼓励学生用良好的逻辑和有力的证据支持自己的观点。每个问题的讨论结束后，用投影仪展示《人权法案》中的相关段落。对上述讨论中触及《人权法案》的例子给予强调。

可能的权利	同意	反对
1. 根据《人权法案》，妇女有选举权		
2. 中学毕业证是一种权利		
3. 每个公民有权拥有猎枪		
4. 美国公民享有生命权、自由权和追求幸福的权利		

设计任务结构

解释这些问题的意义。给每个小组分发一份《人权法案》以及上述四个命题中的一个。每个小组需要使用《人权法案》判断命题的合法性，并将其依据写在一篇短文中。在小组之间交换短文，让每个小组对另一个小组的短文给予反馈。(你也可以阅读他们的短文并给予反馈。)当所有小组给出反馈以后，就反对意见进行一次全体讨论。

回顾与反思

请每个小组回顾他们在完成任务时采取的步骤。你可以提出下面这些问题作为引导：

1. 你们将命题与《人权法案》联系在一起时使用了哪些解决问题的步骤？
2. 在你们的讨论中，哪些地方意见最一致？哪些地方分歧最大？
3. 你们是如何解决分歧的？
4. 在讨论激烈的时候，你们是怎样控制自身行为的？
5. 如果让你做下一个任务，你在这个过程中需要作出哪些改变？

小组讨论结束后，选择一些回答进行全体讨论。

内容延伸

请学生在日志中写下：

1. 他们关于《人权法案》学到了什么。
2. 如果未来他们的个人宪法权利受到威胁，他们应该作出什么反应。

评估学生的表现

学生能在何种程度上：

1. 解释为何《人权法案》是一份重要文本。
2. 找出《人权法案》中包含的权利。
3. 描述如何使用《人权法案》判断诉讼案件的合法性。

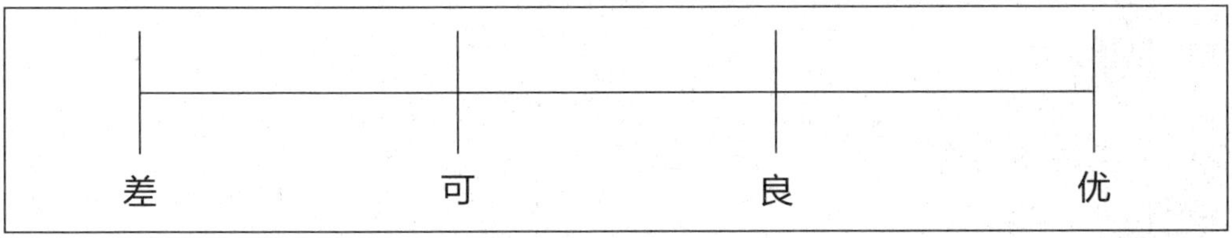

材料

“同意/反对”表，《人权宣言》和命题副本。

变形

1. 使用宪法的其他部分判断一个问题。

2. 邀请学生根据自身经历想象出一个真实生活中的法律案件。最高法院能够解决这些案件吗？

3. 就一个重要案件进行模拟审判。让学生组成团队扮演公诉人、被告、陪审团等。

4. 对“同意/反对”表进行最后讨论并得出结论。

第四章　含义

“在你咽下口中食物之前，不要去吃下一口。”

——马达加斯加谚语

好奇的孩子经常会向家长和教师提出“为什么”这个问题。对于生活不稳定的家长或者没有经验的教师来说，他们通常会马上回答：“因为这是我说的，这就是原因！”此时，他们忽略了孩子理解某项任务或活动的目的、理由或重要意义的需要。通常，这个答案可以在家庭文化的价值观和信仰中找到。家长和教师可以通过耐心的含义中介帮助孩子，而不是马上说“这是我说的”。

含义的中介

在含义中介中，中介者让学习过程变得更有价值，更有活力。

当家长或教师在认知和情感层面将孩子的好奇心与对目的和意义的丰富理解联系在一起时，他们就是在进行含义的中介。在认知层面，中介者传达的是重要的价值观和信仰；在情感层面，中介者传达的是对这种信仰的热情。这样，孩子可以获得令人信服的积极解释，满足自己的好奇心。通过这种方式，中介者作为重要的指引人，可以让学生在师生交流中投入比意图中介更深的思考和情感。在意图中介中，中介者化解学生的抵触情绪，邀请他们考虑是否想要学习一些重要的东西：他们吸引了学生的注意力，学生也接受了他们的建议。不过，在含义中介中，中介者让学习过程变得更有价值，更有活力，他们邀请学生理解知识背后的意义。

对于费厄斯坦来说，含义的中介具有特殊的意义。他所谈论的价值根植于学生的文化之中，因此中介者需要将学生与其文化的内在力量联系在一起。为此，中介者可以越来越深地发掘学生所传承的文化的重要意义。实际上，中介者是文化遗产的翻译者、赞美者、传播者，他们将文化遗产中所有的知识、传统、价值观和信仰传给了下一代。

对于在能够将自身文化内涵传递下去的家庭中成长起来的大多数年轻人来说，家长是最初的中介者。对于家庭受到破坏或因贫穷、种族、战争或其他原因导致家庭分裂的孩子来说，他们很可能会因缺乏中介而没有建立起成功学习、思考和解决问题的基础。

历史上充斥着文化被毁和失传的例子：在加拿大，第一民族得到了制度化；在美国，有非洲奴隶居住区，有美洲原住民保护区，有日裔美国人拘禁营地；在德国，有犹太人大屠杀；在波斯尼亚和卢旺达，我们见证了种族清洗。在所有这些例子中，在大量与此类似的例子中，许多幸存儿童的文化认同遭到了严重破坏，或者不可逆转地丢失了。

同文化毁灭的抗争

对所有孩子来说，含义中介是一个必要而强大的学习工具。

第一民族的倡导者洛娜·威廉姆斯（Lorna Williams）小时候克服了极大的困难。洛娜从小就脱离了家庭，被加拿大政府送到了寄宿学校。人们让她忘掉自己的家庭和出身。省政府举行的成绩测试显示，在来自她们村的47个年轻人中，包括她在内，有46个人是“弱智”。她的教师希望消除加在他们身上的“原始”标签，因此嘲笑她的家庭，批判她的习俗和信仰，对她的学习能力产生怀疑，恐吓她放弃“旧式做法”。学校的低期望和毁灭式教学方法几乎成功了。没过多久，告诉她控制自身行为的方式和原因、教导她尊敬长辈、向大自然学习的传统学习和行为方式在她眼中就开始变得既愚蠢又迷信。

困惑不解的洛娜回到家里过暑假。幸运的是，一位强烈相信自身文化信仰的亲戚——她的姨妈进入了她的生活，姨妈通过故事、歌曲和亲子对话，帮助洛娜恢复了文化本源，让她对自身，对本族人民，对民族传统重新建立了信心。通过这些经历以及其他被费厄斯坦称为真实含义中介的经历，洛娜变成了一个成熟的学生，并且发誓要想办法帮助同胞保持文化的完整性。今天，洛娜领导着温哥华公立学校的第一民族项目，并且为美国和加拿大的学区提供咨询服务。

洛娜立志要寻找最好的方法帮助第一民族的孩子在现代世界生存下来，同时保留传统的“理解”方式。于是，她接触到了费厄斯坦的工作。她迅速将费厄斯坦的“含义”教学与她自身的痛苦经历和最终胜利联系在一起。更重要的是，她意识到，同她的姨妈帮助她从公立学校的摧残中恢复过来所使用的指导方法相比，费厄斯坦在文化框架下的学习中介方法可以帮助更多的儿童。

含义的文化根源

含义的同化始于我们童年时学到的知识。儿童学到的东西根植于家庭文化和价值观当中。如果一个家庭的文化和价值观遭到系统性破坏，如洛娜的例子，或者被摧毁，如大屠杀幸存儿童的例子，或者家庭脱离了原来的环境，如被带到美洲的非洲人，那么他们的孩子很难理解周围世界的意义。没有家庭的早期中介，孩子只能断断续续地进行片断式和冲动式学习。

费厄斯坦在大屠杀幸存儿童身上取得的成功说明，进入青春期时认知能力低于应有水平的年轻学习者仍然是有希望的；洛娜为第一民族儿童所做的工作和全世界类似的项目更加证明了这一点。对于所有文化根源受到过损害的孩子来说，含义中介是一个必要而强大的学习工具。

含义中介的策略

首先，教师可以热情地解释课程所引入的各个主题的含义。

在课堂上，教师可以以各种简单而强大的方式进行含义中介。首先，教师可以热情地解释课程所引入的各个主题的含义。教师的面部表情、手势动作、说话语气都可以微妙地传达这些主题在课堂上和生活中的价值。此外，解释教师规则、示范与其他学生的合适交流行为以及讨论教学程序的做法都属于含义中介。当教师解释一项学习任务（如解一道数学题或写一篇说明文）的策略、技巧和过程时，当教师通过提问引导学生研究其中的道理时，他们进行的就是成功的含义中介。当教师解释课程、研究主题和问题的隐含意义并将它们与学生的价值观和信仰联系在一起时，他们进行的是最深层次的含义中介。

在日常授课过程中，教师有许多机会为学生提供含义中介。学生的课程负担通常很重，因此提供含义中介的教师不应该为学生添加额外的学习内容，让他们进行浮光掠影式的学习。“少即是多”的概念在这里发挥了作用。对于含义中介来说，如果教师能在每堂课上明智而有选择地放弃学生不感兴趣的材料，关注与学生有关的材料，对学生来说将是非常有益的。由于学生已经有了关于每个主题的先验知识或者对每个主题比较熟悉，因此这些材料可以帮助学生更深入地理解他们正在学习的内容。

含义的构造过程发生在学生的大脑里。中介者需要通过制订课程和教学决策帮助每一位学生理解每天所学的内容。学生对于知识的理解所担负的责任越大，学生的理解就越深；教师越是告诉学生如何理解课程及课程内容，学生的自主思考就越少。中介者作为学生学习新知识的干预者，在积极引导学生思考的过程中具有重要作用。

与先验知识的联系

当学生通过关于某一主题已经掌握的知识开始课程的学习时，他们的兴趣水平会上升。

有许多策略适用于含义中介。我们之前介绍过（见第三章），要想让学生理解一个新的主题或概念，教师首先要将它们与学生的先验知识或之前对这些主题和概念的理解联系起来。奥格尔（1986）设计出了K-W-L策略，这是一种方便易用的可视化先验知识检验方法。教师首先请课堂上的学生将他们认为自己关于某一主题知道的所有知识（K）列举出来，然后请他们列举出他们认为自己想（W）知道的内容；每一单元结束时，教师帮助学生回顾他们学到的知识（L），作为这一单元的总结和结束。例如，下面是一个五年级班级在介绍古埃及的课堂上完成的一张简单的K-W-L图。

主题: 古埃及

K 我们知道的	W 我们想知道的	L 我们学到的
金字塔 狮身人面像 图坦卡蒙 摩西与红海 他们喜欢猫 沙漠	他们为什么要为法老的尸体进行防腐处理？ 现代埃及在哪儿？ 他们的历史遗迹是怎样建造的？ 他们为什么要建造这些历史遗迹？	埃及人的宗教 他们的现代政府 埃及的考古学状况 埃及在非洲的位置

K-W-L图这款学习工具具有许多优点。首先，它可以帮助学生回忆自己在

其他课堂上学到的、在电视上看到的以及在书中读到的关于某一主题的知识。这个表格还可以帮助教师了解学生的已有知识，以免浪费宝贵的课堂时间，使学生发出“我们已经学过了”这种抱怨。此外，教师还可以迅速了解学生对于这一主题还有哪些不知道的地方。最后，这种工具为教师提供了一个框架，教师可以根据这个框架检查学生的理解深度，评估事先制订的教学规划中哪些部分需要修改，哪些部分需要删除。

不过，这一策略最重要的好处在于它为学生提供了一个积累新知识的坚实基础。这个基础为该主题的学习提供了一个很容易理解的理由。此外，它还为学生构架了一座桥梁，让学生通过书写、讨论和其他有助于详细展开的表达模式扩展或加深自己的知识。

当学生通过关于某一主题已经掌握的知识开始课程的学习时，他们的兴趣水平会上升【教师教育家玛德琳·亨特（Madeline Hunter）认为兴趣是最重要的学习动因之一】。当学生想起他们已经学过的知识时，教师要求他们思考他们还想学到关于这一主题的哪些知识。对于习惯了教师一言堂的学生来说，这可能是一种很大的挑战，但这种提示学生自主钻研的策略很快就能让学生活跃起来。一旦学生开始提出问题并且知道这些问题能够得到回答，他们提问的意愿就会随着课程、项目或单元的展开而增长。

在所有课程中清晰思考

第二项帮助学生理解课程主题的策略是让他们学会使用高阶思考方法。关于元认知（即对思考本身的思考）的文献说明了这种策略对于改善学生表现的重要性。这种提问方式可以提高学生的提问速度，让学生更加积极地阅读和听讲。

对思考本身的思考

要想帮助学生学习如何更有技巧地思考，第一种方法就是明确说明大多数课程中隐含的关键的“思考过程”。例如，“预测”是一种至少在三年级就会出现的重要阅读技巧。大多数标准考试都能显示出学生对这种技巧的掌握程度。少数学生天生就是预测高手。对于其他大部分学生来说，教师可以通过直接指导帮助他们培养这种能力，让他们凭借这种能力提高阅读理解水平和考试成绩。下面几页和本章末尾的课例可以说明如何帮助所有学生培养这种思考能力。

在各门课程中，除了预测技巧，还有其他许多隐性思考技巧（如生物和化学课程中的分类方法，社会和语言课程中的归因方法以及所有课程中的总结方法）。

中年级课例
学习预测

标准 如何在阅读小说和解决问题的过程中使用预测方法

中心智能 口头表达/语言

辅助智能 数学/逻辑

中介重点 含义

背景

我们已经确定的一个结论是，有技巧的思考者是运用信息进行稳健预测的冒险家。学生对信息的考虑越周到，他们就越有可能实现成功的预测。实际上，他们并不是在瞎猜，而是根据仔细的研究进行有计划的冒险。他们的赌注通常是安全的。研究还显示，阅读中的预测能力与批判性思考中的预测能力具有很强的相关性。

先验知识检查

1. 拿出一枚硬币，请一位学生走到教室前面，预测硬币正面朝上还是背面朝上。

2. 请学生抛硬币，然后告诉你他的预测是否正确。请全班同学预测在一百次和一千次实验中硬币正面朝上的次数。

设计任务结构

1. 用黑板或投影仪向学生展示下列信息：

"预测"的定义：提前说出很有可能发生的事件（至少具有80%的概率）。

找出在阅读小说、进行科学实验、从事侦探工作、开展外科手术、解决数学问题的过程中预测方法发挥作用的地方。

2. 在互联网上找到莫娜·加德纳（Mona Gardner）所写的故事《晚宴派对》（*The Dinner Party*）。把故事打印出来，通过画线的方式将其分为五个部分，然后为每位同学复印一份，并且沿着分段线把下面的内容折到后面，分发给学生。

3. 向学生展示BET策略，解释这种策略在这堂课上能够起到什么作用。BET策略的内容是：

以事实为基础。

研究概率和可能性的线索。

打定主意，作出预测。

4. 请学生默读第一部分。当他们完成阅读以后，让他们用BET方法预测接下来会发生什么。引导学生确认事实，讨论故事线索，作出可靠的猜测，然后收集大家的预测结果。

5. 对接下来的各个部分重复同样的步骤。

回顾与反思

请学生回答下列问题：

1. 用自己的语言解释BET方法。

2. 你在什么时候可以使用BET方法（在校内和校外）？作出解释并说明理由。

3. 这种方法与你平时的阅读方法存在哪些区别？

4. 如果你在准备下次大型考试时使用BET方法，会产生怎样的结果？

5. 使用BET方法的优势和劣势是什么？（列一个表格。）

内容延伸

1. 请学生向总统或国会成员写一份电报。请他们在电报中根据已知事实对执行某一政策的后果进行预测。

2. 向学生会写一份电报，对某一行为的后果进行预测。收集学生的电报，选择一部分进行宣读。

变形

1. 为了让从幼儿园到三年级的学生使用BET预测方法，可以选择下列书籍或故事：

弗娜·阿丹玛（Verna Aardema），《谁在兔子的房子里？一则马赛故事》（*Who's in Rabbit's House? A Masai Tale*）。阿丹玛重述，利奥（Leo）和黛安·狄龙（Diane Dillon）插画。戴尔出版社，1977。

P.C.阿斯别约恩森（P. C. Asbjornsen）和J.E.莫（J. E. Moe），《三只坏脾气的公山羊》（*The Three Billy Goats Gruff*）。玛西亚·布朗（Marcia Brown）插画。哈考特-布雷斯-朱万诺维奇出版社，1957。

卡罗尔·布莱克本（Carol Blackburn）和利比·汉迪（Libby Handy），《来自某

个地方的东西》(*The Thing From Somewhere*)。阿什顿学术出版社，1975。

弗朗茨·勃兰登贝尔格(Franz Brandenberg)，《漂亮的新邻居》(*Nice New Neighbors*)。阿力奇(Aliki)插画。绿柳出版社，1977。

玛格丽特·怀斯·布朗(Margaret Wise Brown)，《你去哪儿啦？》(*Where Have You Been?*)利奥和黛安·狄龙插画。哈珀柯林斯出版社，2004。

雷米·查利普(Remy Charlip)，《幸运》(*Fortunately*)。四风出版社，1986。

埃德·安柏利(Ed Emberley)，《跳蚤的翅膀》(*The Wing on a Flea*)。利特尔布朗出版社，2001。

诺玛·法伯(Norma Farber)，《当我穿越波士顿公园的时候》(*As I Was Crossing Boston Common*)。杜登出版社，1973。

婉达·盖格(Wanda Gág)，《一百万只猫》(*Millions of Cats*)。科沃德麦肯-盖根出版社，1977。

诺尼·霍格罗金(Nonny Hogrogian)，《美好的一天》(*One Fine Day*)。阿拉丁出版社，2005。

帕特·哈钦斯(Pat Hutchins)，《别忘了那块培根》(*Don' t Forget the Bacon*)。绿柳出版社，1976。

阿琳·摩泽尔(Arlene Mosel)，《提基提基坦布》(*Tikki Tikki Tembo*)。霍尔特-莱因哈特-温斯顿出版社，1968。

尤里·舒利瓦茨(Uri Shulevitz)，《一个星期一的早上》(*One Monday Morning*)。法勒-施特劳斯-吉鲁出版社，2003。

八岛太郎(Taro Yashima)，《伞》(*Umbrella*)。海鹦出版社，1977。

2. 指导年龄较大的学生学习预测方法时，可以选择其他短故事。

哈里·阿拉德(Harry Allard)，《尼尔森老师不见了》(*Miss Nelson Is Missing*)。

尤金妮亚·科利尔(Eugenia Collier)，《金盏花》(*Marigolds*)。

理查德·康奈尔(Richard Connell)，《最危险的游戏》(*The Most Dangerous Game*)。

卡森·麦卡勒斯(Carson McCullers)，《就像那样》(*Like That*)。

西尔维亚·普拉斯(Sylvia Plath)，《模仿》(*Imitation*)。

E.A.坡(E. A. Poe)，《陷阱与钟摆》(*The Pit and the Pendulum*)。

E.A.坡，《一桶白葡萄酒》(*The Cask of Amontillado*)。

朱迪丝·费欧斯特(Judith Viorst)，《亚历山大和他最糟糕的一天》(*Alexander and the Terrible, Horrible No Good Very Bad Day*)。

询问

要想培养学生对思考过程进行思考的能力，还可以使用询问方法。这种方法可以让学生将注意力集中于掌握课程内容所需要的技能上。例如，在生物课上，当学生准备进行分类时，他们必须首先知道如何进行逻辑比较。在下面的例子中，为了培养学生的预测能力，教师在含义中介过程中只使用了提问的方式。

示例场景：何为含义中介？

教师：我们今天要学习第3页，谁能够将第3页同第1页和第2页做一下比较呢？好的，贾丝明（Jasmine）。

贾丝明：在第1页和第2页，我们需要写下相同点和不同点，但是现在，我们看到的是文字而不是图片。

教师：完全正确，贾丝明。你能用几个词语概括一下这几页内容有什么共同之处吗？

贾丝明：练习的类型，或者说活动的类型。

教师：没错，它们是同一种活动。那么它们又有哪些区别呢？请用一个词来概括。

贾丝明：我怎样用一个词来表示我们看到的不是图片而是文字呢？

教师：图片、文字、数字、图画和符号[写在黑板上]拥有共同的作用。它们的共同功能是什么？奈尔（Nyere），请你来回答。

奈尔：它们能告诉我们一些事情，或者让我们获得某种信息。

教师：非常好，奈尔。能够告诉我们一些事情或者让我们获得某种信息的每一种形式叫作语言或模态[写在黑板上]。那么，我们如何总结对这几页内容进行的比较呢？好的，卢普（Lupe）？

卢普：他们拥有共同的活动，但是拥有不同的状态。

教师：非常好。现在让我们看第一对单词。教堂与工厂有哪些共同点？胡安（Juan）？

胡安：他们都属于建筑。

教师：一点儿没错。不过，建筑这个共同点是它们最重要、最本质的共同属性吗？

胡安：我想是的。

教师：同学们，我家附近有一座制造砖块的工厂。工厂有一块巨大的牌匾，上面写着“本尼迪克特-布郎砖厂”。不过，这家工厂的所有活动都是在一个巨大的露天院子里进行的，工厂没有一座建筑。我们难道不应该将它看作工厂吗？罗伯托（Roberto）?

罗伯托：它是工厂，但大部分工厂都在建筑里面。

教师：说得没错，罗伯托。不过，如果不在建筑里面的工厂也算工厂的话，那么也许工厂还有其他某种更重要、更本质的共同属性。好的，弗朗西斯科（Francisco）?

弗朗西斯科：也许我们应该把它称为人们制造物品的地方。

教师：非常好，弗朗西斯科。这的确是一个更加贴近本质的属性。不过，我们无法把这个属性与教堂联系起来。现在我在黑板上写下一串词语："教堂"（church）、"工厂"（factory）、"学校"（school）、"公共图书馆"（public library）、"运动中心"（sports center）、"青年俱乐部"（youth club）、"市政中心"（municipal center）、"医院"（hospital）——我们怎样用一个单词、一个概念来表示所有这些事物呢？好的，玛丽亚（Maria）。

玛丽亚：我知道你想表达的是什么意思，但是我回答不上来。

教师：我们可以将所有这些事物称为组织或机构[写在黑板上]。现在谁能帮我描述一下我们是怎么得到这个结论的？我们通过哪些步骤作出了这种成功的比较呢？胡安？

……

帮助学生将文化与学习联系起来

第三项帮助学生理解的策略是鼓励学生将他们自己的生活和文化与学习联系起来。在基础学科阶段，如果分配给学生的任务和作业可以帮助他们通过研究自己最熟悉的领域完成学习目标，那么这种任务和作业对学生来说将是一种巨大的鼓励。对中年级学生来说，能够在帮助学生扩展传统知识的同时提高说话或写作技巧的写作任务是一种非常有意义的学习工具。

课程教材与生活经历

第四项策略是选择贴近学生生活经历的课程教材。这项策略最有利于让城区学生思考事物的含义，但它也是使用程度最低的一项策略。既然学习的进步始于先验知识和经历，为什么城区学生看不到与城区生活相关的更多科学实验？为什么数学问题处理的不是城区学生熟悉的内容？为什么他们听不到对美国发展作出贡献的非裔美国人和拉丁裔美国人的传奇历史？更重要的是，为什么城区学生没有更多机会学习那些描写美国城市生活悲欢离合的高水平作家的作品呢？

显然，课程教材之所以缺乏来自城区生活的例子，是因为这是教材行业的普遍做法。城区学区的学校只能去教材出版商那里购买教材。人们很难找到一本以城区环境为特色的高质量科学教材或者一本为格温多琳·布鲁克斯（Gwendolyn Brooks）、马娅·安杰卢、朗斯顿·休斯（Langston Hughes）、尼基·乔瓦尼（Nikki Giovanni）和丽塔·达芙（Rita Dove）的诗作提供的篇幅比乔叟（Chaucer）、约翰·多恩（John Donne）、拜伦勋爵（Lord Byron）和埃德加·爱伦·坡（Edgar Allan Poe）还要多的语文教材。大多数学校在课程中使用的教材将城区学生放在了一个非常不利的位置。当城区学生初次接触英国荒野、海上历险、城堡建筑和顶盔掼甲、看上去滑稽可笑的人物时，大多数人的头脑中都是一片空白的。如果他们阅读的文字以城市里的街道和他们每天看到的那种人为背景，那么他们就有了对于兴趣和学习来说至关重要的先验知识基础，从而可以更好地理解所学的内容。

如今，在大多数情况下，选择能够将城区学生与他们每天都在经历的、非常熟悉的环境直接联系在一起的课程教材这项任务需要由每位教师自己去完成，前提是他们所在的系统允许他们这样做。这意味着教师需要通过调整科学实验、选择文本和寻找社会研究材料来实现这种直接的联系。有了这些教学材料，教师需要对课程和单元进行调整，让学生通过不同的途径实现同样的课程目标。

调整标准课程

看一下下面三个课例，这些例子可以用于说明为城区学生调整标准课程的不同方式。

这个低年级课例《奶牛与小鸡》只需要作出很小的改动就能适应城区教学。许多城区学生可能从未见过奶牛和小鸡，因此教师可以将它们替换成学生熟悉的事物，如狗和鸽子。这样，问题就变成了“四只狗和三只鸽子一共有几条腿和几条尾巴”，城区孩子的理解速度也可以得到相应提高。

我们不仅要让学生获取信息，而且要让他们使用这种信息，尤其是当这些信息与他们的先验知识和经历有关时。学生使用这些信息的机会越有刺激性和创造性，他们就越有可能消化这些信息。如果教师能将信息从打印形式转换成其他媒介形式，那么学生更有可能运用第二种或者第三种智能，将这些信息变成短期记忆，并为他们的成就产生自豪感。正如费厄斯坦所说，从本质上看，教师是在构造一种有意义的任务。此外，随着教学的展开，这一任务也为教师中介者提供了许多含义中介的机会。下面的中年级课例《预防吸毒》既与城区高度相关，又包含了大量中介机会。另外，为了适应城区教学，这一课例需要作出的调整比《奶牛与小鸡》还要小。

相比之下，第三个课例需要更为复杂的调整。在中学阶段的英语课上，与其选择具有英国传统文化或美国清教徒文化的重要作品，不如换上一篇高质量的城区小说或自传。例如，城区课堂上的教师可以向学生教授《大个子黑人男孩》(*Bigger in Black Boy*)，用于替代对《红字》(*The Scarlet Letter*)中海丝特·白兰(Hester Prynne)艰难困苦经历的研究。他们可以用《马尔科姆·艾克斯自传》(*The Autobiography of Malcolm X*)代替博斯韦尔(Boswell)的《约翰生传》(*Life of Johnson*)。此外，教师还可以将两部小说放在一起，如托妮·莫里森(Toni Morrison)的《宠儿》(*Beloved*)与克莱恩(Crane)的《红色英勇勋章》(*Red Badge of Courage*)，对同一主题下的不同人物进行对比。

重点提示

学生提出的"为什么"需要得到中介指导。

你能听到学生说"为什么我要做这件事……"之类的问题。要想让学生真正理解知识的含义，除了"谁、什么、什么时候、什么地方、为什么、怎样"这六个问题，教师还必须学会使用"那又怎样""现在该怎么办"以及"下一步怎么办"这些元认知问题，以帮助学生相信并理解学习内容；这些问题可以帮助学生将学习与他们的个人经历联系起来。

孩子的文化和信仰是重点；中介者需要充当一位深情的文化翻译者、赞美者和传递者。

当你想要帮助学生将他们的文化与学习联系在一起时，你应该将孩子们带到学校来的经历与教学联系起来，而不是想当然地认为既然学生接触到了这里的语言，他们就拥有了这里的先验知识和经历(如八角形与停车标识)。

在出版公司能够满足我们所照顾的孩子们的文化需要与经历需要之前，寻找补充性教学材料并调整课程，以适应各种不同的学生人群。

过程与最终成果同样重要；学生需要理解如何将信息转移到其他场景中(或者在其他场景处理信息)；如果信息的重要性仅仅体现在教学中，那么这种教学就是在浪费时间。

课例

当你查看这些课例时，请回忆前面介绍的学生的理解过程。你在本章中学到的哪些方法可以用于丰富这些课例的内容？

一门课程中的每一节课都拥有固定的含义。如果教师在教学过程中让学生觉得学习是一种没有连续性的任务或者由一系列没有连续性的任务组成（“我们为什么要在历史考试中使用正确的语法？语法难道不是语文课的内容吗”），那么学生需要理解他们所学知识的含义。如果他们本来就是情景式学习者，这种危害就会得到双倍放大。因此，教师在城区课堂上进行含义中介时必须付出双倍的努力，调整课堂设计、教学材料以及学习单元，这种努力具有双倍的重要性。此外，还有其他许多有助于含义中介的策略和方法。教师应该确保学生对于知识含义的理解能够发挥作用。这种意识比上述策略和方法更加重要。有了这种意识，教师就可以选择有帮助作用的教学工具，使这项任务变得更加简单。

低年级课例

奶牛与小鸡：一堂数学课

标准 如何解决加法数学问题

中心智能 数学/逻辑

辅助智能 口头表达/语言，视觉/空间，人际交流

中介重点 含义

先验知识检查

1. 请全班同学告诉你他们关于奶牛和小鸡的知识。
2. 当他们回答问题时，画出每一种动物的形象。

设计任务结构

1. 在黑板上写下这个问题："四头奶牛和三只小鸡一共有几条腿和几条尾巴？"
2. 让学生每两人分成一组，给每个小组提供一支铅笔和一张纸。请他们就每个问题得出一致的答案。他们可以在纸上计算，以得出结果。请他们把运算过程写得足够清晰，好让全班同学都能看到。
3. 检查学生对任务的理解。
4. 在各个小组之间巡视，观察他们如何共同解决这个问题。

回顾与反思

1. 让全班各个小组围成一个圆圈。请一些小组分享他们为解决这个问题所做的工作，并请他们把答案记录下来。请所有不需要发言的学生使用倾听能力。
2. 用积极的反馈对每一种策略进行点评。

内容延伸

1. 随机选择一些小组，请他们总结自己学到了哪些解决问题的方法。
2. 揭晓问题的答案。

中年级课例

预防吸毒

标准 用事实、统计数据、他人言论、采访和调查得到的信息以及研究过程中发现的相关信息支持中心思想

中心智能 人际交流

辅助智能 口头表达/语言

中介重点 含义

先验知识检查

请全班同学通过举手的方式回答下面这些问题：

谁见过禁毒政治运动？

谁见过反对使用毒品的电视广告？

谁参与过禁毒游行？

设计任务结构

1. 和全班同学用头脑风暴的形式思考宣传无毒学校理念可以使用的所有方法（如保险杠贴纸、电视广告和学校游行）。选择最好的五种或六种方法。

2. 将全班同学分成若干工作团队，每个团队选择头脑风暴得到的一种方法宣传无毒学校理念。

3. 每个团队需要保证每个人拥有不同的工作，每个人都能发挥作用。设置一个日程表或时间表。向大家说明他们有多少课堂时间可以用于制订计划、工作及实践等等。

4. 每个团队的第一项任务是写出一份行动计划，交给教师审批。每份计划需要描述团队目标、行动的利益、需要完成的任务、时间安排以及需要的物资。（这是一项低成本活动，所以请鼓励团队发挥创意，节省成本。）

5. 协助团队的工作。当计划完成以后，让全班同学讨论如何协调这场活动。一定要得到校长的支持。

回顾与反思

请全班同学回答下列问题：

我们在传递信息时哪些地方做得比较好？

如果我们再次行动，哪些地方可以改善？

我们学到了什么？

内容延伸

请学生从其他班级收集数据，制作表格。请全班同学在这些数据的基础上重新评估这次活动，重新回答上面三个问题，讨论他们关于无毒学校活动的设计学到了什么，关于团队合作又学到了什么。

高年级课例

文学：理解马尔科姆

标准 如何发现、比较和对比人物性格和特点

中心智能 口头表达/语言

辅助智能 人际交流，内省，视觉/空间

中介重点 含义，分享

先验知识检查

当学生读完《马尔科姆·艾克斯自传》（*Malcolm X*）以后，将他们每三人分成一组，画出马尔科姆的性格概念图。让每个小组将具体场景作为信息来源。通过马尔科姆的言语、行为和其他人对他的评价，学生可以确定马尔科姆最明显的性格或特点。各个小组的图表完成以后，将全班的图表放在一起，展示他们对马尔科姆的认识。

设计任务结构

首先带领全班同学通过头脑风暴的形式列举出导致马尔科姆去世的性格特点，然后依次对这些特点进行举手表决，只保留获得超过60%的学生支持的特点。接着，让各个三人小组讨论改变哪些特点可以获得不同的结局。让每个小组选择一个特点，然后确定这个特点改变后将会出现在自传中的哪些地方，马尔科姆和其他人将会表现出哪些言行以反映这种特点以及自传将会拥有怎样的结局。对所有这些变化进行讨论，然后让每个三人小组设计台词，把最终版本表演出来。

回顾与反思

请每名学生在日志上描述他们了解到的关于马尔科姆的五件事。将学生分成两人一组，让每名学生就学到的一件事情谈论一分钟。不要重复。然后，让学生重新配对。让每名学生用30秒的时间分享他所学到的另一件事情。接着，让学生重新配对，这次只给每名学生15秒的时间。

内容延伸

1. 请每名学生在日志上写下一条记录，总结他们学到的关于马尔科姆的知识，描述这些知识对自己的人生有哪些适用性。不要漏掉任何一名学生。

2. 请每名学生写一篇包含五个段落的论文，描述马尔科姆的性格以及/或者我们从他的决策中可以吸取的教训。

评估学生的表现

1. 找出主要人物的三到五个特点，解释为什么每个特点是这个人独有的。

2. 描述对一位文学人物的分析过程。

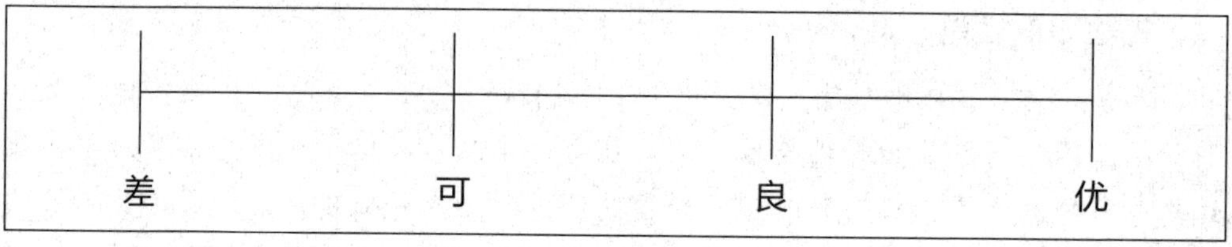

材料

每名学生一份《马尔科姆·艾克斯自传》文本，学生日志。

变形

1. 选择课程中的任何短故事、戏剧、小说、传记或自传，关注其中的主要人物。

2. 播放马尔科姆的视频，请各个小组就各个元素与自传进行比较。

3. 使用杂志上刊载的关于当代公众人物的故事。

4. 使用关于一位公众人物的原创性历史文献和教科书条目。

5. 组织学生对当地官员、优秀的社区领导人、家人和朋友进行采访。

6. 讲述配角们的故事。为每个小组分配一个人物，对这些人物进行对比。

7. 对博斯韦尔的《塞缪尔·约翰生传》（*Life of Samuel Johnson*）与马尔科姆自传进行比较研究。

第五章 超越

"儿童从不善于聆听长辈的教诲，但他们的模仿能力一点也不差。"

——詹姆斯·鲍德温（莱利，1993）

排在意图、互动和含义之后的第三种中介就是超越。这种中介对于所有教学互动来说同样也是至关重要的。满足这种标准的互动能让学习者通过当前的学习过程掌握基础性的原则和价值。与意图中介结合起来的超越性中介可以将学习者与高阶目标和目的联系起来。

抵达思想的核心

在中介教室里，教师会给学生提供许多机会，让学生超越当前的活动。他们更喜欢让学生将这些活动推广到更一般的情形，掌握它们的内在原则。教师更喜欢建立像实验室一样的亲自动手的环境，为学生提供具有共同特点的经历，以便让他们作出总结。以比例概念为例。进行超越性中介的教师不是给出教科书上的比例定义、然后提出许多例题并纠正学生的错误，而是一开始就向学生灌输超越的理念，让他们亲自动手，从事比例实验。此时，教师的直接意图是让学生理解如何做这项实验，他们的超越性意图则是让学生学习如何在科学、数学甚至社会学领域解决其他问题时使用比例原则。教师如何做到这一点呢？

寻求思想的超越

如果教师不肯花时间让学生获得深刻的理解，那么即使教师能把教材讲完，学生也无法取得成功。

超越意味着"升华"。在费厄斯坦的中介学习标准中，超越指的是脱离事实和细节的束缚，总结出整体性的一般规律或概念。意图与互动、含义和超越这三种费厄斯坦教学标准对每节课来说都是至关重要的。不管是学生练习多种分数形式的数学课，还是学生学习多次迁徙的社会课，费厄斯坦都希望教师能够帮助学生超越眼前的具体问题（分数问题或每一次的迁徙），形成一般性的结论，在更加广阔的范围内理解知识的含义。“这类分数有哪些永远成立的特点？”“适用于所有迁徙的一般原则是什么？”在本章中，你将探索如何将超越性教学带到课堂里以及为什么要这样做。

首先，教师将每两名学生分成一组，为每个小组分发一个取自卫生纸纸卷的硬纸筒、一支蜡笔、一盒卷尺、一把剪刀和一条12英寸长的线。教师向学生展示如何将纸筒分成相等的三部分。此时，教师显然是在带领学生回顾关于“分数”的先验知识。然后，教师请每个小组的所有成员共同用线围绕纸筒一周，剪下与纸筒周长相等的一段线。接着，教师问学生：“如果你们把这条线沿着纸筒的方向拉直，这条线会到达纸筒的哪个位置呢？”在学生对他们的猜测进行检验之后，教师向他们展示“圆的周长几乎相当于直径的三倍”这一事实，并让他们用手上的线再次进行检验。

当所有小组通过验证接受这个原理时，教师给他们分发其他圆形物体（玻璃杯、茶杯、木梢钉、花盆、金属管、罐头瓶等），让他们检验这个原理是否成立。当学生见识了不同例子以后，教师向学生提出一些问题，以便弄清学生是否可以解释比例原理能够应用于他们在家里或社区里看到的各种圆形物体的原因。如果学生存在疑问，教师就会让学生用其他物体检验这个理论。最后，通过学生在实验中观察到的现象，教师可以帮助学生形成一个总结性的或者特殊性的概念，叫作“比例”。此时，学生已经可以解决涉及圆形物体的问题了。有的学生可能会举一反三，知道如何解决具有不同大小的正方形和长方形的问题，不过对于大多数学生来说，这种转变并不容易。为了让所有学生做到这一点，教师必须设计足够多的具体比例实验，强化学生的理解，让他们在不考虑大小和形状的条件下理解比例的原理。当学生理解到这一步时，教师就可以巩固学生对于比例的特殊性理解，让学生拿出纸和笔，解决文字问题。

如果一位数学教师觉得自己必须抓紧时间才能把教材上的每一章内容教完，那么他可能会说：“我可没有时间去搞这些把戏。我只有两天的时间来教比例。我把教材教完，他们把作业做完，我们就把这一页翻过去了。我的工作是帮助那些有能力的学生应付考试。如果学生足够聪明，知道如何运用我所讲授的内容，那当然很好，如果他们没有这个能力，我也毫无办法。我根本没有时间去做与‘超越’有关的事情。”这种说法抓住了超越的要害。时间的确很重要。不过，如果教师不肯花时间让学生获得深刻的理解，那么即使教师能把教材讲完，学生也无法取得成功。他们可能会记住公式，他们可能会理解书上的问题，不过如果这些学生不理解概念，那么他们未来很可能无法运用这些原理，尤其是城区学生，因为许多城区学生都是片断式学习者。不幸的是，如果教师仅仅使用照本宣科的教学方法，那么许多拿到毕业文凭的学生将不具备把不同思想和事件联系在一起的能力。为阻止这种现象的发生，教师必须有选择地放弃一些不重要的内容，以避免走马观花式的教学，并且花时间帮助学生深入理解对于整个课程和现实生活最为重要的概念。

交互式教学

有许多方法可以促进知识的超越。一个最引人注目的方法叫作交互式教学，这是一种得到充分研究的教学工具。这种方法适用于所有严重依赖阅读理解的科目。不管是阅读数学课文、科学课文、社会学课文、电脑屏幕上的指令，还是学习一篇短故事，学生通过这种方法学到的策略都可以提高他们对文字的理解和将新概念应用到每一个学科中的能力。

在交互式教学中，教师首先向学生介绍四项阅读理解策略，这些策略可以帮助学生带着课程重点去阅读，而且特别有助于帮助学生记住他们阅读的内容。不管是指导类文章、解释类文章，还是叙述类文章，对于每一个段落，学生都可以学会如何提出概括性问题、如何总结、如何弄清这段文字的含义以及如何作出预测。

概括性问题关注的是一个段落或一个故事的中心思想，具体问题关注的则是具体事实。例如，“猎豹眼睛下面是什么”是一个具体问题，学生可以在段落中找到一个句子作为答案。“猎豹是一种什么样的动物”则是一个概括性问题，学生需要以几个句子作为线索概括出段落的中心思想。

总结是对所有与中心思想相关的细节的准确描述。例如，对于母猎豹保护幼仔的方式，完整的总结应当包括“在危险临近时发出鸣叫”“把它们藏在茂密的草丛中”“从它们藏身的地方独自走开”等细节。含义的澄清指的是对不清晰的指示、复杂的概念和抽象的思想予以明确或对组织不佳的文字进行解释。例如，如果一段文字对代词“她”使用过多，教师可以在必要的地方将“她”换成“母猎豹”。

拥有预测能力的学生能够仔细阅读课文，作出正确的推断，并能猜测到故事接下来会发生什么。在猎豹故事中，学生已经知道了母猎豹保护幼仔的方式，因此他们应该能够预测出当一只母狮子对猎豹幼仔产生威胁时会发生什么事情。

使用四项策略

作为超越的中介者，教师以支持性的方式对学生的思考过程进行指导。

教师持续指导学生，直到学生能够在没有指导的情况下使用这种方法。

当教师向学生介绍了这四项阅读策略并举出例子以后，教师告诉学生，他准备在阅读一篇短故事时对策略的使用作出示范。首先，教师邀请每个学生阅读第一段落。所有学生读完以后，教师提出关于这个段落的具体问题，并且指出中心思想与具体问题的差异。最后，教师对第一段落进行总结，并向学生详细展示总结的过程。

当教师示范概括性问题和总结的使用方式时，他们需要保证所有学生参与到讨论中（见第二章对“以教师期望提高学生成绩”的讨论）。尤其需要注意的是，教师需要在全班学生中随机选择回答问题的同学。当学生作出回答时，不管正确与否，教师都要给予尊重。至少，他们应该说：“回答得很有趣，拉蒙特（LaMont），你是怎么发现这一点的呢？”如果教师能发现其中正确的部分，并在叫下一名学生作出补充或者给出另一种回答之前指出正确的部分，那就更好了。“我很欣赏你在回答中提到的……谁能对拉蒙特的回答给予补充？”当学生对模糊的思想、奇特的说法、抽象的词语或者糟糕的句子结构感到困惑时，教师应该花时间邀请学生进行进一步的总结或澄清，或者直接提出更多的问题。当学生完成总结时，如果学生看起来已经理解了段落的中心思想和具体细节，教师就可以向学生示范如何进行预测。教师向学生提问，请他们说出他们认为接下来会发生什么事情，并且根据他们刚刚阅读的内容对这些预测进行解释。

当第一段落的演示完成时，教师回到策略的定义上，请学生回忆他们在理解第一段落时对每项策略的使用情况。教师提醒学生，这种阅读方式是一种集体活动，所有学生应该以相互尊重的方式共同努力。随后，教师邀请一名学生自愿站出来，站在教师的位置上带领同学们讨论第二段落。对于每一个段落，教师重复这个循环；每一次，教师都会辅助一名志愿者带领学生理解一个段落，并在每次讨论结束后对四项策略进行回顾。随着段落的进行，教师的参与程度越来越小，不过到了最后，教师还是要带领学生对策略进行回顾。

作为超越的中介者，教师以支持性的方式对学生的思考过程进行指导。他们不会告诉学生如何思考或者思考什么。相反，作为中介者，他们运用结构框架来改善学生的思考过程，以便让学生以合适而符合逻辑的方式思考。例如，如果学生需要为一个段落提出概括性问题，教师可以通过提问的方式提供支持，他可以说："请把关于这个段落的问题补充完整：'猎豹有哪些方式可以用来____？'"（如保护幼仔）。如果学生给出了一个有条理的想法，教师可以通过提问的方式进行中介，他可以说："你为什么认为这是一个概括性问题？"（中心思想）。如果学生给出了一个具体描述（"她把幼仔藏到灌木丛里"），而不是总结性的句子（"她以多种方式保护幼仔"），那么教师可以有礼貌地说："玛丽亚，你选择了一个非常有趣的事实。让我们看看如何补充这句话能够获得一个更加完整的中心思想。你还可以从段落中选择哪些内容进行补充呢？这些句子放在一起意味着什么呢？"

当学生对词语的理解存在困难时，中介者可以提出一些引导性问题，如"第三句话里有你们这个年龄段的学生看不懂的词语吗""你们还有哪些词语不清楚""你们认为第三句话里的这个代词代表了哪个名词"。这类问题可以帮助学生理顺语法，理解课文想要表达的思想。

最后，中介者可以通过提问的方式向学生提供预测模式，这样可以帮助他们对即将阅读的内容进行预测。关于阅读理解的研究表明，培养学生的明确预测能力是非常重要的，因为阅读能力强的人在阅读过程中会自然而然地作出预测，而阅读能力不强的人似乎很少进行系统性预测。正如关于预测的"含义中介"课例中讨论的那样（见第四章《学习预测》课例），中介教师需要提高所有学生的预测能力。随着越来越多的学生阅读预测能力的提高，他们的日常阅读理解能力也会得到改善，这有利于他们在区级、州级和全国标准考试中取得更好的成绩。

为培养学生在阅读理解过程中的预测能力，教师中介者可以向学生示范一种系统性方法，让学生在互动中相互练习。这样，他们就可以对于未来课程中出现的任何阅读任务自行使用这种方法（见第四章《学习预测》课例中的阅读材料清单）。教师不是把文章全部交到学生手里，而是一次只给学生发放一段文字。当学生阅读完一段文字后，教师向学生提出一个问题。如果学生阅读的是小说，教师的问题是"你们认为接下来会发生什么"。如果学生阅读的不是小说，教师的问题是"你们认为作者接下来会说什么"。在一部分学生公布了自己的猜测以后（猜测是指没有根据的预测），教师让学生挑选可能性最大的预测，然后让他们解释为什么要这样挑选。教师提醒学生，他们应该根据刚刚读到的段落中出现的信息作出解释。在听了一些学生给出的理由之后，教师将第二段文字发给学生，并重复之前提出的问题。教师听到学生的回答以后不会作出评价或判断。不过，教师会要求学生根据文章内容而不是以往的经验给出解释。

当学生读完整个故事或文章时，中介教师请学生思考教师所使用的系统，并且说出他们关于这个系统本身学到了哪些内容（这个“系统”也就是“你的预测是什么”和“为什么”这两个问题）。通过预测，学生对细节和中心思想的关注得到了提高，对阅读过程的关注得到了维持。这一现象以及学生阅读的内容可以帮助他们学习系统性预测方法。当第一个故事的示范结束以后，教师让各个小组的学生进行互动。学生用其他阅读材料相互提问，作出预测，并对预测过程进行评估。教师应该对这一过程持续指导几个月，直到学生能够在各个学科中在没有指导的情况下使用这种方法。

培养学习者社群

教师必须记住，他们的目标是让学生进行自我指导。

当学生基本掌握了交互式教学方法的使用时，教师可能需要再往前走一步，使用一种叫作“培养学习者社群”的方法。使用这种方法时【这种方法由研究员安妮·布朗（Anne Brown）提出，她也是交互式教学方法的设计者】，教师将学生分成不同的研究团队。教师向所有团队提出一个问题，这些团队利用课堂上的教学材料或者互联网资源寻找关于这个问题的信息。他们通过阿伦森（Aronson）提出的合作学习策略共享信息，这种策略叫作“拼图”。使用拼图策略时，一旦各个小组开始收集信息，小组成员就会分散到其他小组，与他们共享信息。在组间共享结束后，在中介教师的指导下，全班同学利用澄清、总结、概括性陈述和预测的交互策略对问题进行讨论。在旧金山的试点课堂上，布朗的方法极大地提高了学生的阅读水平、理解能力和解决问题的能力。

为确保学生掌握交互式教学方法和过程，教师必须记住，他们的目标是让学生通过这些方法进行自我指导，以加深对问题的理解。首先，教师通过直接指导的方式帮助学生使用提问策略。当教师发现学生理解了这个过程时，他就可以让学生在小组合作中更加独立地使用这种方法。最终，教师要求所有学生实践这种交互过程。此时，教师中介者需要花时间指导学生理解这个过程，并且尝试在其他课程中使用这种方法。随着时间的推移，教师会为学生提供练习和改进交互实践的机会。最后这一步可以保证高水平的超越。如果学生习惯了在教师指导下阅读课文的做法（即只由教师提出用于澄清思想的问题和预测问题等），他们可能很难承担起向同学提出问题的责任，并且很难在独立阅读时向自己提出这些问题。要想让提出问题这项任务从教师转移到学习者身上，教师中介者必须反复进行示范和指导，为学生掌握这些策略提供帮助。如果学生拒绝承担这项责任，教师也不要感到惊慌【教师可能会听到一些学生以发牢骚的方式抵触这一做法，如“太难了，我记不住”或者“我们在史密森太太（Mrs. Smithson）的课堂上不需要做这些事情”或者“提问题是老师的工作”，持“你不能改变我”这一态度的一些学生会在小组里嘛嘴或者偷懒，或者以其他方式表达不满】。中介者必须鼓励学生走出这种状态，满足更高的标准，在学习课文的同时掌握学习过程。课文的内容可以让他们获得信息，学习过程则可以让他们终身受用。

有经验的中介者会准备一块公告板或者向学生分发一份材料，上面列举了四项交互策略的定义以及每一类问题的提问模式。他们可以通过这种方法鼓励学生时刻注意这些阅读策略。当学生卡壳时，中介者可以让他们回顾这些材料。当学生使用交互策略的能力得到提高时，中介者可以提高阅读材料的长度或难度。在完成每一项阅读任务时，教师花时间与全班同学讨论这个过程，让他们把自我反思的结果记录在日志上，这样可以让学生对于交互方法的使用以及他们前进的方式、遇到的困难和关心的问题进行思考。最终，在学生持续不断的练习下，在教师持续不断的支持下，学生可以将交互策略运用到许多不同学科的小说类和非小说类完整阅读任务中。

识别形状

对于低年级来说，学习数学图形是一个重要的主题。在许多练习册中，在每一课的结尾，学生需要将图形和文字对应起来。

找出正确的图形

1. 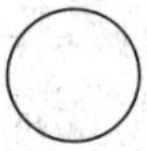 ______长方形

2.  ______圆形

3. 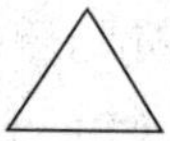 ______正方形

4. 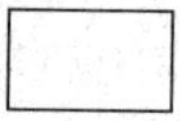 ______三角形

如果教师想在一堂课上进行超越性中介，那么学生不仅仅需要对单独的图形作出简单的识别。教师需要让学生将出现在任何地方的图形识别出来。在这种课堂上，教师需要使用超越方法，向学生解释图形的定义。

归纳原则

在下面的中年级课例中，超越性中介具有两个层次。首先，在这种课堂上，教师需要从诗人的具体描述扩展到其他相关的经历。其次，这个课例以这首诗为模板，使用了交互教学模式。而且，教师需要让学生学会在其他经历中使用这种模式。然后，学生需要归纳出这种模式的使用原则。

终身受益的学习

下面的高年级课例只关注一种提高阅读理解能力的方法。这个课例没有使用超越性中介。在这堂课结尾，学生需要说出他们学到了什么。这堂课的“内容延伸”部分要求学生找出那些根据所有合适情形归纳出一般性原则的转移过程。这里的重点是学习一门终生受用的原则。

超越性的中介总是与意图、互动和含义的中介联系在一起，它是“授人以鱼不如授人以渔”这句谚语的理论版本。当教师为那些具有片断式和偶然式学习习惯的城区学生进行超越性中介时，他们为这些孩子提供了一种提高理解能力的强大工具。当学生学着根据经历归纳原则时，他们可以知道为什么必须避免接触那些对生命有威胁性的事情，为什么上学是有价值的，为什么在学校里学到的思想

具有普遍适用性。

这种方法对于在成绩上存在巨大差距的城区学生来说非常重要。如果教师不能鼓励引导学生超越具体细节，学生就永远不会在成绩上有所进步。如果只让学生记忆事实而不引导他们对事实进行归纳，那么学生就会对自己形成比较低的预期，认为他们只需要“记住事实就可以了”，永远不需要满足超越性思考的高标准。

重点提示

- 正如谚语所说，“授人以鱼不如授人以渔”，超越性互动能够极大地促进知识的转移。
- 引导学生从具体走向抽象，从简单走向复杂，让他们脱离低水平的预期和浑浑噩噩的状态。培养深刻的理解是需要时间的。我们的目标是驾驭知识，而不是被知识束缚住。
- 不要驾驶空无一人的公共汽车驶离车站。学生的反思和日志记录可以让你知道他们的想法、感受和理解。
- 养成一个习惯：在阅读每一段课文时，使用四项综合策略。这四项策略分别是：提出一个概括性问题，作出总结，澄清含义，作出预测。
- 向学生提出这样一个问题：他们在完成任务的过程中使用了哪些阅读策略？让他们主动采取这些策略，理解这个过程。
- 如果你的学生在理解、解决问题和阅读表现方面存在问题，那么你应该关注超越性中介。
- 一个三角形永远都是三角形。教师对学生进行超越性中介以后，学生应该辨认出以任何形式出现在任何地方的单独的形状、事实和基本词语。
- 不要再做“讲台上的圣人”了；学生的思考方式和思考内容应该由学生而不是其他人来决定。

低年级课例

形状

标准 如何描述我们周围各种事物的形状

中心智能 自然

辅助智能 数学/逻辑，视觉/空间，人际交流，身体/运动

中介重点 超越

先验知识检查

在黑板上画出一个圆形、一个正方形、一个长方形和一个三角形。请学生思考他们在哪些地方见过这些形状。先让各个小组对这个问题进行讨论，然后单独叫人分享他的答案。在每个图形下面列出恰当的答案。

设计任务结构

1. 将全班同学分成四到六组，请每个小组组成你所指定的图形。

2. 指着黑板上的每个例子，让全班同学说出这是什么形状，并且提出这样一个问题："这个形状有什么独特之处？"

3. 给每个小组发一张纸，上面画着四个图形。这些小组需要在教室里寻找包含各个形状的物体。让他们写下物体的名字或者把这些物体画出来。

4. 依次让每个小组展示他们的成果，并让他们对自己的选择给出解释。

回顾与反思

请每个小组对黑板上的每个形状添加一个例子。不断循环这个过程，把所有能找到的例子全部找出来。

评估学生的表现

每个孩子都可以认出物体所具有的形状，叫出它的名字，并用形状的定义对每个例子属于这个形状的原因作出解释。

变形

给每个孩子一张纸，上面画着各种形状，让他们把纸剪开，制作一张简单的图片。请孩子们解释为什么这些图片属于对应的形状。

中年级课例

诗歌《致想死的年轻人》(*To the Young…*)

标准 如何理解一首诗的含义

中心智能 口头表达/语言

辅助智能 内省，人际交流

中介重点 超越

先验知识检查

1. 让学生两人一组，阅读格温多琳·布鲁克斯的诗《致想死的年轻人》(*To the Young Who Want to Die*)。

2. 用小组讨论的方式指导学生讨论这样一个问题："你认为诗人在说什么？"用TESA方法引导学生讨论(见第二章)。

设计任务结构

1. 在几个小组分享了他们的答案以后，向学生解释如何总结这首诗。(不要用这首诗进行示范。如果你一定要示范完整的总结过程，你应该找一个更简单的例子。)

2. 请每个小组作出总结，然后让三到五个小组分享他们的答案。对他们的答案给出积极的评价。

3. 在黑板上写下"澄清"一词。用诗中的几个例子对这个概念的用法进行解释。请各个小组检查这首诗，询问哪些地方需要澄清。协助同学们发表观点，作出澄清。

4. 回到整首诗，询问哪些学生想对之前的总结作出修改并让他们发言。询问他们修改的理由并让他们表达自己的观点。

回顾与反思

让各个小组对诗人提出的问题作出回答。他们是否同意最后一句话的观点？为什么？鼓励他们相互倾听。

内容延伸

回顾总结与澄清的策略。如果需要，用另一首诗重复上面的指导实践过程。当学生的总结和澄清能力得到提高时，让他们进行一次独立的实践。最后，让学生找出在学校和家里使用这些方法的其他场合，并让他们归纳出一个适合长期使用的一般性原则。

评估学生的表现

1. 学生可以在没有教师帮助的情况下准确总结一首短诗。

2. 学生可以澄清一首诗中模糊的表达和隐含的联系。

变形

1. 使用一种不同的教学材料，如短故事、社论、剪报或者来自互联网的简短话题。

2. 选择另一首诗。

3. 在开始任务之前对这两个过程进行示范。

高年级课例

接下来是什么？

标准 学习预测方法，以提高阅读理解能力

中心智能 口头表达/语言

辅助智能 内省

中介重点 超越

先验知识检查

1. 选择一部小说或戏剧，供全班同学学习。洛林·汉斯伯里（Lorraine Hansberry）、詹姆斯·鲍德温和朗斯顿·休斯的文学作品非常适合在这里使用。

2. 把你选择的作品题目展示出来。向一些学生提问，让他们说出他们认为这部作品的内容是什么。让他们解释原因，并对每一个学生的回答给予尊重。

设计任务结构

布置第一项阅读任务。告诉全班同学，在完成第一章的阅读时，你将提出两个问题（在黑板上展示）。

1. 你认为第二章会发生什么？你为什么会这么想？（有些同学会根据过去的经验总结出固定的模式，他们会回答："第一幕介绍了冲突。第二幕……"这种回答并没有错，不过你要提醒学生，你想要听到的是在刚刚阅读的这一章内容中能够对接下来的内容作出某种预测的具体证据。）

2. 在时间允许的情况下，向学生收集尽可能多的想法。每次让学生阅读一章，然后提出这两个问题。学生的预测会越来越准确，他们的阅读会越来越仔细，以便为下一章的预测做准备，并试图理解他们所阅读的内容。

回顾与反思

1. 随着阅读的深入，请学生对每章内容作出总结。（你可能需要回顾"如何作出总结"。）在小说或戏剧结尾，请学生用一页纸的篇幅对小说或戏剧进行总结，然后检查学生所做的总结。

2. 讨论上面两个问题对阅读理解起到的帮助作用。

内容延伸

1. 邀请学生描述他们在学校、在工作中或者在家里通过准确预测而获益的例子，引导他们思考获益的原因，以便让他们归纳出使用这一方法的合理原则。

2. 在最终总结结束以后，邀请学生分享他们在所读作品中学到的道理以及这些道理对他们在家庭、学校和工作中有什么好处。同样，引导他们思考获益的原因，以便让他们归纳出一般性的原则。

评估学生的表现

1. 每个学生能够展示如何在一段文学作品中提出预测性问题。
2. 每个学生能够展示如何回答这些预测性问题。
3. 每个学生能够在三个不同的情境下展示使用这些问题的能力。

变形

1. 播放一出戏剧的视频。在重要节点暂停，向学生提出上述两个问题。
2. 用一个短故事示范整个过程。
3. 作为延伸任务，指导学生每人撰写一篇短评。

第六章　自我管理与行为控制

“不肯接受任何约束的人将很快进入坟墓。”

——尼日利亚谚语

最近几十年，国家调查显示，公众对学校纪律非常关心。人们提出了各种解决方案，包括为了让学校成为所有人的安全活动场所而开展的有效学校运动这类系统方法，以及德雷克斯（Driekurs）、伦敦（London）、琼斯（Jones）、伯克（Burke）、丹尼（Denny）和其他健康课堂管理倡导者所提出的更加注重教师的方法，不过人们的担忧依然与日俱增。

自我管理与行为控制：首选标准

除了费厄斯坦每堂课都要使用的前三个标准，在剩下的标准中，教师需要选择适用于自己学生的标准。其中，最常用的标准就是自我管理与行为控制。对于那些想要进行自我管理与行为控制中介的人来说，必须将费厄斯坦的认知方法与行为学家的理论区分开。当费厄斯坦谈论“行为”时，他指的是大脑在思考和学习时表现出的行为。在家长或教师的中介下，学生的大脑最终将学会管理所有行为。这并不是行为学家的刺激反应模型。它是中介者帮助学生学习如何理解世界、培养控制自身行为的内在动力时使用的方法。当学生养成自我控制能力时，他们的思维方式会更加理性，解决问题的方法会更具系统性，而且更愿意对他们与周围世界的所有交流方式加以控制。

纪律与内在动力

阿尔菲·科恩（Alfie Kohn，1993）曾经试图纠正行为学家对于“纪律问题”的错误观念，这些行为学家认为“奖惩”方法可以改变学生。不过，科恩的努力失败了（至少人们是这样认为的）。人们认为，外部力量不断施加的刺激可以让学生培养出良好的行为模式。科恩在作品中指出，用于管理学生行为的常见做法不仅成功率低（学生破坏性行为的持续和增长可以证明这一点），而且并没有给学生带来好处。科恩提倡开发一些培养学生内在动力的制度和策略，代替在斯金纳行为主义理论长期影响下产生的那些常见的奖惩制度。

科恩提出的内在动力与费厄斯坦强调自我管理与行为控制的观点互为补充。在费厄斯坦看来，只有自我管理才能让学生对自己的行为、学习和思考负起责任。费厄斯坦认为自我管理与行为控制的基础在于每个人的内心想法，这与埃利斯（Ellis）、伦敦（London）和丁克迈耶（Dinkmeyer）等认知心理学家以及科斯塔（Costa）、布朗（Brown）、巴雷尔（Barell）、穆夏尔（Musial）、哈默曼（Hammerman）和珀金斯(Perkins)等认知工具战略家的观点类似。当每个学生“对思考方式进行思考”时（元认知），他们可以形成新的行为模式，学会控制自己的冲动行为，将复杂的问题分解成简单的部分，不需要再去猜测如何以更具系统性的方式自律。在费厄斯坦的系统性方法中，教师的职责是通过中介让学生培养这种自我管理能力，而不是给予奖励，施加惩罚，对学生明显的不当行为视而不见。费厄斯坦还发现，在帮助孩子培养积极学习习惯和提高成绩方面，奖惩方法不仅效率低下，而且非常荒谬，这种方法即使能够取得短期效果，长期来看也会降低孩子端正行为、用功学习、取得好成绩的愿望。

制止冲动行为

当中介者制止学生的冲动行为和无组织行为，让学生“停下来想一想”时，他们进行的就是自我管理与行为控制中介。通过这种中介，学生可以意识到他们需要控制并调整自己的行为和想法。当学生匆匆忙忙地完成一项任务或者对某种局面作出冲动反应时，中介者在他们眼前打出一个停止的手势，意思是“停止你那不受控制的反应。把眼光放得远一点。想一想自己应该怎样做。想一想你现在正在干什么。做事要谨慎”。完成这种自我控制的中介之后，中介者可以继续进行其他中介，如挑战中介或胜任感中介，以帮助学生取得成功并培养成功所需要的内在动力。更重要的是，这种方法可以让学生有信心控制自己当下以及未来的行为。

考虑下面两个例子。两所学校面临着同一个问题，那就是学生对于标准考试越来越不重视。第一所学校的校长是一个忠实的行为主义者。他从弹性预算中取出几百美元，购买了一些奖品，这些奖品都是他的穷学生眼馋的东西：一辆竞赛自行车、当地快餐店的一顿午餐、两张电影票、一个苹果音乐播放器和几张唱片。他把八年级学生叫到一起，告诉他们：“去年，你们的许多朋友把这场考试考砸了。这场考试对于你们和学校来说都非常重要。我希望你们能够竭尽全力。因此，我要把这些奖品发给……”这是通过刺激让学生作出反应的方法。

第二个校长信奉内在动力学说。在整整一年里，八年级的教师都在对学生进行自我管理中介。他们向学生传授考试技巧，并通过模拟考试向学生强调控制冲动的方法。此外，这些教师还拿出了许多时间，让学生对他们学到的新方法进行试验并看到直接的效果。学生通过元认知反思方法评估他们在对考试的准备和对答案的思考过程中哪些地方做得好，哪些地方做得不好，哪些地方需要改进。随着时间的推移，学生学会了在各个科目的学习内容中抓住重点的一系列方法。在这个例子中，教师强调了学生在所有考试中取得好成绩的“自尊”。

“工具强化”计划

在大量学生被标记为“处于危险中”“注意力缺陷多动症（ADHD）”“存在学习障碍”“存在行为障碍”“心理失常”和“掉队学生”（以及第一章列举的所有其他借口）的城区课堂上，引入冲动控制的最佳方式就是开展一项长期而专注的“费厄斯坦工具强化”计划。通过这项计划，教师中介者有机会在不影响课程内容的情况下让学生学会自我管理。许多研究表明，当课程内容和讨论主题是“学生所习惯的东西”时，所有学生都很难“对他们的思考方式进行思考”。在这一点上，学习最吃力的学生与表现最好的学生没有区别。在美国这种行动至上的社会中，反思并不是一种效果非常好的学习方式。费厄斯坦的“工具强化”计划要求学生学会反思，停下来思考，对他们的学习内容和行为制订计划并进行跟踪，并且为他们的思考和行动方式承担责任。这种反思行为的中介更加迅速，更加容易，而且不需要增加内容的复杂程度。这种方法还可以提高学生将知识灵活运用到各门学科以及现实生活其他场合中的能力。

像“费厄斯坦工具强化”计划这种结构化的大型计划显然可以改变学生的思考方式和行为方式——来自全世界各个国家的超过一千四百份研究报告显示，通过这种方式，学生可以学会管理自己的行为，同时，学生的出勤率得到了提高，移交校长办公室、打架和其他出格行为出现了下降，学生的能力测试成绩、批判性思维测试成绩以及教师和家长的满意度得到了提高。举两个例子：

在马萨诸塞州陶顿市，城区小圈子里的中学教师对所有学生使用费厄斯坦的“工具强化”计划。六到八年级学生每天的第一节课就是一堂完整的中介课。在接下来的每节课中，教师帮助学生将他们在自我控制、系统规划和解决问题等方面学到的方法运用到每个科目中。此外，每个科目的教师通过中介，将合适的思考方式转移到其他科目中，如数学中的比较和对比以及科学中的分类。

在俄亥俄州克利夫兰市，首席学术官穆瑞娜·刘易斯（Mryna Lewis）利用费厄斯坦的“工具强化”计划极大地提高了州级标准数学测试成绩。在90%的学生无法在这项重要的数学考试中达到毕业要求的两所水平最低的中学里，九年级和十年级的数学教师从两课时的数学课中抽出一半的时间用于实施费厄斯坦的“工具强化”计划。在五个月的时间里，考试通过率提高了30%。16个月以后，学校的规模扩大了75%以上（穆夏尔，2002）。相比之下，这些学校对照组的学生接受整整两节课的数学教育，没有参与“工具强化”计划，他们的成绩没有得到丝毫提高。

阿拉斯加州的一些学校对学前班的孩子使用了“基本”工具，这些学校有的在州里名列前茅，有的排名垫底，有的分布在大城市，有的坐落于小村庄。教师一开始甚至不相信这些年幼的孩子能够握住铅笔。随着时间的推移，他们改变了看法。当教师看到孩子们的表现和他们要求获得更多“云朵”（由点和单元组成的集合）的情景时，他们对这种新的积极教学形式产生了兴趣。他们抛弃了他们应该“等待”每个孩子的兴趣从随机游戏转移到强化工具任务上的想法。教师们开始每天使用这些工具进行中介。七个月后的第一次标准考试结果显示，这些年幼的学生获得了正常应该在两年时间里取得的进步。

从西班牙马德里到印度新德里，从匈牙利布达佩斯到巴西圣保罗，从以色列到荷兰，从美国到墨西哥，费厄斯坦的“标准工具强化”计划正在世界各个地区得到实施。它已经获得了50多年的成功，涉及从四年级到成人教育的各个阶段，覆盖了包括天才班、问题班、英语学习班、常规班在内的各种学生群体。始于2003年的“基本工具强化”计划正在年幼的孩子（从幼儿园到三年级）身上取得类似的成功。在美国，最重要的启动项目位于阿拉斯加州。从费尔班克斯和安克雷奇这样的大型中心城市到北极地区最偏僻的小村庄，接受过培训的教师正在将“工具强化”计划应用到课堂上，这项计划是阿拉斯加幼儿教育计划的核心内容。

费厄斯坦的“标准”系统中有14种工具，“基本”系统中有9种工具，每一种工具专门用于培养学习所必需的某种认知能力。此外，连续而有目的的自我管理中介可以让学习者在学习如何更加有效地学习这一过程中降低冲动，提高完成学习任务的内在动力。这些工具与“中介学习过程”的结合可以让教师将那些用最佳常规教学工具也教育不好的学生带上正途。这是因为，教师对“工具强化”计划的中介和推广可以让学生学习如何更有效率地思考，而且能够让许多不具备认知结构的学生培养出自己的认知结构。

费厄斯坦的“标准”版本中有14种工具：

1. 点的组织
2. 空间定向
3. 比较
4. 解析意识
5. 分类
6. 家庭关系
7. 时间关系
8. 数字序列
9. 命令
10. 图示
11. 空间定向二
12. 三段论
13. 传递关系
14. 具象模板设计

“基本”版本中有9种工具：

1. 点的组织
2. 从个体到群体
3. 空间定向
4. 情绪确认
5. 从同情到行动
6. 比较
7. 三通道评估
8. 阅读理解
9. 控制暴力情绪

研究结果

每天使用“费厄斯坦工具强化”计划的做法可以带来许多好处，包括认知上的改善和学习上的改善。这些好处可以用许多方式来衡量。不过，只有当学生的大脑发生结构变化时，这些效果才可以检测出来。它们并不是表面上的变化，也不仅仅是外部行为的改变。这些结构变化已经得到了大脑研究人员的验证，它们既能影响学生的认知能力，也能影响学生的内在动力倾向【特里布斯（Tribus），2004】。当中介者帮助学生改善自我管理能力时，他们也改变了学生的终身学习习惯。

暂停，思考，进步

教师希望学生在行动之前停下来思考。在教师对学生寄予较高预期的课堂上，这种停下来思考的方法是实现自我控制的第一步。最终，当学生通过遇到学习困难时停下来思考的做法养成反思的习惯时，他们将会取得更好的学习成绩。

你可以把优异的成绩想象成一所巨大的房子。这所房子由许多部分组成：砖块、灰浆、木料、窗框和玻璃、瓦板、壁板等。每个部分都有自己固定的位置。

各个部分只有相互连接才能组成一个整体。根据建筑师的计划，各个部分必须组合起来。为此，人们需要准确、精密、耐心、努力地工作。要想取得优异的成绩，人们也需要付出这样的努力。

仓促地建设和仓促地思考不会得到高质量的产品。手工业者需要经历数年的指导、练习和学习，以培养自己的技能，从学徒转为得到认可的正式工人。砌砖工需要根据某种计划或模式循序渐进地学习如何砌砖，学生也需要以同样的方式学习如何精确、仔细、有技巧地思考。教师有许多方法帮助学生学习如何更加高效、精密、准确地思考。不过，和指导学徒的师傅类似，教师也必须掌握现有的最佳教学工具。

当然，教师可以用他们自己设计出来的工具提高学生的思考效率。对于大多数教师而言，这种方法有两个缺点。首先，他们缺少以最佳方式培养学生思考能力的正规培训。其次，他们通常缺乏自己开发工具并研究其有效性的时间和资源。如果他们缺乏时间，他们可能无法设计出自己所需要的所有工具。因此，他们只能依赖少量不足以承担教学任务的工具。

费厄斯坦的“工具强化”计划为教师提供了完成任务所需要的工具，其中每一种工具都有一个明确的功能。当学生使用这些工具时，他们可以养成深入思考的习惯，在学习上取得极大的成功。这项任务没有捷径可走。就像一个人进入任何行业或职业都需要某种准备过程一样，学生也需要通过时间和反馈来培养自己的能力。费厄斯坦花费了大量资源和时间用于开发这个复杂而完整的工具系列以及“中介学习过程”的系统性使用方法。如果教师接受过使用上的培训，他们就可以用这些工具帮助学生获得有条理的思维能力和良好的学习成绩。

有些人已经在费厄斯坦建立的教学体系中选取了一些方法进行尝试。在这些人当中，有些人已经对学生的学习产生了积极的影响。

以提问策略为例。对提出高级问题这一策略掌握较为熟练的教师显然可以对学生的成绩产生积极的影响。不过，提问只是中介学习的一种技巧。它并不能满足所有标准。提问可以帮助学习更加深入地思考他们所学的知识，但它无法让学生掌握思考方式。如果教师能够想到“授人以鱼不如授人以渔”这句谚语，他们就会更加理解提出问题与让学生学会管理自己的思考方式、自己向自己提出问题和控制自己的学习过程之间的区别。

标准工具介绍

1. 点的组织（图一）。我们可以看到广告上说：“将点连接起来。”我们可以听到推销员说：“你把点连起来了吗？”他们在说什么？他们在使用费厄斯坦发明的一个术语，因为费厄斯坦要求学生将一些点连成线，以组成正方形、三角形、梯形等可以辨认的图形。在他的工具系列中，第一种基本工具要求学生解决一组难度越来越高的“连线问题”。在解决了前几个方框的问题后，学生可以构造出解决连线问题的模式。不同的学生可能会得到不同的图形序列，不过所有学生都会逐渐发现，当他们使用有目的的计划时，解题效果是最好的。当学生发现自己的个人思考模式时，中介者用后面难度更大的工具引导他们使用自己学到的思考模式。学生的成功可以增加他们解决下一个任务的内在动力和愿望，尽管下一个任务的难度会更大。通过鼓励学生对越来越困难的构图过程进行规划和评估，中介者可以引导学生的元认知。在这里，学生可以学会控制冲动，并把这一能力应用到后面的工具中。

2. 空间定向（图二）。费厄斯坦在研究中发现，表现不佳的孩子在确定自己相对于物体的位置时存在困难。哪边是右？哪边是左？哪边是上？哪边是下？哪边是北？哪边是西？他设计了一系列任务，让学生确定他们在空间中的位置，包括不存在常见地标的情形。“空间定向”工具可以帮助孩子建立具体和抽

图一 点的组织

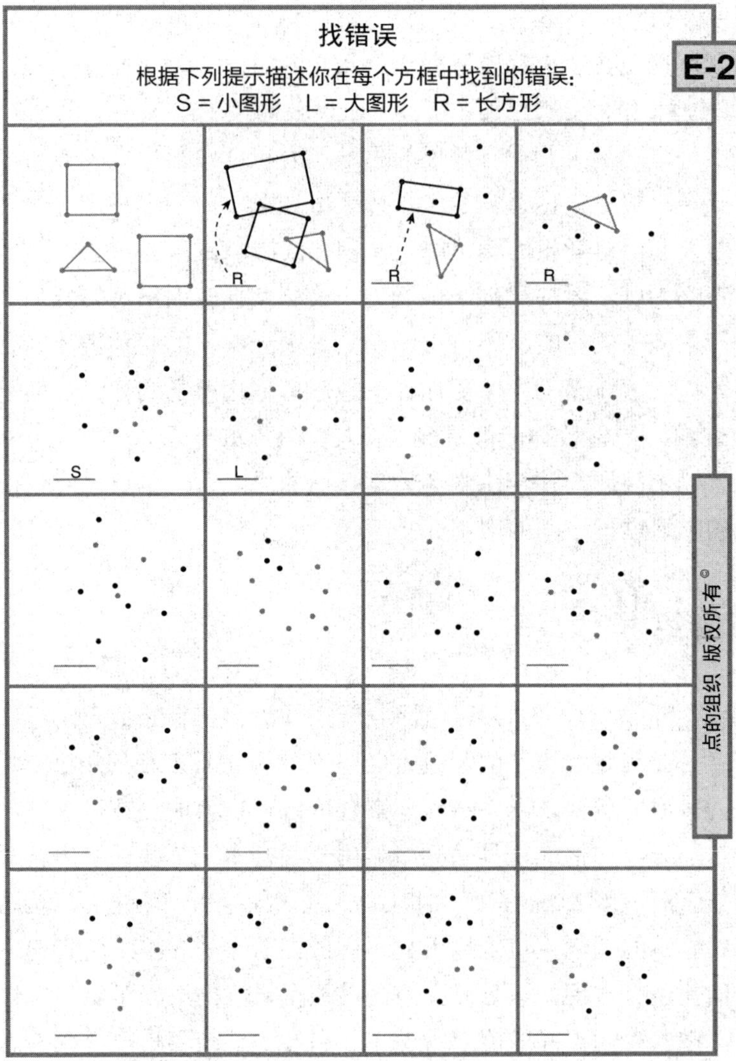

来源：费厄斯坦（1996）。

象的空间联系。它可以让孩子们知道如何使用周围的线索，如何确定方向。这种工具的任务难度由浅入深，由具体到抽象，中介者可以提示学生收集方向信息，并用这些信息解决问题。随着任务难度的增加，学生的挫折感也会增加。不过，通过有意地自我管理中介，教师可以培养学生对行为和思考过程的自我控制习惯。

3. 比较（图三）。许多教师喜欢用韦恩图帮助学生发现故事中的人物、历史上的时期和数学图形等相似事物之间的相同点和不同点。当学生缺乏发现相似物

图二 空间定向一

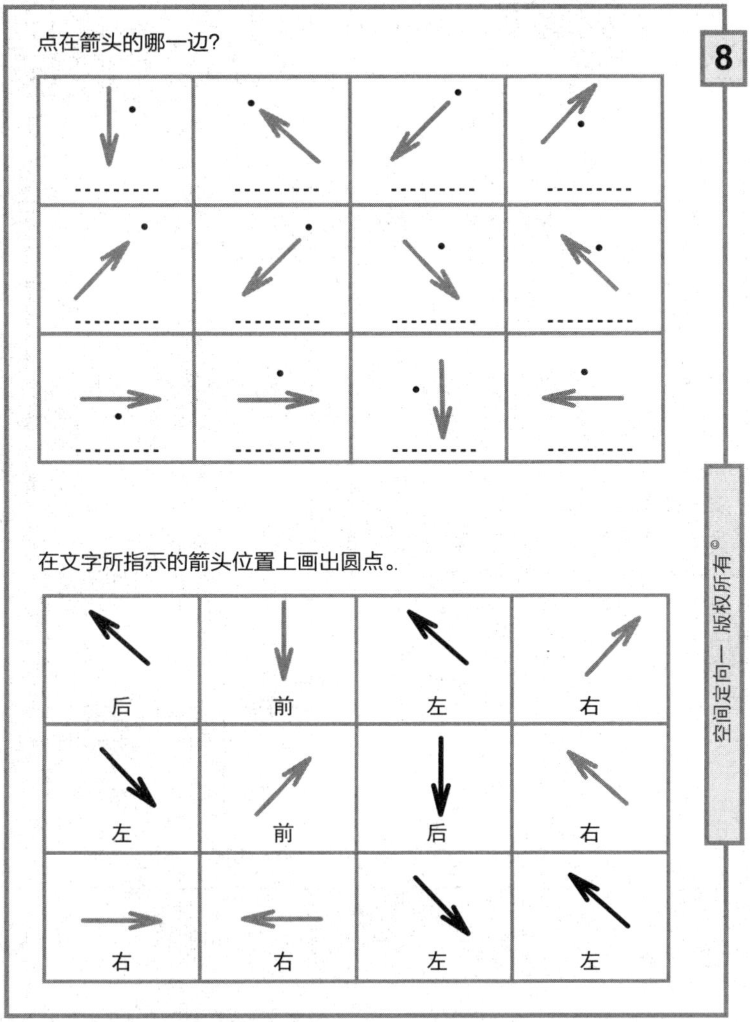

来源：费厄斯坦（1996）。

体之间的相同点和不同点这一基本技能时，他们很难作出有意义的比较。费厄斯坦的第三种工具可以帮助学生发现那些可以观察到的相似的物理特性，明确物体的具体特点。学生刚开始做题时会比较容易，越往后，这些比较任务的抽象程度越高。在这个过程中，通过对比较任务的思考，学生可以建立在今后的学习过程中需要用到的认知结构。当学生学着对这些比较任务中的思考过程进行总结时，中介教师帮助学生将这种思考方式推广到其他学科中，如语言学（两个汉字）、数学（两组数字）和社会学（两种文化）。在推广过程中，学生的挫折感可能会加深，因为这种推广的难度较大，而且学生对此并不熟悉。此时，中介者仍然需要

图三 比较

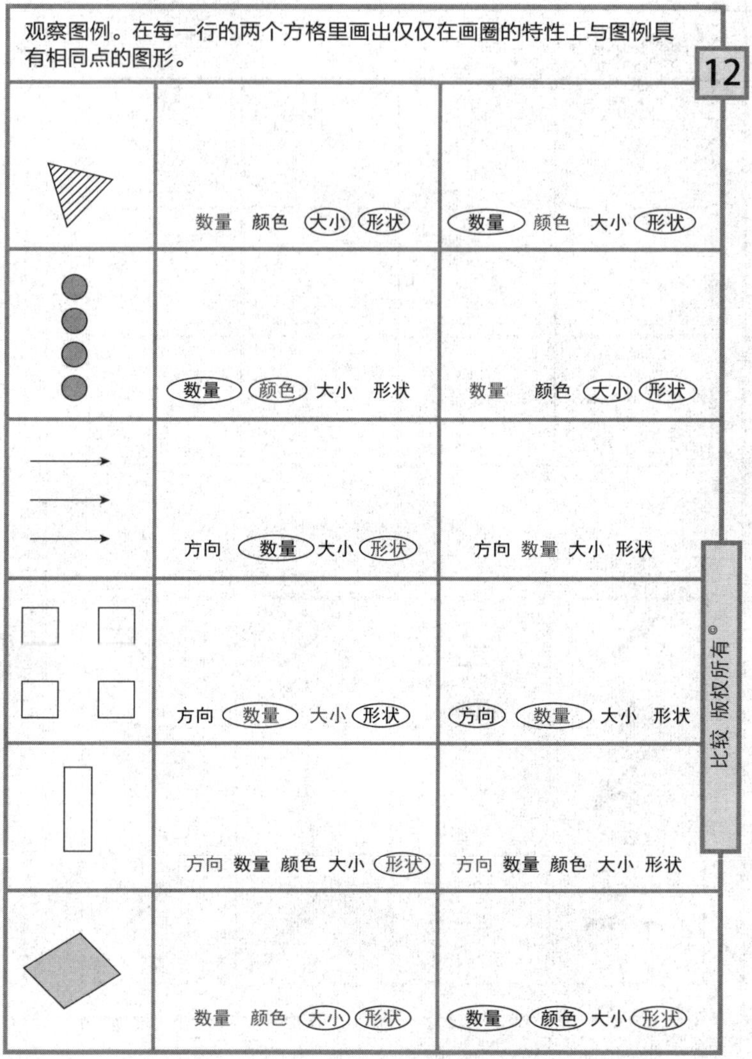

来源：费厄斯坦（1996）。

在必要时提醒学生进行自我管理。

4. 解析意识（图四）。当分辨几何形状,能力较弱的学生在数学课上第一次接触几何任务时，他们完全不知道应该如何处理。如果学生无法分辨出整个图形中的各个部分，或者无法将各个部分组成一个整体，那么形状和图形在他们看来就是一堆乱七八糟、毫无意义的符号。有了这种工具，中介者可以帮助学生熟练地辨认几何形状，让学生能够从背景形状中看出前景图形。当学生学会辨认和操作图形的多种策略时，他们就拥有了足够的认知基础，可以完成数学课上的几何计

图四 解析意识

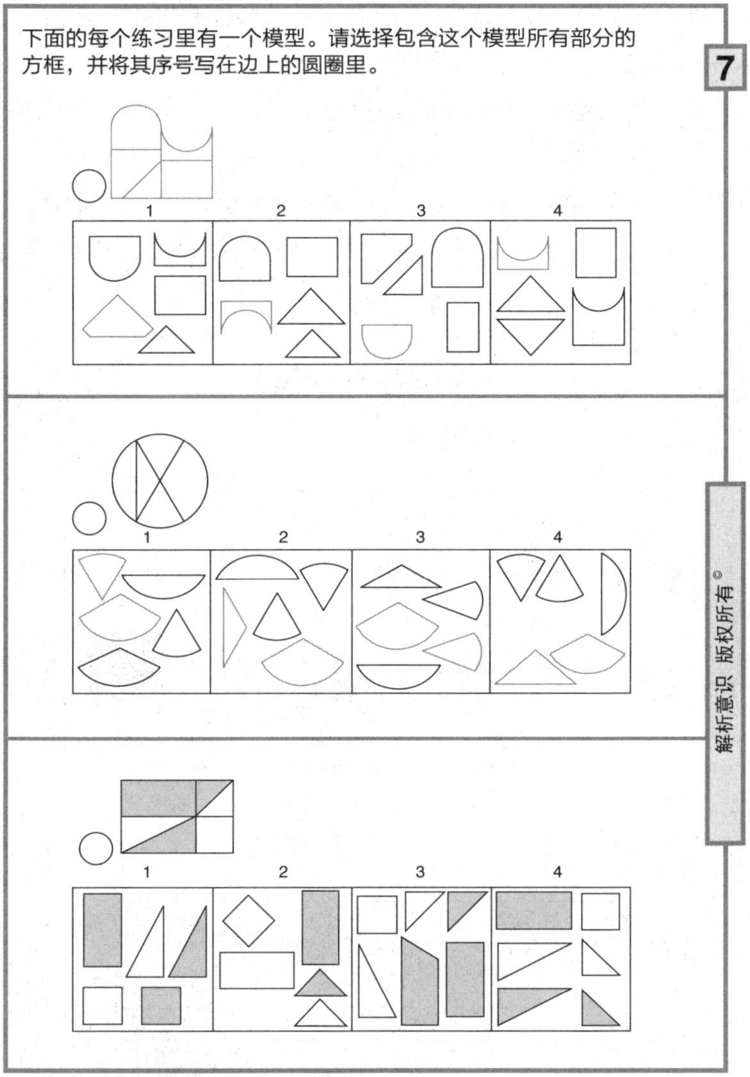

来源：费厄斯坦（1996）。

算任务，在完成复杂任务时建立信息收集体系，用有计划的行动代替烦琐的试错行为，将各个部分准确而精密地结合成一个整体。除了明显的几何应用，这种工具还可以帮助学生面对需要进行规划的所有情形，包括机械的组装，家具和建筑物的制造，规划图的制作，文学的分析以及地图的绘制和查看。

到目前为止，在30个星期里，学生每个星期都要用三到五个小时的时间解决这些工具所包含的任务，培养思维模式，将这些模式应用到每天的课堂学习中，控制自己的冲动行为，学习如何在面对复杂任务时进行规划。此时，学生的冲动行为变得更加微妙，更加局限于个人，这种日益增加的微妙性要求中介者用更加敏锐的视角和更加专注的精神发现学生的冲动思想并对他们控制冲动的能力给予鼓励。

5. 分类（图五）。这种工具通过关注信息分类，帮助学生提高比较能力（工具三）。这种工具从学生熟悉的事物开始（水池、龙头、栅栏、花朵、树木、狗、鸟），引导学生学习如何使用准确的语言标签，以有条理的方式收集信息，比较相同点和不同点，选择一种事物的相对数量，将其放入最准确的认知分类中。当

图五 分类

几何形状的分类

11

下面是一些带有序号的几何形状。

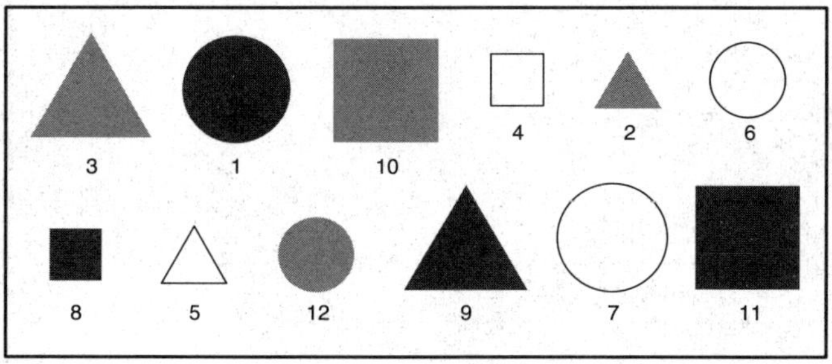

序号	形状	大小	颜色
1			
2			
3			
4			
5			
6			
7			
8			
9			
10			
11			
12			

来源：费厄斯坦（1996）。

学生为具体事物分类的能力得到提高时，他们将面对更加抽象的新事物。与此同时，通过鼓励学生对可能的答案进行系统性探索并将事物精确地放入具有明确定义的分类中，中介者可以帮助学生控制冲动。推广任务包括帮助学生组织课桌以及科学、社会学、英语语法课上的分类任务等。

6. 家庭关系（图六）。这种工具用“家庭”的隐喻培养学生在不同事物之中寻

图六 家庭关系

5

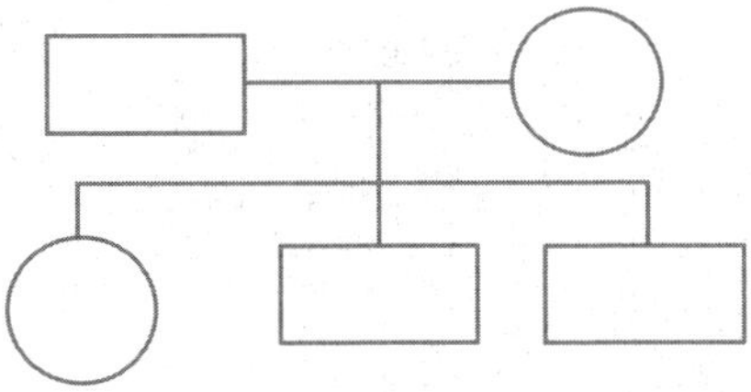

你可以在上面看到一张家庭关系图。
这种图叫作系谱图。这张图是空的。

根据下列语句为空白的系谱图补充人名。

1. 亚瑟是丽塔的父亲。
2. 西蒙和杰里是兄弟。
3. 杰里是劳拉的儿子。

根据上图回答下列问题。

1. 丽塔和劳拉谁的年纪大？_______
2. 谁有两个兄弟？_______
3. 谁有一个叫西蒙的兄弟和一个姐妹？_______

填空。

1. 亚瑟和劳拉是_______的_______。
2. 亚瑟和劳拉是_______。
3. 这个家庭里的_______比_______多。
4. 这个家庭里的_______比_______多。

家庭关系

来源：费厄斯坦（1996）。

找关联的能力。费厄斯坦选择了家庭这一隐喻，因为学生对于家庭具有丰富的情感经历，可以将其作为先验知识来使用。这一特点使学生可以将“寻找关联”的

思考过程推广到许多情形中。中介者首先讨论学生与其他人的可能关联方式，以此来引导学生对于他们所生活的世界中其他事物的关系或关联方式归纳出一般性的原理。接着，中介者可以让学生将这些一般性的原理推广到他们所学习的科目中。通过这种方式，这一中介工具可以破除“英语不是数学，数学不是社会学，社会学和科学也没有任何关系”这种在学生当中普遍存在的观念。当学生培养出寻找关联的能力时，他们可以更好地将他们所学到的知识（包括对冲动的控制）运用到所有学科中。

图七 时间关系

19

用下面三个词语中的一个将下列句子补充完整：

1. 我们用手表测量_________。
2. 我们用速度计测量________。
3. 我们用卷尺测量_________。
4. 我们用“每小时60英里（96千米）”表示_________。
5. 我们用“三小时”表示_________。
6. 我们用“50英里（80千米）”表示_________。

下面的句子描述的是时间、距离还是速度？将每个词语填在句子左边。

_________________一辆汽车每小时行驶200英里（320千米）。

_________________一个人从华盛顿特区到纽约市需要走300英里（480千米）。

_________________一个人从巴黎飞往纽约需要大约八小时。

用一个句子描述一辆汽车行驶的速度。

____

用一个句子描述两个地点之间的距离。

____

用一个句子描述一个人经历的时间。

____

来源：费厄斯坦（1996）。

7. 时间关系（图七）。谈论时间似乎是一件很容易的事情。不过，当学生没有电子表或时钟时，这项任务就会变得比较困难。当谈论时间的任务超出了24小时的范围时，没有掌握持续时间和时间间隔概念的孩子一定很难理解时间到底是什么。从时间间隔和时间关系（如60秒等于1分钟）的层次结构研究开始，第七种工具帮助学生探索各种不同的层次结构，包括需要时间定位的动态连续时间（如季节和推测性事件）。中介者帮助学生开展规划，制订目标，动脑思考，取得进步，并且大量使用连续体、矩阵、图表等图示工具。当学生完成这种工具的训练时，每个

图八 数字序列

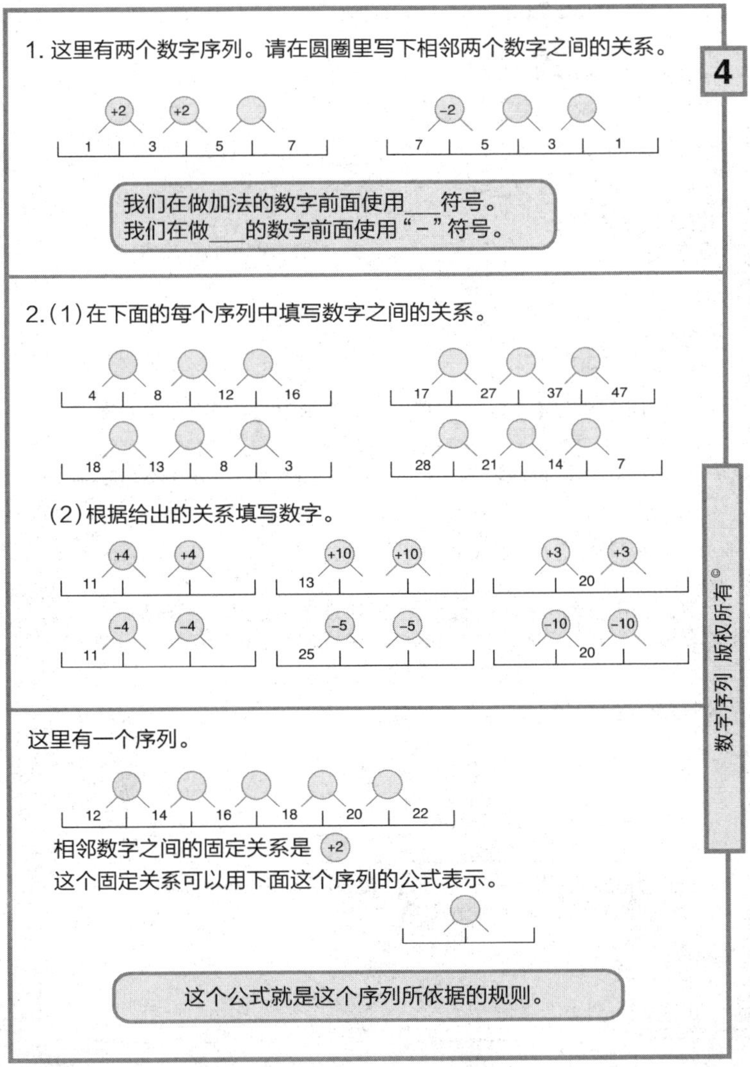

来源：费厄斯坦（1996）。

人都应当形成一种分析复杂时间关系的框架——这种能力可以用于历史年表和计量单位的学习以及地理、人类学和文学等学科依靠时间的信息分析中。

8. 数字序列（图八）。有多少中学数学教师遇到过计算能力只有三四年级水平的学生？尽管经历了多年补习，这些学生的基本能力并没有得到提高。虽然他们的年级在升高，但他们的数学能力一直停留在三年级的水平。这些学生就是费厄斯坦所说的“落后学生”。他们的学习成绩之所以无法提高，是因为他们在改善数学表现所需要的认知基础的形成上存在障碍。下面介绍的这种工具专门用

图九 命令

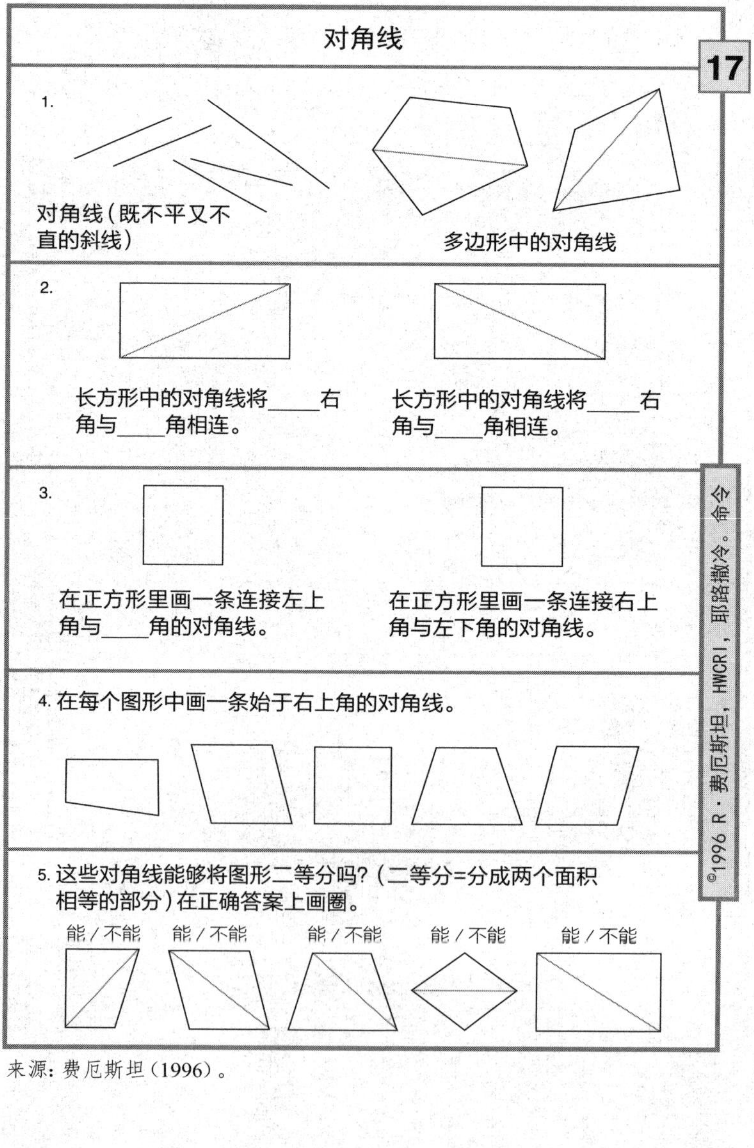

来源：费厄斯坦（1996）。

于解决妨碍学生提高数学成绩的基本问题，这种障碍叫作“对于现实的片断式理解”。如果没有人引导年幼的学生看到不同事件、事实或思想之间的关系，他们可能会通过死记硬背或猜测的方式学习基本的数学知识。面对更加复杂的数学任务，如两位数和三位数的加法和乘法以及寻找数字序列的模式，他们就傻眼了。在不理解序列规则和原理的情况下，学生既不能构造出新的数字序列，也不能辨认反复出现的模式，更不能对新的序列作出预测。简而言之，如果学生缺乏这种理解，那么他们根本解决不了那些无法通过记忆解决的问题。如果教师在不去帮助学生理解数字序列原理的情况下反复告诉学生如何进行加减乘除运算，那么他几乎不可能改善学生的数学表现。

这种工具的一个主要目标就是帮助学生发现事实和概念之间的关系。通过这种方式，学生可以形成固定的思维模式，减少对日常生活中的各种经历和事件的片断式理解，提高在越来越复杂的事物、概念和解决问题的任务之间建立联系的能力。

9. 命令（图九）。学生在学校遇到的一个主要困难就是无法服从命令。这个问题有许多成因。有时，问题的关键在于学生缺乏规划，易于冲动。有时，学生可能缺乏发现或协调一项命令中关键元素的能力。还有的学生无法将命令转化为一系列准确的行动。命令工具让学生重新关注几何形状。他们可以看到以文字形式让他们描述图形，绘制图形，协调数字、大小、颜色、位置和方向的命令。这个过程需要两个学生合作，一个人负责下达精确的命令，另一个人负责服从命令。要想完成这些任务，学生必须在寻找发布命令的不同方式时运用假设方法和逻辑思维。这种工具显然具有其他用途。中介者的任务是帮助学生将他们对于命令的深刻理解运用到考试、工作和研究项目中。

10. 鱼骨图（图十）。石川（Ishikawa，1985）在日本发明了鱼骨图，用于分析

图十 鱼骨图

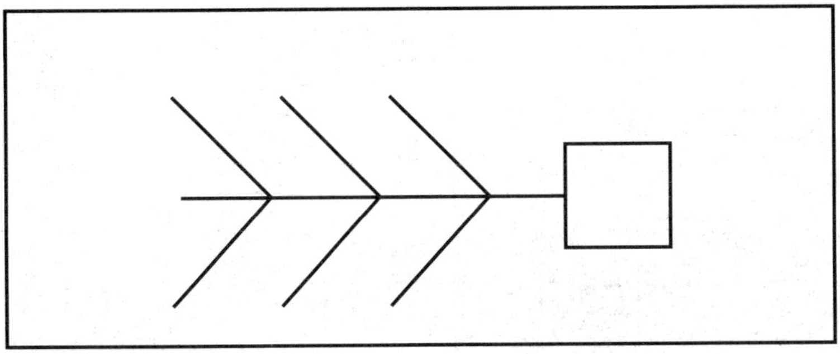

来源：费厄斯坦（1996）。

因果关系，对手段和目的之间的关系作出判断。它是商业团队经常使用的一种图形组织工具。例如，在汽车行业，寻找常见汽车缺陷成因的工作团队用鱼骨图对问题进行跟踪，这种复杂的工具可以让使用者对相关线索进行排列，找出缺陷的真正原因，而不是让工人为离开生产线的每辆汽车修补表面凹陷和划痕。

要想使用鱼骨图，人们必须在解决问题的过程中使用高级的、非常微妙的思考技巧。关于阅读理解的国家级数据显示，在前青春期和青春期人群中，推断技能是最有挑战性的技能之一，也是开发程度最低的技能之一。

图十一 空间定向二

14

1. 在长方形中写出方向。

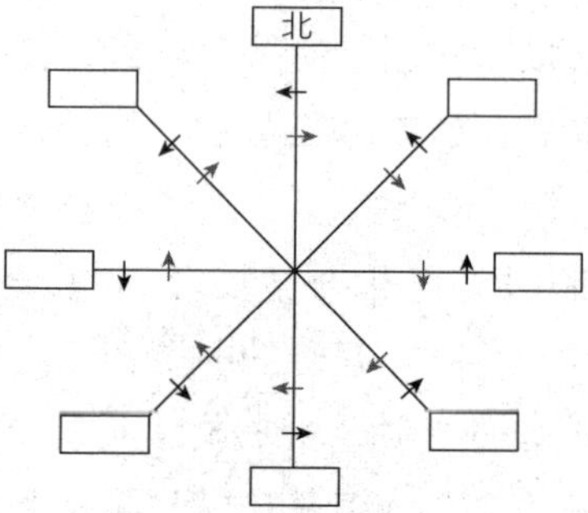

2. 你将处于什么方向？

(1) 你现在面向北，然后向右转6次，向左转2次。现在你面朝什么方向？____

[6] – [ ] = [ ] 相当于向右转____次

(2) 你现在面向东南，然后向左转6次，向右转2次。现在你面朝什么方向？____

[ ] – [ ] = [ ] 相当于向____转____次

(3) 你现在面向西南，然后向右转10次，向左转2次。现在你面朝什么方向？____

[ ] – [ ] = [ ] 相当于向____转____次或者一个____圆

(4) 你现在面向南，然后向左转5次，向右转3次，再向左转3次。现在你面朝什么方向？____

[ ] – [ ] + [ ] = [ ] 相当于________

(5) 你现在面向东南，然后向右转8次，向左转2次，再向右转3次。现在你面朝什么方向？____

[ ] – [ ] + [ ] = [ ] 相当于________

(6) 你现在面向西南，然后向右转3次，向左转2次，再向右转5次。现在你面朝什么方向？____

[ ] – [ ] + [ ] = [ ] 相当于________

来源：费厄斯坦（1996）。

即使有了鱼骨图这一方便的工具，要想成功完成一项关于因果关系的思考任务，学生也必须拥有简单推断的能力。如果学生缺乏这种能力，那么教师就必须用费厄斯坦的图示工具对学生进行指导。这种工具可以通过幽默的图示让学生理解关爱与认知之间的重要关系。在其他工具培养出的技能的基础上，图示工具可以提高学生的归纳推理和演绎推理能力，改善学生对信息的提取方式，促进学生的发散思维，让学生知道如何对信息进行外推，以便将信息整合成完整的概念，将原因与结果联系起来。

图十二 三段论

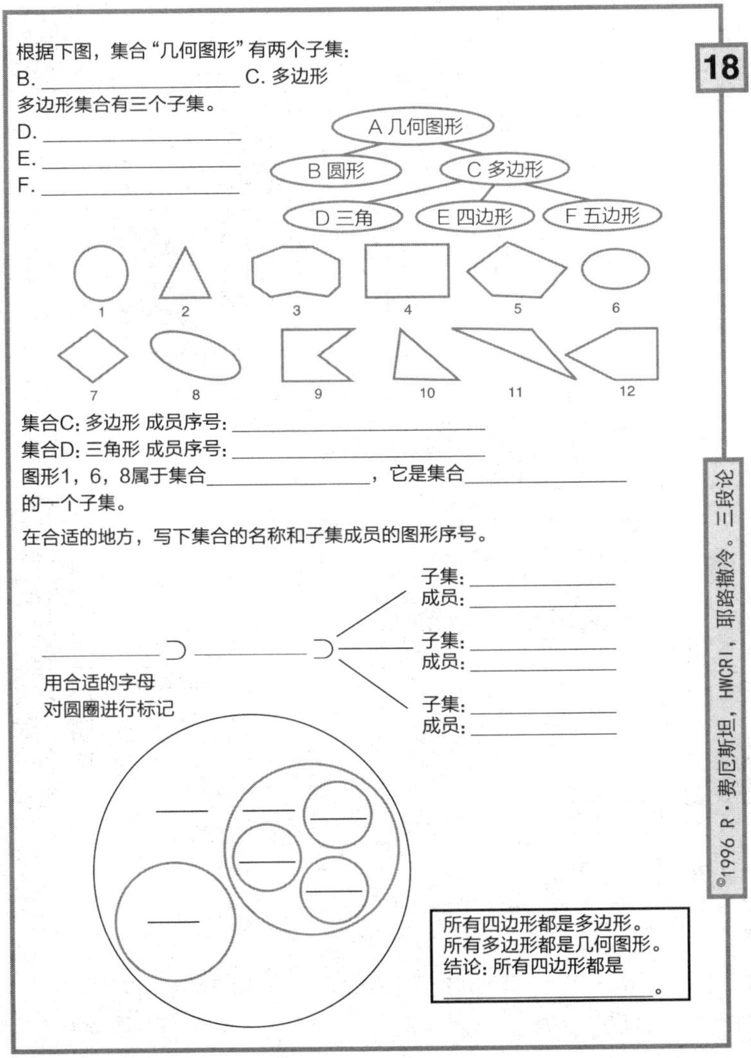

来源：费厄斯坦（1996）。

从推广的角度看，这种工具拥有多重价值。最重要的是，它可以提高学生的推断能力。从四年级开始，推断就是强化阅读理解的一项重要技能。在学生经历了与学习内容无关的、充满乐趣的视觉推断挑战后，中介者指导他们将这个过程应用到文学、科学和数学的推断中。而且，当学生的推断能力得到提高时，他们可以更好地判断文学、社会学、应用数学和科学中的因果关系。

11. 空间定向二（图十一）。空间定向二可以提高学生使用外部稳定绝对参考点的能力，使他们能够在不同的空间维度中描述与自身有关的关系和位置。这种

图十三 传递关系

16

A + B > A + C
A ? C

1. 下面的结论是否正确？请写下“是”或“否”。

苹果的重量(A) + 番茄的重量(B) [>] 苹果的重量(A) + 柠檬的重量(C)

苹果的重量 [=] 番茄的重量 ______
苹果的重量 [>] 番茄的重量 ______
苹果的重量 [<] 番茄的重量 ______
苹果的重量 [x] 番茄的重量 ______

2. 文字页的数量(A)+插图页的数量(B) [>] 文字页的数量(A)+空白页的数量(C)

A与B之间具有什么关系？ A [ ] B

3. 我的年龄(A)+我兄弟的年龄(B) [>] 我的年龄(A)+我亲戚的年龄(C)

下面的结论是否正确？请写下“是”或“否”。

A [>] B ______ A [<] B ______ A [x] B ______ A [≠] B ______ A [=] B ______

在下面的例子中标出可能的关系。

我的年龄	兄弟的年龄	亲戚的年龄	结论
			A [ ] B ______ 和我是双胞胎
			A [ ] B 我比我兄弟 ______
			A [ ] B 我比我兄弟 ______

当 A + B [>] A + C 时
我们不可能知道A和B之间的关系。

4. 填入缺失的符号

黄色+紫色的面积 [>] 黄色+红色的面积 A [ ] B

5. 房租(A) + 电费(B) [>] 房租(A) + 电话费(C)

房租 [ ] 电费

来源：费厄斯坦（1996）。

工具需要学生用罗经点、坐标和立体图进行大量练习，以发现具有不同表现形式的空间中的关系。这种工具还可以让中介者强化学生的规划能力，以便让学生更好地解决复杂的几何问题。

12. 三段论（图十二）。当人们看到这个工具的名字时，许多人都会产生疑问：连基本能力考试都无法通过的学生怎么可能在逻辑世界里遨游呢？毕竟，人们长期以来一直将逻辑看成是天才和哲学家的私人领地。这种高级工具可以利用前面那些工具建立的认知基础让学生获得某种特定的推理能力，得出符合逻辑的

图十四 具象模板设计

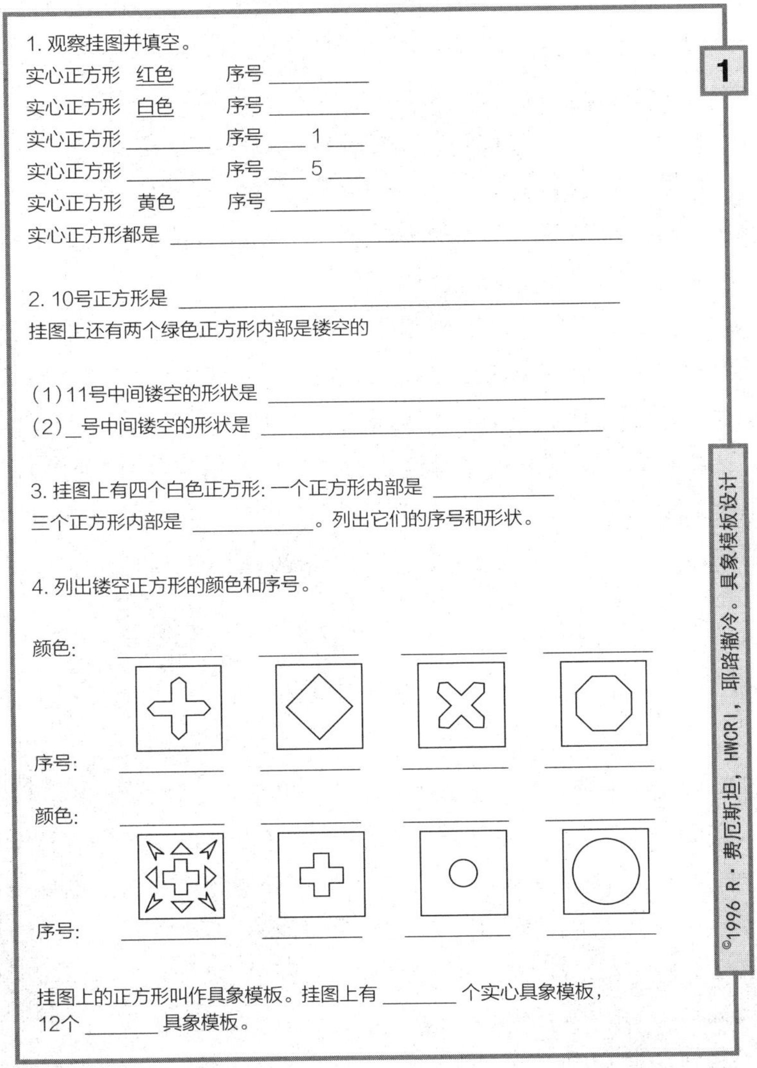

1

1. 观察挂图并填空。

实心正方形 红色　　序号 ________

实心正方形 白色　　序号 ________

实心正方形 ______　序号 __1__

实心正方形 ______　序号 __5__

实心正方形 黄色　　序号 ________

实心正方形都是 ____________________

2. 10号正方形是 ____________________

挂图上还有两个绿色正方形内部是镂空的

（1）11号中间镂空的形状是 ____________________

（2）_号中间镂空的形状是 ____________________

3. 挂图上有四个白色正方形：一个正方形内部是 ________

三个正方形内部是 ________。列出它们的序号和形状。

4. 列出镂空正方形的颜色和序号。

颜色：______ ______ ______ ______

序号：______ ______ ______ ______

颜色：______ ______ ______ ______

序号：______ ______ ______ ______

挂图上的正方形叫作具象模板。挂图上有 ______ 个实心具象模板，

12个 ______ 具象模板。

来源：费厄斯坦（1996）。

结论。首先，这种工具向学生介绍“集合”的概念。集合就是一组具有明确定义的事物。当学生在这种工具提供的各项任务中前进时，中介者帮助他们学习如何定义集合的界限，如何根据简单的演绎论证得出结论，如何区分全集和子集，如何对不同集合之间的关系得出结论。最后，中介者不仅有机会将韦恩图应用于其他需要辨别集合的情形中（参见这种工具涉及文学、数学、社会学等学科的其他任务），而且可以将韦恩图运用到逻辑论证之中。

13. 传递关系（图十三）。代数是将许多学生挡在高等数学门外的一大障碍。如果学生无法越过代数这道坎，他们就永远无法进入高等数学的世界。“传递关系”工具可以让学生学习和运用他们从工具十二（三段论）开始接触到的逻辑原理，并对新的理解加以利用，以学习如何列方程。这种工具通过按照年龄、身高、体重和尺码为人们排序以及按照面积、人口、年龄、住宅单元为地区排序等具体例子让学生理解“大于”和“小于”的概念。通过这些例子，学生可以归纳出一般性原则。中介者需要帮助他们把这些原则运用到每天的学习中。最后，学生可以通过这种工具中的任务，学习符号、标志、方程以及通过收集信息对方程中的关系进行转换的方法。

14. 具象模板设计（图十四）。阻碍学生进行复杂思考的一个最重要的因素就是学生缺乏假设能力。“具象模板设计”工具可以帮助学生获得制订和检验假设的技能。当学生为了解决设计问题而被迫进行“假如……将会怎样”的思考时，他们的思维将会变得更加灵活。为了解决这种工具中具有挑战性的任务，学生必须学会走出温暖的安乐窝，承担概念性风险。中介者的作用是协助学生回顾他们在接受之前那些工具训练的过程中形成的解决问题的知识。此外，中介者还要帮助学生解决科学、数学和社会学的假设型任务。

回归基础

费厄斯坦的“工具强化”计划帮助各类人群培养出了“学习倾向”，包括埃塞俄比亚文盲工人、巴西表现不佳的贫困学生、摩托罗拉高层经理和科学家、以色列军队中患有唐氏综合征的年轻人、意大利第二外语儿童、马萨诸塞州普通学生以及其他许多人群。在“工具强化”计划得到50多年的成功使用后，费厄斯坦开始关注年幼学生和需要特殊护理的青少年。他的“标准”版本对这些人来说难度过大，不适合他们使用。经过几年的研究，“基本”工具问世了。

九个“基本”工具以幼儿学习者、幼儿园到四年级学生和需要特殊护理的青少年为目标，提供了一些高难度任务。

基本工具

1. 点的组织。“基本”版本的工具让年幼的孩子们根据一些点组成基本的几何形状。随着空间定位的变化，孩子们必须在越来越复杂的点排列中发现几何形状。孩子们必须回顾在简单的任务中使用过的策略，以归纳出一般性的原则，而且必须注意线段的平直度和长度以及哪些线段连接哪些点，提高精确度和准确度。

2. 从个体到群体。可以培养孩子们的基本数字观念。孩子们需要在难度越来越高的任务中将一堆混乱的点分割成相等的子集。渐渐地，他们可以在颜色、形状和排列的变化中理解群体的概念，并且可以从事乘法和加法操作。

3. 空间定向。“基本”的空间定向工具向孩子们介绍与空间关系有关的词语。孩子们必须在越来越复杂的场景中清晰准确地使用这些新词语确定空间位置。

4. 情绪确认。帮助孩子理解情绪与思想之间的关系。在这些“前阅读阶段”的任务中，孩子们需要观察图片，在场景和情绪反应之间建立联系。随着任务难度的加深，孩子们必须回顾之前的简单任务，作出最合适的匹配。

5. 从同情到行动。要求学生在为某种场景制订行动计划之前找好感觉，作出合适的情绪反应。通过在每个方框中回答“我在这个场景下应该做什么”这个问题，他们可以学会如何在现实生活中应对同样的问题。

6. 比较。面对荒谬而不协调的场景，中介者需要引导孩子们对他们看到的事物进行比较，以发现不合理的地方。找到问题的症结之后，孩子们必须构造出正常的场景。

7. 三通道评估。在这种工具中，孩子们用包括触觉和视觉在内的不同感觉形式探索几何形状的特点。接着，他们需要极其精确而仔细地画出他们所触摸到的和/或看到的物体。这种工具重点关注冲动控制和精确呈现，可以预防和治疗孩子们的各种学习障碍和注意力缺陷问题。

8. 阅读理解。这种工具通过培养孩子们的提问技巧提高他们对阅读材料的理解能力。它可以培养孩子们比较、分析、总结和作出假设的认知习惯，加强他们对冲动的控制能力，提高他们的胜任感。

9. 控制暴力情绪。许多孩子在无端暴力世界里长大，因此我们有必要培养他们的自我控制和行为管理能力。这种工具为孩子们呈现越来越剧烈的冲突，要求他们利用自己在“情绪确认”和“比较”工具中学到的知识对自己的行为作出规划，以解决冲突。

每天，在学生解决这些工具中的任务时，教师对他们的认知和元认知进行引导。每天，学生都会面对一组来自这些工具的新问题。首先，教师用10分钟的时间对学生关于他们的思考方式已经学到的知识进行回顾和强化。接着，教师将这种元认识运用到学生接下来的学习中。在学生完成了新工具的任务以后，教师用10到15分钟的时间帮助学生回顾他们所使用的思考方式，研究如何将这些过程运用到学生所学习的其他科目中。每一次推广都可以帮助学生巩固他们刚刚培养出来的对所学知识进行思考的习惯和能力。下面的课例可以具体说明如何对学生的自我管理能力进行推广。

低年级课例

将自我管理能力运用到所有课程中

标准 如何提高自我控制能力，避免冲动行为

中心智能 内省

辅助智能 视觉/空间

中介重点 自我管理与行为控制

先验知识检查

1. 向学生展示一张停车标志图片。请学生描述这张图片的用途及其重要意义（“让汽车停下来”“避免撞车”“避免受伤”等）。

2. 请学生回忆那些让我们停止目前行为的“无形”停止标志。带领全班同学制作一张T形图表，记录这些标志及其重要意义。

标志	重要意义

设计任务结构

1. 选择下面的一项任务，帮助各个小组描述一个与无形“停止标志”有关的故事。

(1) 画一个连环画。

(2) 表演一出戏剧。

(3) 画出人们不理会停止标志时发生的事情。

将学生每三人分成一组，每个小组里包含一名创意官，一名记录官，一名检察官。划定时间期限，然后在各个小组之间巡视，确保所有成员参与到任务中。

2. 在整个教室里传阅成品。

回顾与反思

1. 在接下来的日子里，选择一个无形停止标志。请负责这个标志的小组分享他们的思想。这是一个什么标志？什么时候应该使用它？为什么它是一种重要的标志？它在哪些场合能够发挥作用？如果一个人忽略这个标志，会发生什么事情？请每个小组向大家展示这种停止标志如何帮助他们管理和控制自己的行为。

2. 把下面的表格张贴在公告板上。向学生解释每个词语的含义，并记录每个小组的表现。

	标志	使用	原因	添加	删减
1					
2					
3					
4					
5					

3. 在每个小组和全班同学分享并讨论了停止标志的用途后，提出以下问题：“这张表可以让我们知道哪些关于停止标志的事情？它们具有哪些重要意义？它们对我们来说有哪些作用？”用提问的方式加深学生的理解。

内容延伸

利用学生的学习日志。邀请每个学生选择一个停止标志在接下来的一天、一个星期或者一个月的时间里用在自己身上。（这个时间由学生的意愿决定。）让每个学生描述他对个人停止标志的使用方式。每天为学生留出5到10分钟的时间，让他们记录个人停止标志的成功使用（胜任感）。在需要时对学生给予指导和鼓励。对学生的日志记录进行跟踪，并选取一小部分在班上公开分享，以进一步培养学生的胜任感。使用随机方式进行选择。使用“很好”“不错，姑娘”或者能够被学生看作一种肯定的任何表达形式对学生的每次成功表示祝贺。

评估学生的自我管理表现

在经过大量自我管理训练之后，学生的表现如何呢？为评估学生的表现，教师可以进行抽查。

检查举例

学生能够在何种程度上

1. 解释停止标志的重要意义？
2. 说出无形停止标志的名称？
3. 用无形停止标志控制自己的冲动？

材料

停止标志图片，T形图表，美术工具，学生日志。

变形

1. 邀请学生说出他们无法控制自身行为的场景。让学生小组对不良冲动控制的后果进行表演。

2. 在演示需要进行冲动控制的各种情形时建立班级PMI图表（添加—删减—兴趣点）。

P	
M	
I	

3. 为重要场景的冲动控制制作电视广告。

促进自我管理

在许多城区学校，费厄斯坦的“工具强化”计划已经成了教导学生控制自身思维模式的一种强大的启动工具。不过，这种工具并不意味着全部——它仅仅是让学生形成自我控制能力、管理自身的认知行为和思考质量的一种手段。教师在“工具强化”计划中对学生使用的中介策略非常重要，可以帮助学生将他们刚刚学到的思考习惯扩展到所有课程中，甚至扩展到课堂以外。类似地，在无法充分开展“工具强化”计划的情况下，教师也可以使用其他策略引导学生进行自我管理。请留意下面这些教师是怎样通过帮助学生养成自我管理习惯引导学生思考的。

示例场景一：自我管理的中介是什么样的

教师：“各位，今天我们要去图书馆。你们觉得我们需要使用哪一项规则呢？[等待一段时间。]玛格丽塔（Margarita）？”

玛格丽塔：“听从负责人的命令。她会告诉我们应该怎样做。”

教师：“谢谢。还有其他观点吗？托马斯（Tomas）？”

托马斯：“到。我们需要相互尊重。”

教师：“你为什么这样想呢？”

托马斯：“因为这种行为有助于我们相互关心，不去打扰对方。”

教师：“尊重规则永远成立吗？”

托马斯：“是的，当我们和其他人在一起时永远成立。”

教师：“我们如何表示对别人的尊重呢？约瑟夫（Joseph）？”

约瑟夫：“我们在遇到问题时应该停下来思考，而且不能影响和打扰别人。”

示例场景二

教师：“这是一个比较难的数学问题。我们如何着手呢？[等待一段时间。]关（kwan）？”

关：“我们应该停下来对我们的计划进行思考。”

教师：“这是一个很好的开始。谁能告诉我一个计划？米尔德里德（Mildred）？”

米尔德里德：“我们需要制订目标。接着，我们需要查看题目中给出了哪些信息，制订一项策略。一旦有了策略，我们就有了着手点。”

教师:“说得不错，米尔德里德。谁能继续往下说？迈克尔？”

迈克尔:“我们需要回顾之前的规则，检查我们的工作。”

教师:“你们提出的初步计划方式很不错。现在你们可以开始解决问题了。我们的目标是什么？”

关:“解决这道应用题？”

教师:“说得没错，关。谁能对关的回答给予补充？还记得我们之前讨论过的解决每个问题的重点吗？”

凯特:“我们希望理解我们对问题的解决方式以及为什么我们要这样解决问题。”

教师:“非常好，凯特。你说的这点非常重要。不过，你能把‘解决’这个词语说得再具体点吗？”

凯特:“可以。‘解决’意味着我们用某种策略解决问题。”

教师:“好的。现在我明白了。所以，我们的目标由几个部分组成[写在黑板上]:解决这个问题，理解我们所使用的策略以及我们使用每种策略的原因。是这样吗？[等待。]好的，我同意这种观点。现在，让我们考虑一下制订完目标以后需要做什么。谁能帮帮我？我希望看到更多的同学举手。[等待。]威廉？”

威廉:“我想我们需要研究解决问题的步骤，为我们需要采取的步骤制作一张序列图。”

教师:“制订这种计划的重要意义是什么？”

米尔德里德:“它可以帮助我们放慢脚步，在行动之前进行思考。当我做事情不着急的时候，我就会表现得更好。”

培养自我管理的策略

许多教师已经发现了能让学生提高自我管理控制能力的策略。下面列举了一些例子。

- 与全班同学共同制订一句格言（如“三思而后行”），以约束他们的冲动行为。
- 在公告板上对按照步骤规划学习任务的学生给予表扬。
- 通过小型学生小组制作一系列宣传海报，挂在教室里或走廊上。这些海报可以使用班级格言，描述需要“三思而后行”的不同情形。

- 通过不打断学生的回答、等待以及在回答学生的问题之前大声说“等一下，我需要考虑一下”的方式向学生演示自我控制。
- 当学生完成一项任务时，让学生用几分钟的时间对他们的工作进行回顾和检查。
- 与全班同学通过头脑风暴的方式研究预防冲动的方法和时机。
- 在每个合作小组中制作一张T形图表，记录每个人抑制冲动时的行为和语言。与每个人订立延迟冲动、评估个人进步的约定。每个星期对进步情况进行一次讨论。
- 告诉学生如何用图形组织工具规划决策，如何绘制流程图。
- 要求学生准备一个作业本。每天放学前花10分钟时间将家庭作业记在作业本上。让学生两人一组互相检查对方的作业记录。
- 每天使用“独立思考—结对合作—相互交流”的策略。
- 在黑板上用序列图记录学生在解决问题时使用的步骤。在代数课上，要求学生列出解方程的每一个步骤。
- 每天在收集家庭作业前，请学生根据你在教室里张贴的一组标准对他们的作业完成质量进行评估。
- 为学生分配一些活动，要求学生对这些活动按照重要程度排序，并且说出排序的理由。
- 为学生提供空白的每周计划表或每月计划表，让学生两人一组，在计划表上填写他们的所有校外职责。
- 让学生把复杂的任务分解成不同步骤，然后对这些步骤排序，并说出排序理由。
- 让学生组成合作小组，为他们上学和放学时可以选择的安全路线制作地图。
- 讨论“三思而后行”的价值。
- 对那些回答问题之前花时间思考的学生给予肯定。
- 向学生提出需要思考的问题，让他们把答案写在日志上。提前告诉他们，他们有机会在班里大声宣读自己的答案。
- 鼓励学生在感觉自己情绪失控时花时间让自己平静下来。
- 鼓励学生通过日志记录对自我控制能力的提高进行跟踪。
- 和学生共同制订以学生自我管理为主要内容的班级行为准则。将准则张贴出来，并在需要的时候让学生参考这些准则。
- 将自我管理应用到每一节课上。

- 自我管理与城区学生在电视犯罪故事和匪帮暴乱事件中看到的大部分行为并不相同。他们在生活中接触到的其他事情也会助长他们的冲动行为。当教师引导学生进行自我控制时，尤其是当教师将自我控制与超越结合在一起时，学生的各种计划、规划和分享行为就会产生新的意义。这样一来，学生就可以理解自我控制的价值，尤其是在学习中的价值，并将这种价值转化为行动。

重点提示

当你要求学生"停下来思考"时，学生会进行反思。你的目标是帮助学生学会停下来，对他们所学习的知识和自身行为进行思考、规划、监督，承担起应有的责任。"说做就做"是非常冲动的。一个最常被人抱怨的学生行为就是冲动，这种行为可以通过自我管理和行为控制中介得到改变。

请注意关爱（只有当学生知道你关心他们时，他们才会在意你所说的话）与认知之间的深刻联系，它们是成功的教育不可缺少的两个因素。

有些学生来到学校时，在学习上没有任何准备，在社交方面也没有任何准备。你应该让学生区分学校行为与家庭行为，因为有些事情在家庭里是合适的，但在学校里是不合适的。学生可以开始接受新的习惯并理解其价值，或者根据自己所处的环境对自己的行为进行转换。

本章介绍了"费厄斯坦工具强化"计划中的14种工具，每一种工具着重培养学生学习和行为变化所必需的一种认知能力。每一种工具的任务都具有由浅入深的形式，就像各个学科的知识结构那样——从事实到主题到单元到观念。

自我管理的中介可以提高学生的认知和社交能力。

行为的自我控制和自我管理是非常重要的。借用斯派克·李（Spike Lee）的说法，我们的目标是让学生获得"做正确的事情"的内在动力。想想代课教师上课时学生们的表现吧——他们会作出教师或另一位成人（外部激励者）在场时无法做到的任何事情。当学校监管人不在场时，学生可以充分表现出他们巧妙利用学校规则的创意性。

直接改变学生行为的做法并不能解决问题。你应该以中介者的身份通过预防和引导的手段让学生对他们的行为进行思考。

当自我管理和行为控制工具的训练结束时，学生在学习时将不再使用"片断式"理解方式。例如，他们可以更好地发现事物之间的联系，对自身行为进行规划，发现客观事物的固定模式，控制冲动行为，作出推断，培养推理能力，制订假设。

帮助学生取得成功。成功会提高学生的内在动力。

课例

下列适合不同年级的课例展示了如何将自我管理和行为控制中介融入到日常教学过程中。我们面对的学生越冲动，越缺乏思想体系，思维越不严密，我们就越是应该将自我管理中介融入到每天的课程中。如果教师希望培养学生控制个人思考方式、解决问题以及面对各种情况时沉着思考的内在动力，那么他们应该用“工具强化”计划或者类似的计划对学生进行大量训练，然后将他们学到的技能运用到日常教学中。通过这种方式，教师可以更有把握地缩小学生之间的差距，让学生对自己的行为进行管理和控制，从而让众多城区学生将成功的可能性掌握在自己手中。

低年级课例

《三只坏脾气的公山羊》

标准 如何通过行为规划提高自我控制能力
中心智能 视觉/空间
辅助智能 口头表达/语言
中介重点 自我管理与行为控制

先验知识检查

向学生展示一张网状图。将学生分成两人一组，向全班同学展示一张公山羊的图片。让他们相互讨论，确定关于山羊的先验知识。对各个小组的先验知识进行抽查，把正确的观点填写在网状图上，让大家观看。

设计任务结构

1. 告诉学生这是一个关于公山羊的故事，他们需要从公山羊的行为中吸取教训。

2. 将学生组织成一个圆圈，以便让所有人都能看到这个故事的超大绘本。阅读故事。

回顾与反思

1. 让各个小组研究一下公山羊是怎样运用自己的头脑对过桥的危险进行思考的。它们是怎样成功战胜危险、到达彼岸的呢？它们使用了哪些良好的思考方式呢？

2. 向学生强调，他们需要制订计划，不要轻易下结论。

评估学生的表现

1. 请学生复述故事，并解释公山羊如何为它们在草地上的新生活制订计划。

2. 为学生布置一项任务，请他们为完成这项任务而制订计划。总结制订计划的步骤。

变形

选择另一个能够说明规划自身行为可以带来好处的故事，如《小红帽》（*Little Red Riding Hood*）。遵循上面给出的模式，并且强调“为什么”这个问题。

中年级课例
最危险的游戏

标准 用各种规划策略生成和组织思想

中心智能 口头表达/语言

辅助智能 人际交流

中介重点 自我管理与行为控制

先验知识检查

将学生每三人分成一组。让每个小组的三名学生扮演领导者、记录者和发言者的角色。给每个小组分发一张小岛地图。告诉他们，他们被困在岛上了，必须利用他们能在岛上找到的东西逃出去。指导他们为这项任务制订计划。要想成功，他们需要考虑哪些问题？要想制订出优秀的计划，他们需要使用哪些思考方式？

设计任务结构

将阅读故事这项任务作为家庭作业布置给学生。当他们阅读时，他们应该思考主人公是怎样运用他的“大脑”逃出去的。他们可以从主人公身上学到什么？用一两天的时间组织全班同学对这个故事进行讨论。请每个三人小组列出可能的逃离方法以及显而易见的优秀思考方式。请几个小组分享他们对每个问题给出的答案，然后带领全班同学列出每个问题的答案清单。对这些答案提出疑问，鼓励学生对这些答案进行辩护。

回顾与反思

在黑板上列出一份清单，让所有人记下来。主人公是如何通过控制自己的思考方式获益的？他可以在哪些方面做得更好？

内容延伸

请学生总结一下，他们可以从这个故事中学到哪些通过思考脱离困境的知识。请学生举出他们可以使用这些知识的具体例子。

评估学生的表现

1. 请学生确定主人公为了逃命必须作出的最重要的决策。请学生用一段文字描述这种决策的重要意义。

2. 请学生写一段短文，用于向别人解释这个故事的教训对他们的日常生活有哪些帮助作用。

变形

1. 在阅读完这个故事，讨论完规划的作用以后，让学生阅读另一篇短故事。每个小组的三名同学可以对每个主人公为逃离监狱而制订的计划进行比较。

2. 请学生制订一个计划，用于逃离孤岛。

高年级课例
《杀死一只知更鸟》（To Kill a Mockingbird）

标准 产生思想，收集思想，组织思想，以制订计划
中心智能 口头表达/语言
辅助智能 内省
中介重点 自我管理与行为控制

先验知识检查

为每名学生分发一张“寻人启事”。使用下列问题或者你自己想出来的其他问题。

谁能找到这样一个人，这个人
1. 能够模仿反舌鸟的叫声。
2. 能够说出偏差和偏见的区别。
3. 认识一位律师。
4. 看过这本书改编的电影。
5. 见过偏见的受害者。
6. 被法庭传唤过。

允许学生来回走动，寻找能够回答这些问题的人。学生只能对一个人问一个问题。寻人过程结束后，叫一些学生回答问题并解释原因。

设计任务结构

将学生每五人分成一个合作小组。让每个小组在阅读时分析一个重要人物。每天给这些小组留出时间，让他们对阅读的章节中人物的言语、行为以及其他人对这些人物的评价进行总结。小组记录员应当选择一些例子并记录下来。记录完成后，小组可以就这些例子的引申意义进行讨论并达成一致。这些

例子可以让他们知道人物的哪些性格、信仰、价值观和偏见？在最后一章的讨论结束后，小组应当对于人物得到“专家级”的一致意见。“这个人相信……重视……具有……般的行为。”在分享了各个小组的观点后，请每个人用下面的规则对人物进行评价。

这个人物在何种程度上

1. 是一个冲动的人？	低	中	高
2. 能够控制自己的情绪？	低	中	高
3. 是一个善于规划的人？	低	中	高
4. 在解决问题时善于思考？	低	中	高

在班级讨论中，请一些同学分享他们的观点及理由。

回顾与反思

请学生对于下面的问题分享他们的观点。在他们阅读的哪些故事或者看过的哪些电影中，主人公是一个先思考后行动的人，或者是一个贸然行动的人？“三思而后行”能够带来哪些好处？请他们举例说明。

内容延伸

请学生对于下面的问题分享他们的观点。他们在学校里的哪些场合可以使用这个故事里表现出的那种良好的思考方式？他们在校外的哪些地点和场合可以使用这些人物表现出的良好思考方式？这些思考方式能够对他们起到怎样的帮助作用？为什么？

评估学生的表现

请学生找出小说中人物对个人思维进行约束的例子并作出解释，然后让他们举出自己能够通过这种思考方式受益的例子。

变形

邀请学生选择另一本小说进行独立阅读。邀请他们对主要人物的良好思考方式进行讨论。

第七章 胜任感

“一旦我拿到球，你就得听我的了。在这件事上，你没有任何话语权和主动权。球在我的掌控下。比赛在我的掌控下。防守我的人也在我的掌控下。我可以像操纵木偶一样戏耍我的对手。”

——迈克尔·乔丹（莱利，1993）

在职业运动员的世界里，人们非常注重自信。亚特兰大和芝加哥的长期明星投手葛瑞格·麦达克斯（Greg Maddux）曾表示，在比赛中，源于胜任感的自信比能力本身更加重要。专业四分卫佩顿·曼丁（Peyton Manning）也证实了这种说法。

当人们对胜任感和“感觉良好”的自尊进行区分时，他们可能会发现，孩子的胜任感是自尊的最重要来源。许多聪明的孩子对于自身学习能力的不自信影响了他们的学习。他们常常沉溺于自我否定的态度中，相信自己“不能”取得好成绩。许多教师很难将能力和自信区分开。

提高成功的意愿

当教师和家长进行胜任感中介时，他们有意提高学生对于自身成功能力的信任程度。而且，成人中介者会帮助学生将这种信任转化成一种持续的动力，让他们不断挑战难度逐渐升高的任务。当成功来临时，中介者让学生回顾他们取得的成果和在成功过程中发挥出的才能。也就是说，中介者在学生的每次学习经历中将胜任感的中介、含义中介和超越性中介结合在一起使用。

终身学习目标

胜任感的中介者使用的策略具有长期而持续的效果。这些策略可以让学生在战胜困难、取得成功的前进道路上变得越来越执着。要想使用这些培养胜任感的策略，中介者需要在建立能够实现的目标与提供有难度的新任务之间作出折中。

这样一来，胜任感的中介就成了一个不断提高的过程，在这个过程中，学生对于个人成长、成就和进步的感受能力也在提高。最重要的是，胜任感中介者的每个小小的行为都会在学生的心里播下一颗种子，这些种子完全有可能成长为一棵棵参天大树。

卡特琳卡的故事

卡特琳卡（Katrinka）是家里的第四个孩子。她比哥哥小12岁。刚上学时，卡特琳卡体弱多病，一个学年有一半的时间待在医院里。第二年，这一经历对她的胜任感产生了极大的冲击。她觉得自己非常孤独，无法完成任何任务。她在病床上养成了依赖别人的习惯，并将这个习惯一直保留下来。

当卡特琳卡返回学校时，她被留了一级。卡特琳卡既害羞又缺乏自信，无法抵挡同班同学的取笑。在生病以前，她在英语学习方面就落后于她的朋友们。她的父亲坚持让她讲俄语，而她的老师又只会说英语和西班牙语。

放学后，卡特琳卡独自走回家，坐在自己的房间里玩纸娃娃，或者自己唱歌给自己听。她很少会把书从书包里拿出来，完成家庭作业。

整个初中阶段，这种状态一直没有发生太大的变化。她接受了一些特殊教育诊断，包括学习障碍、行为失调甚至孤独症的诊断。尽管卡特琳卡在特殊教育资源教室和助教那里获得了一些特殊的帮助，但她仍然非常孤僻，不爱说话。

高中完全变成了一场灾难。卡特琳卡在整个高中阶段继续接受特殊辅导。她开始吸烟，并和她在低分班遇到的其他学生混在一起。她经常因离校、吸烟、旷课、和不认识的教师顶嘴而遭到处分。不过，对于认识的教师尤其是资源教室里的助教，她却很有礼貌，而且非常顺服。在接受特殊辅导的情况下，卡特琳卡以班级倒数20%的名次毕业了。

高中毕业后，为了赚钱，卡特琳卡在当地咖啡店找了一份工作。在这里，她就像换了个人一样。卡特琳卡在混合饮品和服务顾客时动作非常麻利。她的经理注意到她在咖啡馆里的组织能力，将她提拔为助理经理和早班领班。在学生时代，卡特琳卡经常由于懒床而错过第一节课。现在，她可以在早上五点钟高高兴兴地来到咖啡馆，准备开门迎客。

一年之内，卡特琳卡获得了一系列荣誉和提拔，最后被选为区域培训师，得到了区域经理的青睐。很快，卡特琳卡参与了公司的管理培训项目。当她以全班第一名的成绩毕业时，她得到了一份小额奖学金，上了一所大学，攻读管理学位。四年后，她光荣毕业了。

“是什么改变了我呢？”卡特琳卡对她的大学指导教师说，“是信心。是相信我能把事情做好的信心。最初，我从未意识到我是一个非常聪明的人。后来我才知道，我非常聪明，能够做到我在咖啡馆里认识的大多数人做不到的事情。当我回到学校时，我发现我的工作习惯让我恢复了智力，我可以和其他人一样完成学习任务。许多人告诉我，我把工作做得非常好，我做事非常有条理，工作非常努力。我开始发现，我的能力其实很强，我并不需要人们帮助我摆脱困境。”

缺乏胜任感的学生

学生胜任感的缺失可能始于要求过于严格的家长，他们从不满足于孩子们的表现。

城区课堂上的教师可能会遇到许多缺乏胜任感的学生，这些学生产生这种感觉的原因有很多。有时，这种感觉来自持续的低期望。在家里，孩子的父母可能会采取放任自流或袖手旁观的态度，他们听任孩子坐在电视机前，或者在住所周围瞎逛，或者抱着电话漫无目的地聊个没完，或者在街头游荡。具有低期望值的家长常常会说“他不读书，那又怎样呢？我在他这个年纪的时候也是这样”或者“我没有时间检查他的家庭作业”。由于家长对孩子不抱太大期望，孩子们对自己也就不抱太大期望。此时，自我应验的预言开始发挥作用，孩子们很快就会对自己说：“我不是很擅长(某个科目)，所以就没必要认真学了。”

有的家长要求孩子有个完美的表现。当孩子将五门优和一门良的成绩单带回家时，家长一下子就火了：“你怎么能得良呢？真给我丢脸！”孩子感到很惭愧，但他很想满足家长的期望。他只看到了自己没能拿到六门优的失败，并没有看到自己在五门功课上取得的成功。因此，他认为自己是无能的学生。

还有一些时候，学生将自己与其他人进行比较。有时，他们的比较对象是在学校表现非常出色、学位很高或者取得高薪职位的兄弟姐妹。他们会想“我怎么可能取得这样的成绩呢”或者“我哪里比得上他们呢”。

费厄斯坦的观察

费厄斯坦在和“犹太人大屠杀”幸存儿童的接触过程中，发现了胜任感这一重要的中介目标。许多孩子失去了父母，因而失去了最初的成功中介者。由于没有父母和其他重要的早期儿童行为榜样，这些孩子并没有接受到能够帮助他们渡过各种创伤的反馈和支持。许多孩子为了艰难的生存而苦苦挣扎，从而形成了强烈的无力感。穷人家的孩子以及种族主义和偏见的受害者也具有类似的问题。当这些孩子来到学校时，他们也带来了这些阻碍学习的根深蒂固的观念。

无力感的表现

成功的胜任感中介者知道他们应当分辨出那些体现强烈无力感的行为表现：

- 拒绝动手完成任务，缺乏恒心，想方设法逃避任务，行为冲动，不做作业，或者延迟任务开始的时间。
- 使用“受害者”的语言：“这不是我的错”“是她让我做的”“我做不到”“太难了”。
- 表现得越来越焦虑：哭鼻子，甩手，凝视地板，肚子疼，假装受伤，头疼。
- 逃避方式的增加：迟交或不交作业，迟到或旷课，频繁要求离开教室，作出出格的表现以获得处罚或开除。
- 完美主义：为一项任务花费过多的时间，强迫性练习，过度重视其他人的意见，竞争过度，失眠。
- 过分夸张：吹牛，虚张声势。
- 愤怒和敌意。

无力感和正常的感觉并不是泾渭分明的。你最好把这种感觉想象成一个与实际表现相关的连续区间。

学术胜任感及其作用

与浅薄的自尊专家倡导的观点相反，这个世界上并没有培养学生胜任感的神奇的万能良药。

在学校，我们应该重点关注学生的学术胜任感。在学术方面，学生的无力感可能反映了他们的能力和知识水平，也可能掩盖了他们真正的潜力。

考虑下面两个例子：

1. 胡安（Juan）从中美洲搬到了美国一座中西部城市的市郊。他只会一点儿英语，但是学校按照年龄把他分到了六年级。他在教室里无法跟上以英语讲授的课程。胡安非常沮丧，他开始故意错过上学的班车。

2. 托姗（Toshan）的父母对她的期望很高。在低年级的时候，托姗就表现出了过人的数学和科学天赋。在家里，她的父母给她准备了科学工具包，陪她在电脑上玩数学游戏，并且教她高等数学。九年级时，她的数学教师邀请她加入奥数队。托姗的父母非常激动，请了一位教练，为她辅导高等代数和几何。为了准备第一次比赛，托姗每天晚上练习到凌晨两三点钟。到了周末，她还要继续练习。

学生的胜任感

1. 我在这方面没有任何能力。
2. 我还行。
3. 我对我所取得的成绩感到非常满意。

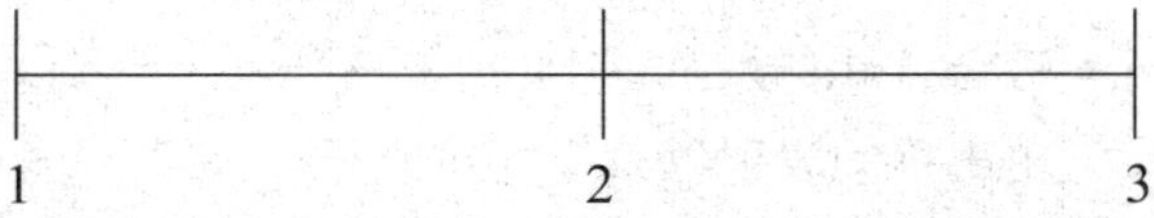

你所观察到的与年龄相称的实际能力

1. 学生缺乏所有能力。
2. 学生的能力水平适中。
3. 学生能力很强。

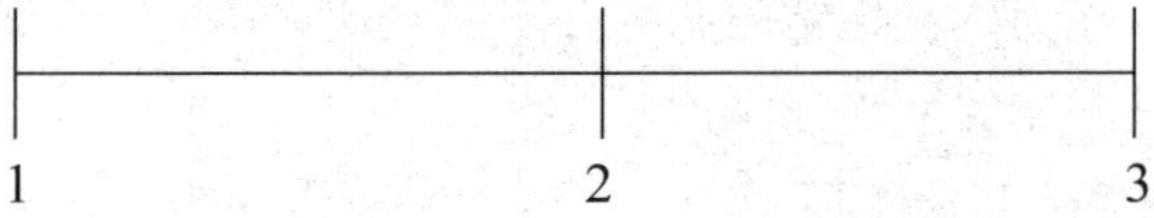

托姗的第一次比赛非常令人失望。考虑到她具有迅速、准确的风格和超前的知识水平，主办者将她分到了大学组。面对年长于她的竞争者，托姗一下子懵了。在小组练习时，她可以回答难度更大的问题，但在比赛中，她一个问题也没答上来。

赛后，当教练想要和她讨论比赛中的表现时，托姗放声大哭，责怪自己没能学到更多知识。她决定刻苦练习，为下次比赛作出更好的准备。

胜任感是上面两个例子的中心问题。不过，这两个例子各不相同。胡安使用了逃避策略，通过错过公共汽车来缓解由无力感导致的沮丧情绪。他的感觉与现实情况是一致的。由于缺乏语言能力，他无法像其他同学那样完成课堂任务。托姗的反应是责怪自己，然后“更加努力”地学习。她之所以产生无力感，是因为她并没有意识到自己已经拥有的巨大能力。

自信的中介

与浅薄的自尊专家倡导的观点相反，这个世界上并没有培养学生胜任感的神奇的万能良药。和培养学生其他基本学习能力的做法相同，有能力的教师根据不同的个体需求制订不同的中介策略。

双方面的挑战

教师必须兼顾教育的两个方面。一方面，他们必须使用能够提高学生学术能力的策略，另一方面，他们必须努力提高学生的胜任感。只注重一个方面的做法不会收到很好的效果，这一现象并不支持一部分改革战略家所强调的教授纯知识的主张。如果学生在某个学科上能力不足，产生了无力感，那么我们必须在设计课程时使用那些不仅能提高学生的知识水平，而且能提高学生胜任感的最有效的教学策略。

教师可以使用的提高学生胜任感的工具包括费厄斯坦的“工具强化”计划和“以教师期望提高学生成绩”（TESA）的教学方法。“工具强化”计划的开头是简单的任务，学生很快就能取得成功。在学生学习如何使用先验知识和能力解决下一个工具中更加困难的任务时，他们会连续不断地取得成功。在教师的适当反馈下，这些学生可以培养出胜任感和迎接更加困难的挑战的意愿。当这些工具得到成功使用时，教师不仅可以把学生学到的知识扩展到其他领域，而且可以让学生保持这种成功的感觉。

示例场景：胜任感的中介

教师：“请仔细阅读下一页。告诉我你们看到了哪些熟悉的东西？”

马里奥：“我看到了一组命令。”

教师：“你们觉得这些命令在说什么？”

桑德拉：“这些命令告诉我们如何做这道题。”

教师：“你们对此有什么感觉？这是一道新的题目，看起来比之前的题目要难。”

胡安妮塔：“但是我知道怎么做。上一道题我一下子就作出来了。”

教师：“听起来你非常自信。”

胡安妮塔：“是的。我打算花时间阅读这些命令，理解它的要点。然后，我只需要一步一步往下做就行了。”

提出正确问题的正确方式：成功的策略

费厄斯坦的“工具强化”计划可以向存在学习困难的学生提供循序渐进、难度不断加深的任务。除了“工具强化”计划，中介者还可以使用提问技巧帮助学生形成胜任感。下面列举了TESA研究小组提出的一些高效提问策略。

1. 等待一段时间。教师在提出一个问题之后，可以等待三到五秒钟的时间，然后找学生回答问题。学生可以在这段时间里对问题进行思考。当教师自己回答问题或者要求学生作出迅速回答时，学生会感觉他们并不重视学生的回答，而教师通常并非有意想让学生产生这种印象。当他们等待时，他们实际上是在对所有学生，尤其是缺乏胜任感的学生说：“慢慢来，我知道你能行。”

2. 具有挑战性的问题。具有挑战性的问题要求学生进行复杂的思考，而不是仅仅回忆事实。当教师要求学生停下来对一个问题进行复杂的思考时，他们会感受到这种高难度问题所蕴含的尊重。要想让学生对他们所谈论的话题产生自信，最重要的问题就是以尊重语气表达的具有挑战性的问题“为什么”。以尊重语气表达的“你为什么这么想”“请分享你的理由”和“我很想听听你是怎么得到这个结论的”这些问题属于最有效的胜任感中介工具。第十一章介绍的三层智能模型可以让我们看到向学生提问的各种类型。

3. 平均分配答题机会。为了给学习比较吃力的学生一些压力，一个最简单的方法就是每次找学生回答问题时都找那个坐在前排、反应最快的学生。通过使用轮流策略或者其他类似的策略，教师可以让所有学生知道，他们拥有公平的答题机会。

全覆盖策略

许多缺乏胜任感的学生千方百计地逃避课堂讨论和小组讨论。如果教师不主动采取行动，听任这些学生在课堂上“隐身”，就会助长这些学生的无力感。教师应该通过教学策略鼓励这些学生积极参与到课堂活动中，这对他们来说是大有裨益的。

“轮流法”

在“轮流法”中，所有学生拥有相同的发言机会。为确保所有学生都有充分的准备时间，教师可以使用“独立思考—结对合作—相互交流”的策略，或者向学生提供类似于“今天，我学到了……”这样的开头，让他们把自己的想法写在日志上。思考时间结束后，教师请一个志愿者第一个发言。教师要求学生相互倾听。而且，教师还要对于学生的发言是否合格作出评判。此外，教师还要指出，所有学生都需要发言，即使有人“把我想说的话说完了”，他们也不能幸免。所有人都需要使用自己的语言。第一个发言的人通常具有灵活的头脑，没等教师把问题说完就把手高高地举了起来。当第一个人说完时，教师让他左边或右边的同学接着发言。每个同学说完以后，教师对他致谢，然后叫下一个学生。通过这种方式，教师让教室里的所有学生轮流发言，保证所有人都有表现的机会。当教师小心地避免对学生的回答进行比较时，当教师只对沉默寡言的学生给予鼓励时，当教师在一堂课结束前或一项任务开始前使用“轮流法”时，这种方法是最有效的。

鼓励和有选择地表扬

鼓励和表扬的区别在于，教师在任务开始之前给予鼓励，在任务开始之后给予表扬。“我知道你能完成这项任务”，“慢慢来，想清楚，你能行”是鼓励性的话语。鼓励不仅可以提高学生的胜任感，而且可以避免过度表扬或者模式化表扬这类极其常见的教学错误。当教师不断重复“做得很好”“完全正确”之类的表扬时，这些表扬的效果会逐渐降低，最终会变成毫无意义的模式化语言。当表扬满足四个标准时，它们才会具有鼓励作用（提高学生的勇气）。这四个标准是：有选择性，具体，实至名归，真诚。

合作

皮克林和马尔扎诺（2001）发现，在对学生成绩影响最大的九项教学策略中，合作学习是最重要的策略。在学生表现不佳、教师需要强化学生基本学习能力的城区课堂上，合作学习策略尤其重要，它是“思考之源”。当教师对学生进行仔细的分组，使同组学生能够相互帮助、相互负责时，合作小组可以为这些学生提供他们所需要的安全感，让他们开动脑筋，表达自己的意见。

想要培养学生胜任感的教师不需要把合作小组规划得精细而复杂。一开始，他们最好通过“独立思考—结对合作—相互交流”和“独立做题—结对合作—相互交流”的非正式合作小组形式培养学生的参与意愿和信心【贝兰卡（Bellanca）和福格蒂，2003】。之后，他们可以将两人小组扩充为三人小组，并且规定成员角色和职责，制订共同的目标，选择图形组织工具和研究课题。

百闻不如一见

图形组织工具被皮克林和马尔扎诺（2001）评为最好的九项教学策略之一。从多元智能角度看，这种策略非常适合城区教师使用，因为城区学生具有强烈的视觉学习需求。图形工具可以强化费厄斯坦在他的工具中强调的许多左脑分析思考效应。最重要的是，这些视觉工具可以帮助那些学习存在困难的学生进一步开发他们将不同的思想联系在一起、看出不同事物之间的关系以及抛弃片断式学习习惯的能力。网状图、序列图和概念图等简单图形工具可以帮助这些学生“看到”事物之间的联系，对乍一看似乎没有关联的信息进行处理。当教师使用这些视觉辅助工具时，学生会发现许多之前无法发现的事情。每发现一项联系，他们就会更加相信自己有能力理解学习过程中接收到的各种信息。

当教师向缺乏强烈胜任感、学习存在困难的学生介绍图形组织工具时，他们应当表现得像那些为学徒介绍新工具的木匠师傅一样。首先，教师必须向学生介绍工具的用途，展示工具的使用方法，并指导学生进行简单的操作。在课堂上，教师可以用之前学过的知识介绍每种图形组织工具。从某种程度上说，这是一种“无内容”教学方法。这种方法可以让学生把注意力放在新工具上面。在取得第一阶段的成功之后，教师可以引导学生将图形组织工具运用到当前的课程中。此时，教师必须仔细设计任务，确保学生能够成功使用这些工具。

一些图形组织工具及其认知功能

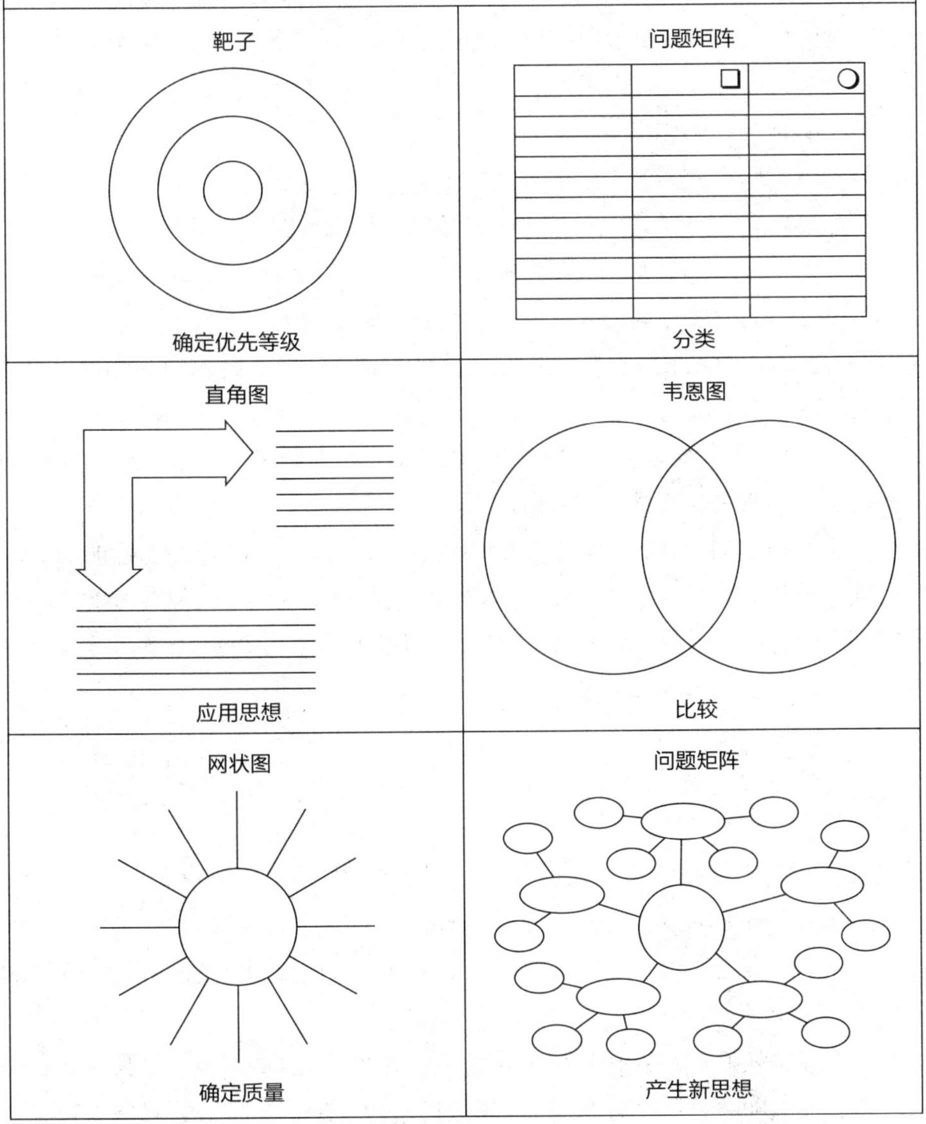

这两个东西非常相似

从最低的年级开始，以教学标准为基础的课程就要求学生对事物进行比较。这两个物体的相似程度如何？它们相似吗？相同吗？它们的差异程度如何？它们不相似吗？

不管这类问题以何种形式呈现，学生的成功都取决于他们的比较能力。有时，教学标准直接对学生提出要求："学生能够解释等腰三角形与直角三角形的相似程度。"有时，教学标准要求学生作出间接的比较："学生能够分辨名词的类别"或者"学生能够在……之间作出区分"。这些句子中的动词指出了学生必须使用的处理方式。名词强调了比较的内容。

当学生既不知道处理性词语的含义，也不知道内容性词语的含义时，他们无法完成教学标准所要求的任务。大多数标准考试都在强调内容，出题人默认学生已经掌握了各种处理方法。正如费厄斯坦所说，这是一种错误的假设，它是导致那些缺乏基本学习能力的学生考试失败的原因。为解决这个问题。教师不仅需要培养学生的基本学习能力，而且必须让学生掌握这些认知词汇，扩大他们的词汇量，并让他们在每天的课堂上使用这些思考过程，尤其是那些与比较类词汇同样常用的词汇。

当人们告诉教师他们应该"提出更加高级的问题"时，他们是在误导这些教师。他们应该向教师给予更加准确的指导。

教师应该根据教学标准提出比较性更强的问题，设计比较性更强的任务。这可以让学生以课程所要求的那种思考方式进行思考，以便在考试中实现"敏锐的思考"。教师越是让学生以这种思考方式以及那些能够取得最佳学习效果的思考方式练习，学生的胜任感就越强。

重点提示

- 胜任感的中介是一个不断提高的过程，就像《勇敢的小火车头》（*The Little Engine That Could*）里面的主人公一样。
- 目前，触摸仍然是非常重要的。但是教育工作者仅仅需要保证他们的触摸是远远不够的。
- 有十五种教师行为被确定为TESA策略，并且被用于教师的职业发展计划中，以提高教师对学生的期望。你可以选择那些能够提高学生胜任感的策略。
- TESA研究人员发现，教师对学生的期望与学生的表现之间存在强烈的相关性。你应该要求所有学生参与到小组活动和全班讨论中。
- 如果你不对学生寄予太大期望，那么你就不会收到非常好的教学效果。每个人都很容易按照别人对他的期望那样生活。
- 强调那些你希望学生继续保持的行为，而不是你希望学生不再采取的行为。

低年级课例

魔术帽子

标准 如何在行动之前思考

中心智能 口头表达/语言

辅助智能 人际交流，视觉/空间

中介重点 胜任感

先验知识检查

让学生想出他们在行动之前先进行思考的一个例子。让他们“不要动手”，先思考一分钟（等待一段时间）。一分钟后，让学生轮流发言，收集学生的各种想法。等到所有学生发言结束以后再向学生提出表扬，重点表扬学生所进行的思考。通过让所有学生将答案写在纸上的方式鼓励那些发言有困难的学生。

设计任务结构

1. 向学生介绍你的“魔术帽子”。请每个孩子把自己的名字打印或写在一张3英寸×5英寸的索引卡片上，然后把卡片对折，放进魔术帽子里。把卡片均匀混合。

2. 向学生解释魔术帽子的作用：通过从帽子里面抽取人名的方式，你可以保证每个人都有回答问题的机会。制订“不为回答问题举手”的准则。

3. 提出下一个需要思考问题：“为什么先思考后行动是最好的做法？”在等待一分钟之后，使用魔术帽子抽取人名。在需要的时候对学生进行引导和提示。

4. 用另外两个问题重复这个过程：“请举出一些先思考后行动具有重要作用的例子”和“如何成为一个更加善于仔细思考的人”。

回顾与反思

第二天（仍然使用魔术帽子、等待策略以及引导和提示的做法），向学生提出这样一个问题：“昨天你们是怎样在行动之前停下来思考的呢？”

内容延伸

将学生分成两人一组，给每个小组分发一张美术纸和一些蜡笔。让他们画一幅画，展示“停下来思考”属于最佳策略的时间或地点。在需要的时候作出示范。将学生的成果张贴出来。

评估学生的表现

学生越来越希望你在提出问题之后等待一段时间。

变形

1. 下课前，将每三名学生分成一组，让各个小组进行角色扮演游戏。每个游戏展示一个“停下来思考”的故事。

2. 在大约一个月之后，取消魔术帽子。

中年级课例

谁是领导者?

标准 生成、收集、规划和组织思想，用于写作

中心智能 口头表达/语言

辅助智能 内省，视觉/空间

中介重点 胜任感

先验知识检查

让每个学生回想一位积极而有能力的领导者。(给他们思考的时间。)他们有哪些特点？利用网状图把他们的答案写在黑板上或者投影在幻灯片上。(平均分配发言的机会。用“为什么”这个问题引导学生的发言。)

设计任务结构

1. 对那些让我们每个人变得与众不同的人格特征、人格特质或个性进行解释。(从历史上或者你的家庭生活中选择一种独特的性格作为例子。)告诉学生，有些性格能让人变成领导者。本单元关注领导者的共同性格，研究如何让学生培养出其中的一部分性格。

2. 将学生每三人分成一组。在每个小组里确定一名记录员、一名管理员和一名检查员。分配好每个人的工作。在任务开始之前告诉学生，每个学生都会得到一个个人分数和一个团体分数。

3. 依次请每个小组通过头脑风暴的方式找出这些领导者的性格。记录员需要写下每个新的性格，并在已有的性格上画一个星号。

4. 每个小组选择赞同人数最多的前三个性格，并为每个性格想好解释的理由。检查员需要确保小组里的每个人能够对这些选项作出解释。

5. 让每个小组的三个人分散开，与其他人组成新的三人小组。重新分配每个小组的角色。让每个新的小组将其选项与其他小组进行比较，寻找相同点。

6. 让每个小组的记录员对他们发现的相同点进行汇报。将之记录在黑板上或者幻灯片上。

回顾与反思

通过讨论澄清这些相同点。在人们的行动中寻找这些优秀品质的例子。请学生解释这些性格在重要场合对他们有哪些帮助作用。(确定为了引导这些讨论需要使用的TESA行为。)

为学生提供小马丁·路德·金博士兼教士(Reverend Dr. Martin Luther King Jr.)或者与你们班上的学生属于同一种族的其他领导者的剧本。学生在小组里对积极的领导性格进行总结，然后进行角色扮演。每个小组需要展示这些性格是如何帮助领导者取得成功的。用一节课的时间进行计划和练习。在接下来的几天里，给每个小组五分钟时间：(1)进行展示；(2)对现实生活中的例子进行讨论。

内容延伸

请每个小组确定小组成员身上的领导者特点。每个小组需要帮助其成员规划如何在日常生活中使用这些特点。通过轮流发言的方式让小组成员分享他们的观点。

评估学生的表现

1. 每个学生能够发现他所赞赏的三种领导素质。
2. 每个学生选择一种领导素质作为努力目标。

变形

1. 让学生分享他们所知道的领导者的一两个故事。

2. 邀请每个小组创作一首关于领导的流行歌曲。分享这些歌曲(给予肯定和表扬)。

3. 请每个小组在下面的场景中选择一个，并考虑领导者应该选择上面的哪些特点来解决这个场景中的问题。

(1)三名学生受邀到一个好友家参加宴会。这时，另外五个朋友不请自来，还带来了啤酒。

(2)你参加了一场学校聚会。开车送你回家的学长喝醉了。

(3)你的老师给你布置了一项需要去图书馆查找资料的家庭作业。要想去图书馆，你需要经过一个团体的地盘。你和你的朋友都不属于这个团体。

（4）你听到你所在的篮球队里的两名队员谈论吸毒的事情。根据篮球队的规定，你必须把你听到的事情报告给上级。

（5）校友返校活动结束后，你被邀请参加一场聚会。聚会上，你看到队长吸食可卡因。

（6）在校车上，一位陪同家长向大家提供葡萄酒。

（7）你最好的朋友告诉你她怀孕了，但是她不想让你告诉别人。

高年级课例

扔水球

标准 利用假设检验制订决策

中心智能 身体/运动

辅助智能 口头表达/语言，内省

中介重点 胜任感

先验知识检查

1. 在黑板上画一张以“胜任力”为标题的T形图表。（使用等待、均等分配、表扬等策略。）

胜任力	
看上去是什么样的	感觉上是什么样的

2. 请一些志愿者（平均分配机会）用亲身经历说明胜任力看上去是什么样的或者感觉上是什么样的。将这些回答记录下来。

设计任务结构

1. 告诉全班同学，他们将要做一个游戏，以检验T形图表中的假设（一定要提前通知学生：最好穿旧衣服）。

2. 把全班同学带到户外，站成两排。给每一对同学发一只水气球。让他们根据你的命令一个人抛球，一个人接球。鼓励每对搭档相互指导。

3. 每轮过后，把两排队伍之间的距离加宽一英尺。距离最远、身上最干的一组将成为优胜组。

回顾与反思

请各个小组思考下面这个问题。（低年级课例中介绍的魔术帽子可以帮助你等待一段时间。）试着使用TESA行为。

当你能够在接球时不把衣服弄湿、并且以更远的距离抛球时，你有什么感觉？

你怎样帮助你的队友？

当你的水球爆炸时，你有什么感觉？

你觉得这个活动能让你学到哪些关于胜任感的事情？

内容延伸

利用TESA技巧讨论下面这个问题：你在这次活动中学到的哪些方法可以用于学校和校外生活中？

评估学生的表现

学生可以将胜任感和自己的生活联系起来。

变形

1. 使用另一种学生熟悉的游戏，如用手比划石头剪刀布、掷飞盘等游戏。
2. 让每个学生写一篇短文作为总结，题目是《我所知道的一个有能力的人》。

第八章 分享行为

“我们不需要杀死印第安人。如果我们想要盗窃这个国家，那么我们至少可以和他们分享。”

——詹姆斯·鲍德温（1971）

在这个高速发展的高科技社会，每天都有海量信息向成人和儿童袭来。计算机的能力越来越强，速度越来越快，一天处理的数据比公元元年到公元一千年产生的所有数据还要多。数据的流量越大，人们就越不可能凭借一己之力处理大量信息，他们就越能体会到与他人合作的必要性。因此，企业、政府和其他工作领域越来越强调团队合作理念。

回顾：分享行为的倡导者

合作学习是一种强大的工具，可以建立积极的相互依赖关系。

费厄斯坦相信分享行为是“我们这个社会存在的基础之一”【沙龙（Sharron），1987】。当一群学习者为了取得一个共同的目标而合作时，他们的行为就属于分享行为。当中介者为了实现某个学习目标而对学生进行指导时，他们就是在向学生示范分享行为，这种行为可以让他们与学生合作，使学生培养出对他人的敏感性。

社会心理学家罗杰（Roger）和戴维·约翰逊（David Johnson）、罗伯特·斯莱文（Robert Slavin）、伊丽莎白·科恩（Elizabeth Cohen）以及其他合作学习的倡导者也得到了与费厄斯坦类似的强调分享行为的心理学观点。费厄斯坦认为，分享行为与人们相互依赖的内在需求有关。分享行为的中介可以帮助孩子建立友谊，有助于他们相互交流，破除利己主义行为，降低孤独感，避免情绪性隔离。费厄斯坦在和“犹太人大屠杀”幸存儿童的交流中发现，为完成上述目标，中介者需要建立一个信任环境，以强化学生的自我意识，帮助学生体验成就感，感同身受地倾听学生的声音，帮助学生理清混乱而模糊的思路。在约翰逊（1999）看来，合作学习是一种强大的工具，可以让那些具有共同目标的个体建立积极的相互依赖关系。约翰逊的大量研究表明，这种积极的相互依赖与明确的个体责任、得到培养的社会技能以及“面对面”的任务完成后对团队合作的评估结合在一起，可以比其他教学模式更好地改善学生的表现，提高学生的自我意识和批判性思考能力。

家庭中的分享行为

分享行为是一道大门，可以把这些孩子以最便捷的方式引入到学习的世界里。

在中介活动丰富的家庭里，家长可以通过指导孩子、给孩子唱歌、和孩子做游戏以及为孩子做示范等方式培养孩子的早期分享行为。在孩子生命早期，这些活动都是由家长主导的。后来，随着一家人在餐桌上、在看电视、在做家务或者去商店购物时开展的对话越来越平等，孩子的分享行为也会变得越来越具有交互性。

当孩子进入学校时，他们可能会第一次经历与同龄人的分享经历。在与同伴的合作中，在和其他小组成员共同解决问题的过程中，学生可以继续提高他们同情别人、发展复杂人际关系的能力。最重要的是，他们可以学习如何在团队中完成那些仅靠一个人的力量无法完成的任务。

在一些城区课堂上，刚刚开始学校生活的孩子们并没有任何分享观念。如果他们是在街头生活中幸存下来的，没有经历过太多的早期分享中介，那么当他们来到学校时，他们可能已经做好了拼命的准备。他们在街头生活中学会了“照顾好自己”“不要相信任何人”和“注意自己的安全”。在学校，这些准则变成了“永远考虑我自己”“在确保我的利益之后，我才会考虑你”“我要按照我的方法做事”以及“保持理智，按照自己的思路行动”。这些孩子只知道如何相信自己。任何增进信任和友谊的提议都会得到坚决反对。

费厄斯坦在和“犹太人大屠杀”的幸存儿童交流时，发现这些孩子也具有类似的街头生存理念。他见过这些孩子在贫民区争夺残羹剩饭的情景。他知道，还有许多孩子因为好友的欺骗而失去了生命。他深知分享中介的必要性。分享行为是一道大门，一旦打开，就可以把这些孩子以最便捷的方式引入到学习的世界里。费厄斯坦对“犹太人大屠杀”的幸存儿童进行了成功的分享行为中介，他认为今天的教师也应该对那些独自来到学校、无人关心的城区孩子们进行同样的中介。

合作学习：培养分享行为的一项策略

过去20年，合作学习的支持者提出了许多便于实施的策略，用于在课堂上培养学生的分享行为。有些方法非常简单，如教师鼓励学生互相帮助、互相倾听，留意其他同学的特殊需求，举出分享行为的例子，制止那些以语言或行动冒犯别人的做法。另一些分享策略则非常复杂，如“拼图”策略（见第五章），基于问题的学习团队，基本小组和同伴互评小组。考虑下面的例子。

独立思考–结对合作–相互交流

“独立思考—结对合作—相互交流”策略是在课堂上培养学生分享行为最简单的工具之一。它有许多用途。“独立思考—结对合作—相互交流”策略可以用于：1. 在开始一个新的话题或单元时让学生讨论先验知识；2. 讲课结束后让学生总结要点；3. 促进学生思考某个重要的信息；4. 检查学生对某个主题的理解或看法；5. 结束一堂课；6. 加深学生的短期记忆；7. 促进学生将某个概念推广到其他场合。

对于“独立思考—结对合作—相互交流”策略的每一种用途，教师可以对学生进行类似的指导：

任务开始之前：“今天我要介绍______（主题）。在我给出每个词语的定义之后，我会要求你们和一个同伴______。你们可以从下列选项中选择一个填入上面的第二个空格中。1. 总结要点；2. 把你关于这个主题已经知道的事情告诉他；3. 选择一个重要的思想并作出解释；4. 解释这些信息的重要性；5. 讲述关于这个主题你已经知道的其他事情。”在10到20秒钟之后，在全班同学中抽查一些学生的观点。

任务结束之后：“左转/右转，然后两个人轮流______”（见上面的1到5）。给每个人两到三分钟的分享时间。

认识你的职责

认识并承担自己的职责是在任何小组任务中实现成功合作的关键。澄清职责是学生密切合作、为整个团队的工作负起责任以及评估团队表现的前提条件。

解释原因

让学生对他们的回答作出解释这一简单策略是培养学生分享行为的另一种有效途径。这种策略可以让学生为解释自己的答案而进行练习。在讲课之前，让各个小组对三到五个检查先验知识的多选问题进行讨论。在回答完每个问题时，请一些小组的汇报员解释为什么他们小组选择了这些答案。为每个问题收集多种回答，写在黑板上，然后讨论每个答案的优点。

商务名片

“商务名片”是另一种涉及全班同学的激励性排练工具。给每个学生发一张3英寸×5英寸的索引卡片。告诉学生，商务名片的作用是向别人介绍和展示自己。

用黑板或投影仪对下列步骤进行演示性操作。

1. 在卡片中间用大写字母写下你的名字【如汤姆（TOM）】。
2. 在名字下面写出你们学校的名称（如本杰明班纳克中学）。
3. 在卡片右上角写下你这个星期在学校、家里或者在游戏中取得的一项成功（如交了一个朋友，测验得了95分）。
4. 在右下角写下你这个星期的学习目标（如提高单词测验分数，完成一篇论文）。
5. 在左上角写下完成家庭作业的一个好处（如提高成绩，提高自尊）。
6. 在左下角写下你最喜欢的一本书的名字【如《尼尔森老师不见了》（*Miss Nelson Is Missing*），《自由之歌》（*Freedom Songs*），《谁是凯莉？》（*Who is Carrie?*）】。
7. 说出你最擅长的合作技能（如倾听）。

当所有学生把名片做好之后，让每个人寻找一个伙伴。当所有学生都已找到伙伴时，让他们关注名片一个角上的主题（成功，目标，好处或者爱好）并解释为什么他们作出了这些选择。一两分钟之后，让学生重新寻找搭档。重复这个过程，直到所有学生都对他们商务名片上四个角落的主题进行了讨论。

我们的袋子

将学生分成两人一组，给每个小组分发一个纸袋。请各个小组用自己的名字、最喜欢的图书和食品的名字以及去过的地方的名字来装饰这些纸袋。然后让各个小组在袋子里装入对他们来说具有特殊意义的物品。让学生练习通过讨论袋子里的每件物品对他们的同伴进行介绍。将每两个小组组成一队，相互介绍他们的同伴。

“我学会了”邮递电报

在课后练习中，请每个学生写一份“我学会了”邮递电报。向学生分发以“我学会了”开头的卡片。让学生将电报内容补充完整，然后签上自己的名字。接着，将学生分成两人一组，让他们分享电报内容。轮换学生的搭配形式，以便让他们进行多次分享。

词汇拼图一

从生词表中选择九个词语。将全班同学每三人分成一组。给每个小组成员分配三个词语，让每个学生：1. 学习这些词语的定义；2. 为每个词语的含义画出一幅示意图；3. 以轮换方式用示意图向其他小组成员讲解这个词语。所有成员必须在15分钟的时间里理解三个词语的含义。为了辅助他们的学习，让检查员在每一轮三个词语的学习结束后对其他小组成员进行测验，并在九个词语全部学完之后、在你对每个学生进行测验之前对他们进行测验。

准备：检查你们的职责和任务

第一步：学习三个词语，为每个词语画一幅画（便于其他成员学习）。

第二步：进行第一轮教学和检查（让每个成员回顾词语的定义），在需要的时候给予指导。

第三步：第二轮教学和检查。

第四步：第三轮教学和检查。

第五步：小组二次检查。

第六步：测验。

第七步：引导各个小组列举出他们使用的学习策略（每轮学习之后的检查，画出示意图并对其作出解释以及给予鼓励等）。

T形图表

T形图表包括两列，第一列的标题是“看上去是什么样的”（关于主题的视觉感受写在第一列），第二列的标题是“听上去是什么样的”（关于主题的听觉感受写在第二列）。告诉学生，这节课讲解这种图表的使用方法。T形图表用于帮助两人一组的学生小组澄清概念或思想，让他们举出具体的例子。

合作

看上去是什么样的	听上去是什么样的

主题 意义 用途

另一种有助于培养学生分享行为的图表由三列组成，分别是主题、意义和用途。

主题	意义	用途

主题

两人学生小组或三人学生小组将他们想在会议上讨论的各种想法以及帮助他们解释这些想法的个人经历以话题、议题、问题或要点的形式写在“主题”列里。

意义

“意义”表示与前一列中的话题或问题有关的思考过程。对于“意义”这一列，学生典型的思考方向包括：1. 为什么这个话题看上去是重要的；2. 这个话题和我们有什么关系；3. 为什么这个话题看起来没有道理或者很有道理；4. 这个话题说明了什么或者具有哪些重要意义。

用途

“用途”一列让学生对有意义的用途进行思考。学生将话题（或思想）的作用、与其他事物的联系、可能的变形以及对其他人可能具有的作用写在这一列。

这种工具只是众多组织工具中的一种，但它似乎是一种非常有用的方法，可以帮助学生在会议之前进行思考和准备，因为这三个问题可以让学生从简单的信息想到更加个性化、更有意义的理由以及未来的应用。

故事元素网络图

当学生读完一篇故事时，为每个小组提供一张故事元素网络图。指导他们把这张图补充完整。为小组成员分配任务，检查成员的职责。

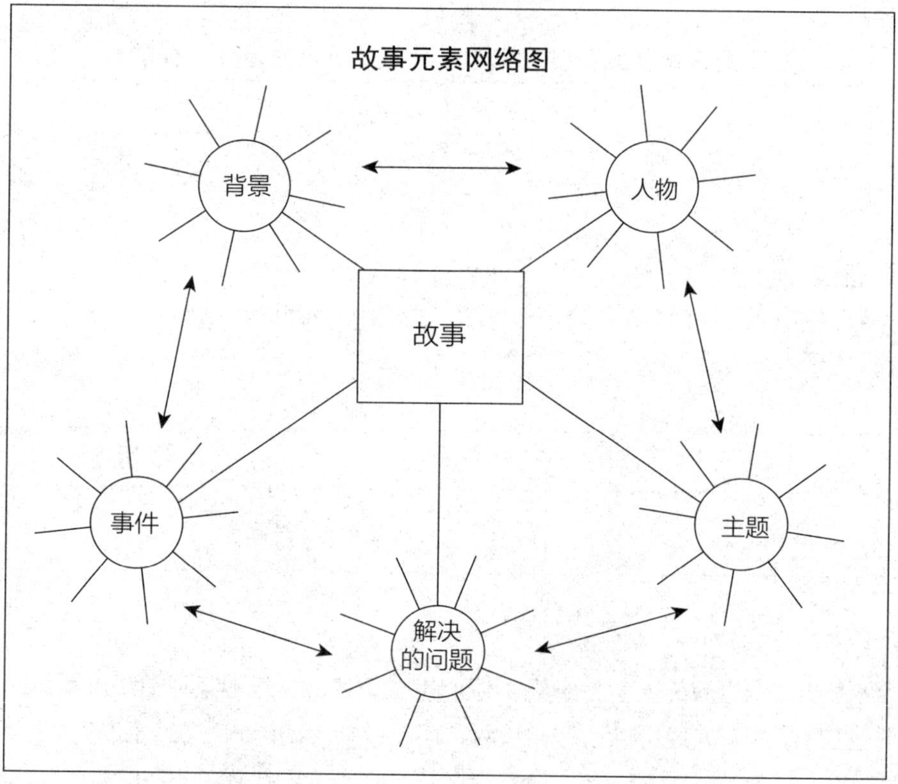

数学实践小组

在解释并演示完一项新的技能时（如分数加法），让两人学生小组或三人学生小组通过例子进行练习和相互指导。在你监督各个小组时，检查他们对这项技能的理解。

团队合作能力

除了用合作策略培养学生的分享行为，改善学生的表现，我们还需要培养学生的团队合作能力。学生的合作能力越强，他们就越能培养自己的分享行为，形成一个相互尊重的学习圈子，把所有学生包括进来。

当学生因缺乏社交能力而无法取得良好表现时，中介者必须调整课程，留出时间专门用来培养学生的社交能力。在第一节介绍课之后，教师可以请学生评估他们对刚刚学到的社交技能的使用情况，将学生学到的言语和行为融入到每天的课程中。例如，在下面的低年级课例中，学生学习了如何表示对别人的尊重。上完这节课以后，教师可以使用每日课堂轮流发言等中介策略："我希望每个人依次把下面这句话补充完整。'今天，我在_________时表现出了我对别人的尊重。'"

重点提示

当一群学习者为了取得共同的目标而合作时，他们的行为就属于分享行为。

- 合作学习的支持者提出了大量简便易用的策略，可以用于在课堂上培养学生的分享行为。要想培养学生的分享行为，一个最好的做法就是将合作学习策略和团队合作能力的培养融入到每天的课堂活动中。
- 根据费厄斯坦的观点，分享行为与人们相互依赖的内在需求有关。
- 如果没有分享行为，"自我保护是大自然的原始法则。"
- 根据埃德加·戴尔(Edgar Dale)的"学习金字塔"，在与别人讨论的内容中，70%的内容都会被记住。在课堂上，分享行为是合作学习成功的基础。

分享行为是一项重要的社交技能。在合作小组框架下，这种技能的培养是最便捷的。并不是所有合作小组的支持者都明确支持社交技能的培养。不过，他们都承认，在学生以合作小组的形式完成任务的过程中，他们的社交能力必然会得到提高。费厄斯坦不仅强烈支持合作小组，而且强烈推荐教师直接培养学生的分享行为。在费厄斯坦最近提出的"基本"工具中，有三种工具用于培养必要的分享行为，分别是"情绪确认""从同情到行动""停止暴力"。(见103页的"基本工具")

除了直接讲授社交技能，教师还可以建立课堂结构，让学生培养出有利于形成学习圈子的人际交往技能，以培养他们的分享行为【森奇(Senge)，1990】。

在以分享行为为标准的学习圈子里，学生的学习成绩可以得到极大的提高。在掌握了合作和分享的基本能力以后，学生可以学着分三个方向使用合作结构以及合作策略。首先，他们可以提高社交技能，因为21世纪的商业和工业领域在招聘时都非常重视社交技能。其次，他们可以提高认知能力，成为能够解决问题的人。第三，他们可以提高自己在知识内容领域的表现。以这个“铁三角”为基础，中介者在课堂上将知识内容的学习与团队合作和批判性思考结合在一起，以激发学生的兴趣，加深学生的理解，培养他们的分享行为。

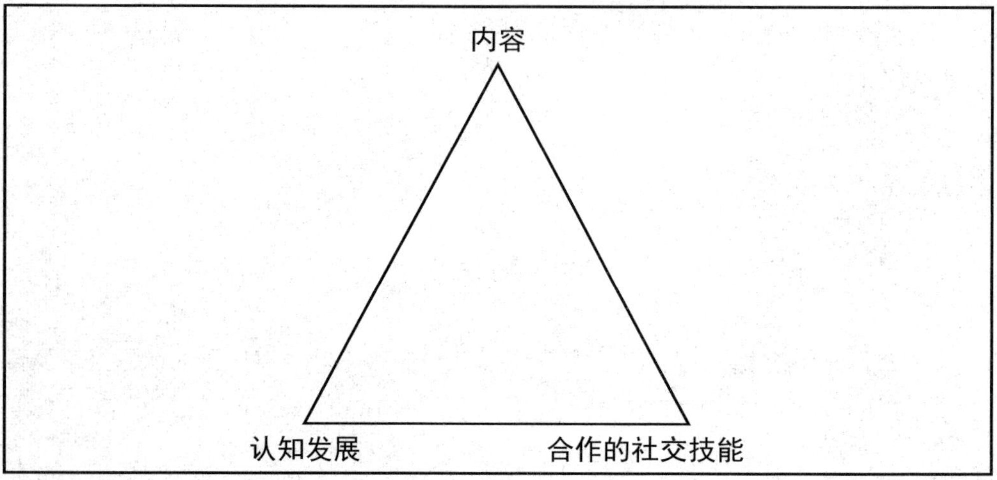

在所有培养学生分享行为的活动和课程中，中介者需要让孩子们注意到哪些分享方式是有效的，哪些分享方式是无效的，哪些分享方式能够让他们取得更好的成绩。中介者规划的策略和结构为学生提供了一个分享的环境。他们引导学生理解为什么要与他人分享。在中介者的帮助下，学生可以在中介者为他们设计的积极经历中受益。中介者有意培养学生的分享行为。他们通过提问、引导、鼓励的方式让学生看到分享行为在人际关系和学习方面为他们带来的好处。

低年级课例

名字里有什么？

标准 如何在学校或其他场所使用名字

中心智能 口头表达/语言，人际交流

辅助智能 视觉/空间

中介重点 分享行为

先验知识检查

向学生提出这样一个问题："我们为什么要有名字？"向学生征集多种答案。接着，用印刷体把你的名字写在黑板上（如帕特丽夏·考恩太太）。大声读出你的名字，然后指导全班同学共同朗读。请他们用你的头衔和姓氏称呼你。

设计任务结构

1. 告诉全班同学，叫别人的名字是非常重要的。在这节课里，他们将学习别人的名字。

2. 给每个孩子发一张"分组卡片"。每张分组卡片上有一个彩色圆点（红色、绿色或黄色）和一个字母。让孩子们找到相同字母另外两种颜色的卡片，组成三人小组。（演示一个三人小组的例子，数出小组的人数："一，二，三。"）在三人小组里，所有人必须拥有相同的字母和不同颜色的圆点。（向孩子们展示红色、黄色和绿色的卡片。）让全班同学开始组队。组队过程结束以后，指导各个小组坐在一起。对那些有困难的小组给予帮助，直到所有小组按照你的要求坐好。

3. 请持有红色卡片的孩子到材料桌上拿一张新闻纸和一些蜡笔。

4. 每个孩子都要在新闻纸上画一张自画像。一定要让各个小组决定他们是一起画还是轮流画。他们可以互相帮助，但他们不能对别人的画像给予"不好的评价"。（比如，"看上去很愚蠢"，"像个傻瓜一样"，或者"我画得比你好"。）。

5. 在他们画画时，给每个孩子发一张索引卡片（上面以印刷体写着孩子的教名）和一条胶带。如果孩子不能写出自己的名字，他可以让其他同学帮忙，或者把索引卡片粘到画像上。

6. 请每个小组站起来。让持有红色和黄色卡片的学生举起新闻纸，让持有绿色卡片的学生介绍小组的所有三名成员。每个小组的介绍结束后，鼓励全班同学给他们鼓掌或者为他们欢呼。将这些画像张贴出来。

回顾与反思

向全班同学提出这样一个问题：他们共同完成任务时有什么感受？鼓励多名学生作出回答。如果有人开始重复别人的说法，你应该请下一名同学用另一个词语描述自己的感受。

内容延伸

给每个孩子一张姓名指示卡片，让他们戴一天。让孩子们坐成一圈。邀请孩子们展示自己的卡片，分享自己的名字。当一个孩子分享自己的名字时，领导全班同学齐声回答下面这个问题：

“他叫什么名字？”“他叫__________。”向学生强调，你希望他们用姓名称呼对方。

材料

索引卡片，彩色圆点，新闻纸，蜡笔，胶带。

变形

每天重复上述围成圆圈介绍名字的活动，直到孩子们养成称呼别人姓名的习惯。为避免单调，还可以让小组成员相互介绍。只提出“他叫什么名字”这个问题，不对回答进行示范。你可能想知道每个学生能叫出多少个同学的名字。为此，让一名志愿者绕着圆圈走，依次叫出每个孩子的名字。当这个孩子叫不出某个人的名字时，他就要坐下来，让另一名志愿者接着来。

低年级/中年级课例
制作友谊圆圈

标准 如何培养友谊
中心智能 人际交流
辅助智能 内省，视觉/空间
中介重点 分享行为

先验知识检查

1. 将学生的椅子排成一个圆圈。阅读一篇故事或者叙述一个人的经历，以强调朋友的重要性。

2. 在投影屏幕或黑板上制作一张介绍朋友重要性的蛛网图。轮流邀请每个学生为这张图添加内容（允许学生弃权）。对学生的发言给予解释，确保每个学生的发言都能得到大家的理解。

3. 请几名学生对大家的观点进行总结。

设计任务结构

1. 给每个学生发一张“你的朋友圈”单页，请每个学生亲自填写图表。

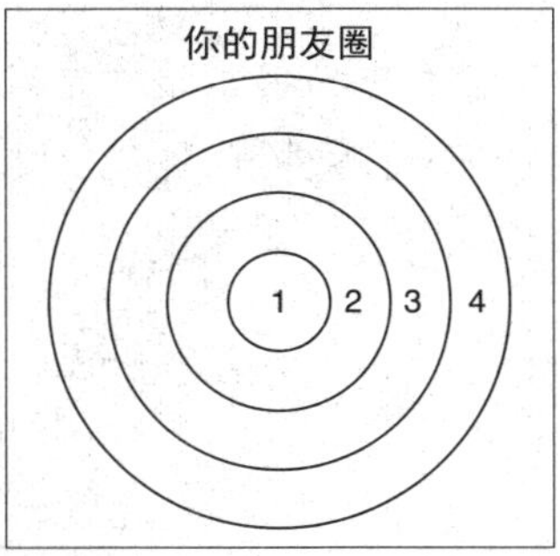

2. 在第 1 圈里写出和你最亲近的人、你最爱的人和最依赖的人（如家人）。

3. 在第 2 圈里写出你喜欢的人和值得你信赖的人（如学校里的朋友）。

4. 在第3圈里写出你喜欢与之合作的人（如运动队里的人）。

5. 在第4圈里写出通过酬劳形式帮助你的人（如医生、教师）。

6. 在不侵犯学生隐私的情况下，让学生对第1圈和第2圈没有人时的感受与第3圈和第4圈没有人时的感受进行比较。

7. 讨论“感觉自己处在一个集体中”是什么意思。

8. 通过头脑风暴的形式想出有意或者无意将一个人排除在外的各种方法。

9. 通过头脑风暴的形式想出确保在课堂活动和课外活动中将班上的每一个学生包含进来的方法并将这些方法记录下来。

回顾与反思

对学生说：“回忆你被一个重要的人排除在外的一个例子。在日志中写下你对这次事件的感受。这次经历对你的未来有何帮助？”

内容延伸

给每个学生发一张3英寸×5英寸的索引卡片。让他们写下帮助某个同学不被集体排除在外的某种方法，并在卡片背后写下为了未来不被集体排除在外、其他人可以做的事情。让学生围成一圈，随机选择一些学生，让他们阅读自己的卡片。

材料

“你的朋友圈”单页，3英寸×5英寸索引卡片，学生日志。

变形

在“内容延伸”中：1. 请学生写出如何在自己的家庭里巩固与别人的友谊；2. 让不是朋友的学生组成搭档，让他们共同规划一个项目。

第九章　个性化

“我们生活在人群之中。不过，人们之间隔着难以逾越的鸿沟，无法用语言化解。”

——理查德·赖特（Richard Wright，莱利，1993）

在美国，每个新出生的孩子都会得到一个社会保障号码。每个人的号码都是独特的，与任何一个之前分配的号码都不相同。当人们需要与政府、学校、银行、企业打交道时，他们会出示这个独特的号码。因此，他们所有的文件都是个人独有的。

社会保障号码是政府对每个个体独特性的认可。这种官方独特性可以根据每个人的独特记录确定每个人与其他所有人的区别。学习中介者通过帮助每个学生确定他作为一个独特个体的特点来培养学生的个性。显然，这项任务比单纯为每个人分配社会保障号码的做法要更复杂，更重要。

个性化的中介

个性化的中介指的是帮助每个学生建立内在控制点的过程。

在费厄斯坦的体系中，个性化的中介指的是帮助每个学生建立内在控制点的过程。这个控制点可以让人们为自己的生命负责，为规划自己的人生方向制订决策。在小孩子长大成人的过程中，家长和教师中介者逐渐减少控制，帮助孩子形成独立而具有原创性的思考和行为方式。为实现这一目标，成人中介者承认这个孩子与其他中介接受者之间的差异。中介者以孩子在风格、智力、能力、经历和愿望上的差异为基础，鼓励孩子规划自己的人生道路。

在一些城区学校里，标准化已经成了高于一切的任务，每个教师都必须遵守指定的教案，不能擅自作出更改。此时，个性化的中介并非完全没有可能，但也非常困难。出于某种与常识或明智的教学实践相反的理由，这些学校的教师不得不使用“一刀切”的教学模式，以保证没有一个孩子掉队。这种“一刀切”的教学模式也许可以保证所有的孩子都不掉队，但它显然无法让教师通过合适的中介学习方法帮助每个孩子取得优异的成绩。

这是奥威尔（Orwell）笔下的灰暗世界，教师和学生都不能擅自对学习作出任何重要决定。控制权完全掌握在一些笃信全面外部控制理念的高层领导手中。

从家长鼓励宝宝独自站立行走开始，到年轻人选择另立门户为止，在孩子的童年和青少年时期，个性化的中介一直是一项细致的任务，需要中介者掌握巧妙的策略和微妙的平衡。首先，家长中介者必须尊重孩子成为独立个体的自然愿望，同时又不能采取完全放任自由的态度。其次，家长必须鼓励孩子对自己的行为做主，同时又要保证孩子不会伤害自己和其他人。第三，家长必须尊重孩子的隐私权，同时又要维持所有家庭成员的明确联系。第四，家长必须鼓励孩子培养自己的兴趣和能力，同时又要保持孩子的个性。最后，家长应该让孩子获得自主意识这一个性化的关键元素，同时必须让孩子理解家庭的价值观和信仰。

在课堂上，教师要想实现有效的中介，必须遵循同样微妙的原则。一方面，教师中介者一定不能把自己的价值观和信仰强加给学生。另一方面，教师中介者必须帮助学生理解和尊重家庭价值观和群体价值观的重要性。从最宽泛的意义上说，这意味着教师中介者要想让个性化中介取得最好的效果，必须采取以学习者为中心的方法。

多元化教学

教师的主要目标是将学生培养成自主学习者。

学生具有不同的兴趣、学习风格、学习动力和文化背景。今天的教师必须比以往任何时候更加注重以不同方式满足课堂上所有学生的需求。几十年来，面向全班同学的授课方法（“一码通吃”方法）一直是主要的教学模式。这种方法的适用性正在日益下降。面对具有不同个性的学生，我们往往会忽略那些最难教育、最难激励的个体。

在以学习者为中心的课堂上，教师的主要目标是将学生培养成自主学习者。完成这项长期任务绝非易事。成长是一种在家庭价值观的背景下成为一个具有责任感的独立个体的过程。类似的，成为自主学习者是一种在群体价值观的背景下成为一个具有责任感的独立学习者的过程。年轻人会作出错误的选择，他们会犯错误，但他们也会作出正确的选择，在错误中吸取教训。中介者需要帮助他们在这种选择过程中不断进步。

培养学生个性化的指导标准

为帮助自主学习者结束对教师的依赖，教师中介者需要在设计课程时考虑学生的各种需求、风格和智力水平，以便让教室里的所有学生受益。下面是可以对教师起到帮助作用的八个参考标准：

1. 鼓励每个学生坚持自己的信仰。
2. 鼓励每个学生培养多种智能。
3. 为每个学生提供合适的工具，以便让他们对所有观点进行批判性思考。
4. 组织多样性的文化活动。
5. 鼓励原创性思想和具有创造性的思考。
6. 培养每个孩子的特长。
7. 尊重每个孩子的价值观和信仰。
8. 对孩子们给予差异化指导，以便让他们在主动学习时作出有意义的选择。

在城区课堂上

在城区课堂上，个性化具有特殊的意义。如今，城区学校的学生面临着抛弃家庭价值观、接受街区主流帮派价值观的巨大压力。我们可以毫不夸张地说，如果他们抗拒来自帮派的压力，他们的生命就会受到威胁。我们还可以毫不夸张地说，在课堂上，恐惧、疑虑和其他许多情绪左右着他们的思想，成为了影响他们学习的一大障碍。因此，在城区学校里，以学习者为中心的教学标准具有双重意义：这种标准可以让人们知道为什么学习过程的重要性不亚于课程内容的重要性。

因此，中介者必须将这些指导标准转化为行动。要想在课堂上使用以学习者为中心的指导标准，教师可以使用霍华德·加德纳（1983）的多元智能理论，因为这种理论是最简单、最有效的教学框架之一。

注意学生的差异——培养多元智能的多种途径

加德纳的多元智能理论为教师提供了一个全新的视角，让他们以多种角度观察学生的不同个体需求。首先，我们最好重温一遍加德纳在《智能的结构》

（*Frames of Mind*，1983）一书中建立的框架。他在这本书中对流行观念提出了挑战。过去，人们认为智能是单一的，具有固定可测的水平。加德纳在书中表示，智能是多元的，具有可变性，人们只能分别对每一种智能作出评价。

在加德纳的理论中，一共有七种智能（1995年8月，他提出了第八种智能"自然"）。依靠人们对人类大脑和人类文化积累的知识，加德纳（1983）将智能定义为"由一组解决问题的技能组成的人类的智力性能力——它能让个体解决自己遇到的真正的问题和困难，并在需要时得到有效的成果。"接着，他将智能描述成"生物潜能和心理潜能，这种潜能可以根据影响一个人的经历、文化和动机因素得到某种程度的实现。"加德纳认为智能是一种不断积极变化的动态过程，在不同的文化背景下具有极大的差异，同时反对比内（Binet，1886）和重视钟形曲线的人宣传的对测验分数的先验定义和正规化所带来的"智能是一种固定能力"的流行观念。

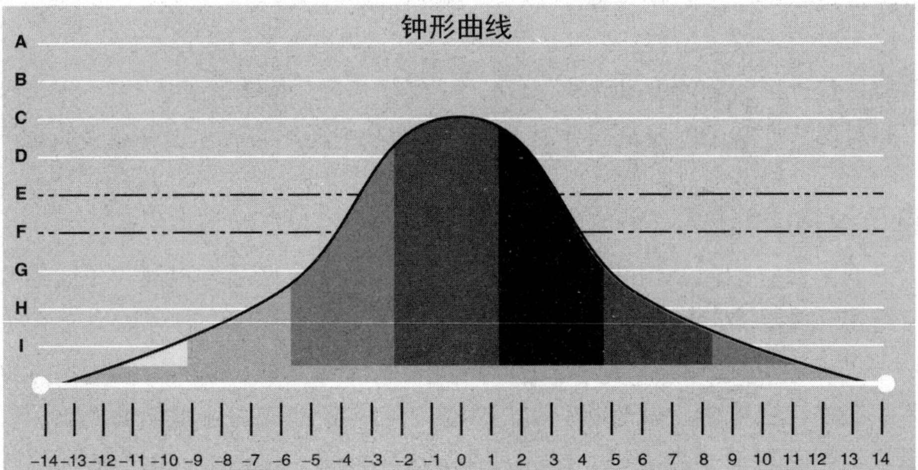

多元智能：解决一个问题的多种途径

加德纳是第一个承认他所提出的用于解决问题和作出成果的多种途径没有将所有途径包括在内的学者。到目前为止，他所提出的八种智能能够满足所有八个标准。加德纳及其同事以及接受加德纳对智能及其标准定义的其他学者的进一步研究可能会发现另外一种智能，也可能发现另外一百种智能。

口头表达/语言智能

聪明的头脑和善良的心灵向来是一对强大的组合。如果你能加入一条三寸不烂之舌或者一支生花妙笔，那么你就成了一个与众不同的人。

——纳尔逊·曼德拉（Nelson Mandela，莱利，1993）

口头表达/语言智能与语言的使用有关。拥有这种智能的人对词语的含义非常敏感，而且非常善于使用语言。在加德纳（1983）看来，这些人拥有“遵守语法规则并在精心选择的场合违反语法规则的能力”（77页）。在另一个层面上——即感官层面上——具有高水平口头表达/语言智能的人可以通过倾听、讲话、阅读、写作和整合的方式有效地与别人交流。他们对于语言的其他功能即刺激情绪的功能也具有很强的感受能力。诗人、作家、记者、演说家、律师、脱口秀主持人和政治家通常都具有口头表达/语言智能。

音乐/韵律智能

在我演唱一首歌曲之前，我必须真正地感受这首歌曲。我所演唱的几乎每一首歌都蕴含着我的个人经历或者我所认识的某个人的经历。

——艾瑞莎·弗兰克林（Aretha Franklin，莱利，1993）

正如加德纳（1983）所说，“从尝试开创全新流派的前卫作曲家，到试图理解儿歌（或其他‘入门级’音乐）的毫无经验的音乐欣赏者，具有音乐倾向的人在音乐世界里具有不同的地位。”（104—105页）。我们每个人都具有某种程度的乐感——区别在于每个人的水平有高有低。不管具有多少音乐天赋，我们都拥有欣赏音乐的基本能力。这种能力包括音高、节律和音色（声音的特点）的分辨。具有较高音乐/韵律智能的人会成为歌手、作曲家、演奏家、指挥以及喜欢、理解、欣赏音乐的人。

数学/逻辑智能

提出问题的人免不了要去寻找答案。

——喀麦隆谚语

数学/逻辑智能既包含数学能力，也包含科学能力。数学家通常热爱抽象事物，喜欢进行探索。他们喜欢解决那些需要进行大量推理的问题。科学家的工作则是由“解释物理现实的愿望所驱动的”；对于科学家来说，数学是“用于建立模型和理论以描述并最终解释世界运行原理”的工具（加德纳，1983，145页）。数学家、工程师、物理学家、天文学家、程序员和研究员都具有较高的数学/逻辑智能。

视觉/空间智能

我们的眼睛可以准确地定位目标。不过，如果我们捡起一块石头，朝着这些目标扔去，我们却不一定能够击中目标。

——尼日利亚谚语

视觉/空间智能与通过视觉准确理解世界的独特能力有关。拥有视觉/空间智能的人可以以图形的形式展示空间信息，而且非常善于在头脑中形成和改变各种影像。艺术家和设计师具有很强的视觉/空间智能。他们对视觉/空间世界具有一定的感受力，而且善于在创作艺术作品时重现这种感受。水手、工程师、外科医生、雕刻家、制图师和建筑师也都具有很强的视觉/空间智能。

身体/运动智能

身体/运动智能指的是对身体运动的指挥能力和熟练操纵物体的天赋。这些能力是相互独立的，不过大多数人同时拥有这两种能力。拥有较高的身体/运动智能的人包括演员、舞者、杂技表演者和运动员。

内省智能

自我完善必然会给一个人带来好处。

——马库斯·加维（Marcus Garvey，莱利，1993）

内省智能的核心在于理解个人感受的能力。拥有较高内省智能的人可以本能地理解自己的各种情绪，对它们进行描述，并能利用这些情绪指导自己的行为。用加德纳（1983）的话来说，“内省智能指的就是分辨快乐与痛苦的能力以及在这种分辨的基础上进一步参与某种活动或退出某种活动的能力”（239页）。内省智能高于平均水平的人包括内省式小说家、明智的长者、心理学家和心理治疗师——所有这些人都对自己的感受有着很深的理解。

人际智能

一只手镯不会叮当作响。

——刚果谚语

一捆木棍折不断。

——肯尼亚谚语

内省智能指向一个人的内部，人际智能则指向周围的人。具有较高人际智能的人群所具有的最基本的能力就是理解他人的能力。具有这种智能的人善于发现并区分不同个体及其“情绪、性情、动机和意图”的不同之处（加德纳，1983，239页）。例如，孩子发现并分辨身边大人心情的能力就属于一种简单的人际智能。如果一个成年人能够理解他人所隐藏的意图，那么他的这种能力就属于比较复杂的人际智能。具有人际智能的人通常包括宗教和政治领导人、父母、教师、心理治疗师和咨询师。

自然认知智能

只有当人类充分意识到自己需要停止野蛮和残忍行为时，他们才能看清自己的本质。

——莫罕达斯·甘地（Mohandas Gandhi，莱利，1993）

自然认知是加德纳最近确定的智能。具有较高自然认知智能的人明显具有理解自然、发现大自然的内在联系、在大自然中生活的能力。林奈（Linnaeus）和达尔文（Darwin）是具有较高自然认知智能的代表。

加德纳理论的应用

当加德纳首次提出多元智能理论时，他并没有说明如何在教学实践中使用他的理论。经过十几年的观察，他提出了一些标准和要点，以帮助教育工作者将他的理论高效地运用到课堂上。

首先，教师可以检查加德纳提出的用于评估多元智能理论使用质量的指导标准。

1. 学校的课程是否能够培养学生的多种能力？加德纳常常批评学校课程对数学/逻辑智能和口头表达/语言智能的过度重视。他认为，学校的课程应该通过其他智能均等地培养学生的各种潜能。要想严格遵守他的理论，学校不能把音乐和视觉艺术看作附属课程或课外活动，应该调整课程结构，让美术与阅读、写作和算术获得相同的教学时间。

2. 学校的课程是否鼓励教师以多种形式对各种概念、主题和学科进行严肃地探讨？加德纳提倡“有选择地放弃”【阿特·科斯塔（Art Costa）的说法】课程中烦琐而过时的内容，以便让教师对关键的概念和重要的问题进行深入探讨。当需要“讲授”的内容变少时，教师可以以更加适合课程或单元内容的、更加灵活多变的形式进行更加深入地教学。这样一来，学生可以参与到各种动手活动中，并且拥有充足的时间对各种思想进行探索、讨论和实验，而不是仅凭教师“机关枪”般的讲述进行走马观花式的学习。

3. 学校的课程是否鼓励教学的个性化？费厄斯坦提出的通过以学习者为中心的教学方式培养学生能力的指导标准与加德纳倡导的根据所有学生个体需求组织课程、教学和评估的个性化课堂理念不谋而合。均一化的教学方式可能会让教学工作变得更加简单。不过，大量文献资料表明，单一的教学方法无法照顾到所有学生，尤其是具有鲜明的多样化特点的城区学校学生。

4. 学校的课程是否鼓励多种重要的评估方式？纸笔测试可能会让人们更加方便地对学生记忆知识的能力打分，但是这种形式几乎无法考查学生对某个主题的理解程度、对技能的掌握程度以及对智力水平的表现能力。加德纳提倡使用多种评价方式，每种方式用于显示学生的智能范围和智能深度。在加德纳看来，雷阿诺（Renoir）使用的那种考查学生对历史、音乐和画笔类型的事实型回答的测验也许很容易通过答题卡来评分，但它不足以显示学生演奏一份新乐谱或者创作一幅个人风景画的能力。在多元智能框架下，接受优质教育的学生不仅可以通过演奏一支乐曲或者创作一幅油画来展示他们在这些领域取得的进步，而且可以说出这些成就的重要意义。

5. 学校的课程、教学和评估是否能够激励学生提高自己的多元智能？这里的关键词是“激励”。和费厄斯坦一样，加德纳也担心人们将他的理论平凡化，以支持他们继续使用平凡的课程、教学和评估方式。在一所多元智能学校里，学校的制度能够将三者有效而紧密地联系在一起。不过，如果一所学校将评估重点放在事实和孤立的技能上面，那么这所学校的教学水平一定高不到哪里去。因此，当人们将多元智能实践引入这种低水平系统时，音乐/韵律智能就会变成死记硬背，视觉/空间智能就会变成“连线游戏”，口头表达/语言智能就会变成记忆词汇、拼写和语法规则的顺口溜。另一方面，注重学生对加德纳所提倡的那种思想的理解和应用的有效评估可以提高课程和教学水平。在这种环境下，多元智能理论可以将“民主”等重要课程思想转化成问题的形式，激励学生用不同的智能理解这一主题，并将其运用到自己的生活中。学生并不会放弃对阅读和写作的学习——他们需要在现实生活的背景下培养这些基本能力，而不是把它们看作毫无关联的碎片化技能。

多元智能框架下的差异化教学

课堂教师要想用加德纳的理论作为个性化工具进行成功的差异化教学，一个最好的方法就是设计以某个重要主题、概念或问题为中心的跨学科学习单元，让学生选择某种智能作为学习的基础。例如，学生可以通过多种方式学习“制宪会议”。

对不同的学习者使用不同的策略

另一种教学方法是在课堂上强调差异化策略。在下面的每一个课例和本书介绍的其他课例中，学生在开始学习时会面对一个共同的问题。在学习过程中，每个学生都有充足的机会在不同类型的小组里学习，或者独自对新思想进行思考，他们可以体验各种各样的学习经历。在所有这些学习形式中，教师的教学重点都是培养学生的独立思考能力。

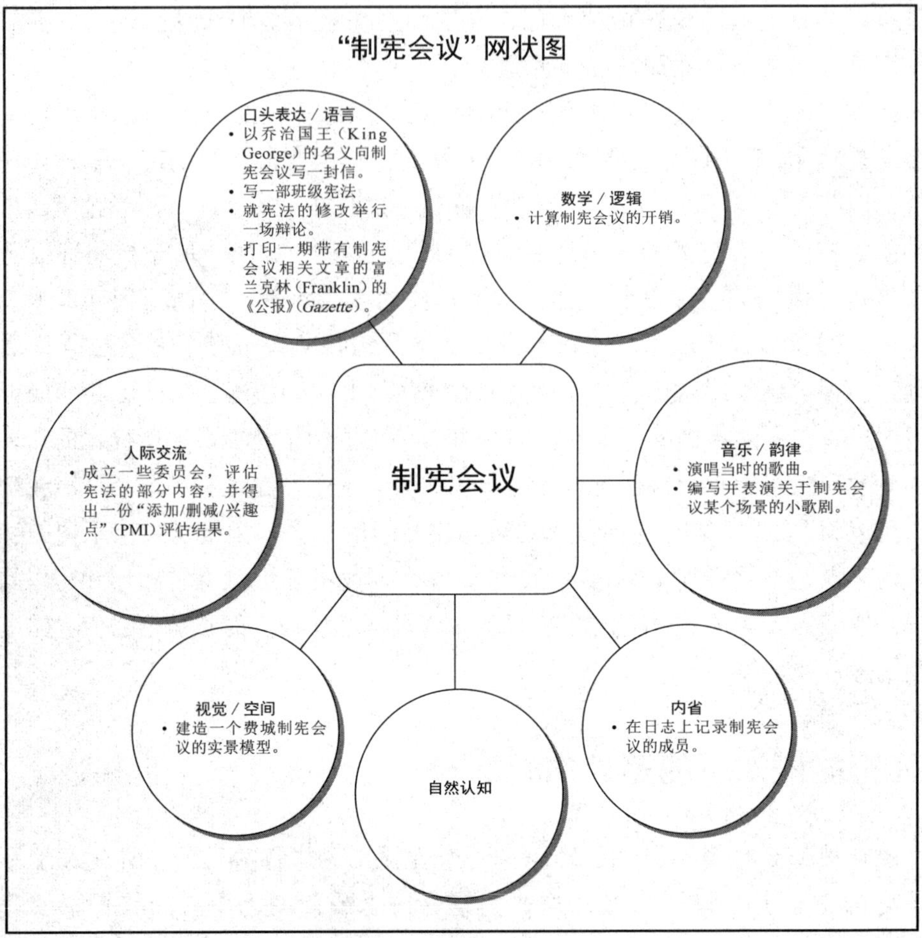
“制宪会议”网状图
口头表达／语言
• 以乔治国王（King George）的名义向制宪会议写一封信。
• 写一部班级宪法
• 就宪法的修改举行一场辩论。
• 打印一期带有制宪会议相关文章的富兰克林（Franklin）的《公报》（Gazette）。
数学／逻辑
• 计算制宪会议的开销。
人际交流
• 成立一些委员会，评估宪法的部分内容，并得出一份“添加/删减/兴趣点”（PMI）评估结果。
制宪会议
音乐／韵律
• 演唱当时的歌曲。
• 编写并表演关于制宪会议某个场景的小歌剧。
视觉／空间
• 建造一个费城制宪会议的实景模型。
自然认知
内省
• 在日志上记录制宪会议的成员。

低年级课例
设计应用题

标准 如何设计应用题

中心智能 数学/逻辑

辅助智能 视觉/空间，口头表达/语言

中介重点 个性化

先验知识检查

1. 在黑板或投影屏幕上展示一张带有8到12个方框的序列图。为第一个和最后一个方框加上文字注解。

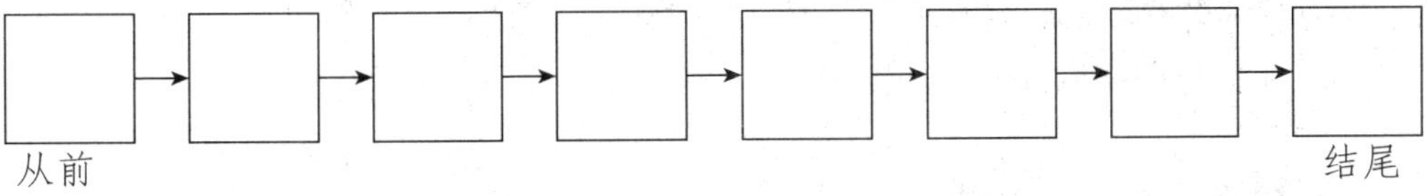

2. 请学生回忆他们听过的以“从前……”作为开头的故事。将故事列在新闻纸上。在询问所有人的意见之后，对于每一个故事，请听过这个故事的人举手。邀请一个孩子讲述这个故事。【如果学生无法想出一个可以讲述的故事，你可以选择一个故事或者放映一段视频，如《狮子和老鼠》(*The Lion and the Mouse*)或者《大象的鼻子是怎么来的》(*How the Elephant Got His Trunk*)，你可以在《不列颠百科全书》(*Encyclopaedia Britannica*)上找到这些故事】。

3. 将主要事件标在序列图上，让所有人看见。告诉学生，所有故事中的事件都可以划分到“开头”“中间”和“结尾”三个类别中。将这些标签标在序列图上。

设计任务结构

1. 利用你在序列图上标注的故事引出数字问题。例如，如果你用的是《三只坏脾气的公山羊》(*The Three Billy Goats Gruff*)这个故事，你可以说：(1)三只公山羊住在这里(指着图片)；(2)它们过了这座桥(指着图片)；(3)这里现在没有公山羊了(指着图片)。接着，列出算术式 $3-3=0$。

2. 邀请一名志愿者从故事清单中选择另一个故事进行讲述，或者编一个故事。在黑板上用序列图列出故事的主要事件，并画出示意图。接着，请全班同学补充数字/文字问题并用数学知识解决这个问题。

3. 每天用新的例子进行练习。选择各个国家的民间故事。检查学生是否理解如何设计应用题：

（1）分开头、中间和结尾画出故事序列图

（2）画出故事示意图

（3）用文字和数字写出故事

（4）解决问题

（5）举例

4. 将学生混合成三人一组。分配成员角色（美术师、故事讲述师、计算师），为他们提供记号笔或蜡笔以及纸张。带领所有人回顾设计应用题的过程。

5. 请各个小组设计一道新的应用题。他们可以选择没有展示过的任何一个故事或者编一个故事。

6. 和各个小组合作，引导他们：（1）讲故事；（2）解决问题。

7. 将各个小组的成果张贴出来。

回顾与反思

邀请每个小组的一名成员展示他们的应用题，并指出他们这个小组的设计步骤。

内容延伸

向学生分发日志，让他们在日志上自己设计应用题。鼓励小组成员互相帮助。与学生合作，加深他们的理解。问题编好之后，在不同小组之间交换，让他们解决这些问题。引导学生通过思考解决每个问题。收集每个学生的个人成果并让他们根据下面的标准对自己的成果作出个人评估。

评估学生的表现

学生能在何种程度上

1. 说出故事的各个组成部分？

2. 将各个部分按照符合逻辑的顺序排列？

3. 根据具有逻辑顺序的组成部分设计出一道应用题。

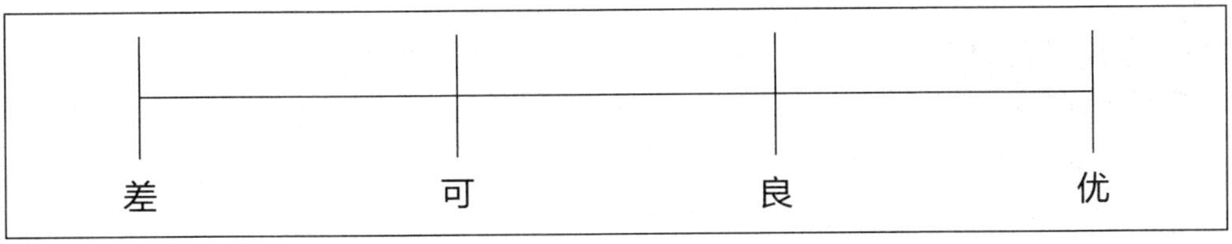

材料

新闻纸，蜡笔，索引卡片，学生日志

变形

1. 展示不同类型的应用题，让各个小组学习设计每一种类型的应用题。
2. 让学生向家长展示如何设计应用题，并把一个来自家庭的例子带到班上来。

将内容整合成项目

在常规教室里，数学是一个独立的科目。每个题目和子题目都是独立的。在低年级，学生需要依次学习加法、减法、乘法和除法等题目，到了中学，学生需要依次学习有理表达式、单项式、多项式等题目（有一点是相同的，那就是学生必须不断重复基本的计算，直到将其掌握为止）。

在使用跨学科项目的多元智能教室里，教师可以将数学和其他智能的开发融入到一个项目中。如果教师按照由简及繁的顺序教授各种技能，所有学生就会同时前进或者同时原地踏步。在跨学科单元里，培养学生数学知识和能力的任务是因人而异的。如果一个学生特别想学数学，教师可以设计一个针对小组或个人的数学教学模块，以适应这种局面。如果所有人都很难解决项目中的一个复杂的数学任务，教师可以对全班同学使用合适的教学模式。

加德纳把教学的自由留给了教师，因此使用其理论的教师必须选择最合适的策略。马尔扎诺和皮克林（2001）研究了效果最好的课堂策略，他们的结果可以帮助那些信奉多元智能理论的教师。他们认为，最好的教学方法是在以项目为导向的课堂上将假设和总结策略与提问策略和合作学习结合在一起。同时，教师应该以项目为基础，进行差异化教学设计，让学生实现个性化学习。

差异化多元智能项目案例

在下面的课例中，教师选择了制订假设、合作学习、提出问题和总结等有效的教学策略，以实现学生的个性化学习。注意，个性化学习不同于个别化学习。在这节课中，教师首先提出一个共同的项目目标，然后使用各种分类策略。只有在这节课的最后，当每个学生得出结论、进行个人学习总结时，他们才进行了一些个人活动。在这种时候，教师的关注点是让学生用他们的个人决策力培养自我控制能力。

中年级课例
数学和语文的结合
出版一份班报

标准 如何通过解决数学问题确定预算
中心智能 口头表达/语言
辅助智能 数学/逻辑 人际交流，视觉/空间
中介重点 个性化

先验知识检查

1. 将学生分成小组，每个小组三到五名学生。每个学生承担一项符合自身能力和兴趣的团队职责。在“先验知识检查”环节，每个小组需要确定一名记录员。

2. 每个记录员在新闻纸上写出：(1) 小组成员关于报纸知道哪些事情以及能够回忆起哪些事情；(2) 团队成员对于制作报纸的困难有哪些猜测；(3) 团队有哪些需要问的问题。

3. 在“知识—假设—问题”环节结束时，征集各个小组对每个问题给出的答案。将这些答案分三列写在黑板上（知识—假设—问题）。

4. 通过提出诱导式问题的方式添加被学生遗漏的条目。最后，让每个学生选出他最关心的三到五个问题。

5. 告诉全班同学，他们要开展一项为期几个月的项目，出版两期班报，以提高他们总结信息的能力。

设计任务结构

1. 让各个团队开始研究这份报纸的目标受众（家长、学生、其他年级、社区）以及其他报纸与其受众的关系。每个小组需要根据5W矩阵（谁，什么，什么时候，什么地方，为什么）设计一种调查工具。（在分配这项任务之前通过一个例子讲解这个矩阵的使用方法。）

调查对象	1	2	3	4	5
谁					
什么					
什么时候					
什么地方					
为什么					
总结					

2. 让每个团队扮演一个部门。每个团队需要确定一位官方记录员，一位材料管理员，一位部门经理以及员工。在每个部门里，团队需要有选择地回答下面的问题：

(1) 报纸的内容是什么？

(2) 成本是多少？

(3) 如何宣传和销售这份报纸？

(4) 谁收集新闻？

(5) 他们需要多少预算？

(6) 如何分配职责？

(7) 他们在工作中应该遵循哪些步骤？

3. 高级管理团队由各个部门的领导组成。他们需要首先确定总体预算。然后，每个部门需要确定各自的预算，包括：(1) 所有预计开销；(2) 预计收入及其来源；(3) 税后毛利（5%～12%的税率）。

4. 寻找来自家长或社区志愿者的帮助（会计，市场营销等）。

5. 广告是最好的收入来源。让所有团队参与到广告销售活动中。他们需要将收集到的资金作为收入交给商业团队。商业团队可以用电子表格或数据库记录收支项、发票等信息。

6. 各个团队的记者需要为报纸的第一期撰写文章。这些文章涉及的内容包括班级活动、学生活动、时事、动画片、体育新闻、社区采访以及关于热门话题的调查和社论。

7. 各个部门的团队需要编辑自己的文章，并让其他团队帮忙校对。当所有文章和广告的撰写工作完成时，设计团队需要将它们整合到报纸版面上。

8. 报纸销售出去以后，各个部门团队需要总结预算，计算盈亏。如果他们取得了盈利，这些团队就可以拿出一部分预算用于庆祝。

回顾与反思

进行五分钟的反思。在这五分钟里，让每个学生写下他自己提出的关于制作报纸的问题的答案。让全班同学随机组成二人小组。每个小组的每名成员用一分钟的时间以“我学到了……”作为开头分享他所学到的一件事情。当两个人都分享了自己所学到的一件事情以后，每个人用30秒的时间向同一个搭档分享他所学到的另一件事情。到了第三轮，每个人只有15秒钟的分享时间。随后，全班同学需要轮流总结他所学到的事情。这一轮总结结束后，让每个学生以5W的形式为自己学到的东西写一篇总结文章。

内容延伸

在制作第二期报纸之前，在黑板上对下列问题进行总结，或者把总结内容写在新闻纸上，然后张贴出来。

(1) 我在制作这一期报纸的过程中哪些地方表现得比较出色

(2) 我在制作下一期报纸的过程中哪些地方需要改进

(3) 如何改进

评估学生的表现

学生可以在何种程度上

1. 确定出版报纸的目的？
2. 理解如何为了盈利而制订预算？
3. 用5W的形式撰写新闻故事？
4. 销售和设计广告？
5. 与团队成员合作？
6. 评估自己的工作表现？

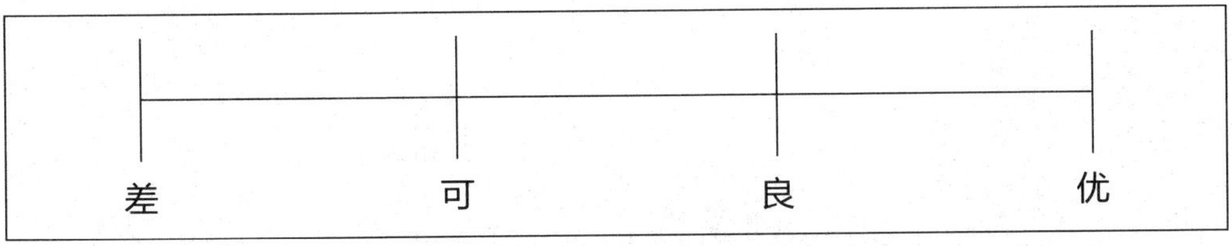

材料

参考报纸（所有学生），用于规划预算的表格或电脑软件，作图材料或电脑软件。

变形

对学生感兴趣且当地能够提供资源的任何生意进行模拟，如银行、药店、杂货店、出版社等。根据需要做的工作将学生分成不同的团队。

在多元智能框架下丰富高年级课程内容

在以内容为主导的高年级课堂上，加德纳的理论可以应用于那种在开发多种智能的同时不影响核心内容的教学中。实际上，不同的智能可以丰富课程单元或课时的内容，加强对学生个性的培养。在下面的高级美国历史课例中，不同的智能得到了整合，从而：1. 加深学生对每个年代的理解；2. 培养学生的个性；3. 促进知识的灵活运用。

高年级课例
这是你们的年代

标准 将研究能力应用于历史领域

中心智能 口头表达/语言

辅助智能 数学/逻辑，视觉/空间，内省

中介重点 个性化

先验知识检查

选择一个年代，用于向学生展示如何确定这个年代的独特之处（向学生解释“独特”这个词语的含义）。将全班同学每三人分成一组。确定每个小组成员的身份和职责（记录员、材料管理员、领导者）。根据下面的清单为每个小组分配一个关注点：文化、经济、艺术、军事、政治。每个小组需要在词典上查找这些词语的含义，为每个词语设计一个符号并画出一些简图。将学生重新分成五人一组，每个人用符号和简图向其他成员讲解一个词语。分享过程结束后，讲解者需要检查其他所有成员对词语的理解。

设计任务结构

1. 将学生重新组成之前的三人小组。每个小组选择家庭作业、阅读、小型演说、视频和/或小组任务的某种组合，以收集关于这个年代的信息。每个小组需要以其关键词（如经济）为重点对这段时期进行研究。小组成员需要尽可能多地收集这个年代关于某个关键词的信息。在对这些信息进行总结之后，他们需要撰写一篇宣传文章，宣传这个年代与某个关键词相关的具体优势。小组中的每个人可以选择最适合自己能力的方式收集信息。

2. 每个小组把自己的宣传文章张贴出来进行展示。所有小组展示完以后，在黑板上画出具有五条射线的网状图。引导全班同学进行讨论，以选出这个年代最独特的五个特点。

(1) 你想提出哪些特点？还有别的特点吗？

(2) 解释一下为什么你认为你选择的特点是最独特的前五个特点。还有别的

理由吗？

（3）在所有学生说出自己的答案并作出澄清和解释之后，举行一次五分投票。每个学生可以给出一个五分，一个四分，一个三分，一个两分和一个一分。五分对应最重要的特点。每个人都要对特点清单上的每一项投票。让两名学生计数，一名学生做记录。将前五个特点填入网状图中并标出顺序。

回顾与反思

1. 就每个子问题的一两个重要事实对学生进行课堂测验。

2. 请每个学生在日志上总结他们关于各自小组的子问题学到的知识以及这个子问题在这个年代里的重要意义。

3. 邀请每个学生根据自己最擅长的智能选择一种形式将自己学到的知识表达出来。

内容延伸

请学生总结他们对一个年代的特点进行选择的步骤。让他们回顾自己学到的学习技巧和策略，并就“我的最佳学习方式”写一段总结。

请一些学生讨论如何在对其他年代的学习中运用这些技巧和策略，以便更好地学习。让每个人制订行动计划。

变形

1. 为学生提供某个年代特有的基本材料，如文学作品、音乐、论文和其他艺术品。

2. 为学生提供能够捕捉到某个年代关键特点的最终产品，如视频、戏剧或诗歌。

3. 让每个小组选择一个年代进行研究。

个性化评估

除了通过多元智能理论培养学生个性的项目和教学计划，教师还可以在任何一节课的结尾对学生的学习效果进行个性化评估。这些评估方法包括：

1. 在最后的测试中提出一些需要学生在研究项目中假设、比较和总结的问题（口头表达/语言）。

2. 关于项目关键思想的概念图（视觉/空间）。

3. 检验学生解题能力的数学问题（数学/逻辑）。

4. 能够展示学生有能力根据一组标准完成一项学习任务的自我评估（内省）。

5. 撰写一篇关于项目内容的论文（口头表达/语言）。

个性化的个别处理

最后，个性化中介者需要向每个学生单独提出一些问题。通过这种询问过程，中介者可以将学生的主要认知方式与学生对当前主题的个人理解联系在一起，以培养学生的个性。通过这种方式，教师可以帮助学生培养自己的最佳思考方式和行动方式，他们可以对学生说："你现在已经可以控制自己的思考方式了。你已经学完了这个主题，请告诉我们，你对这个主题有什么感想。"

- "如果你想用一个短故事表达这种思想，你想把什么作为故事的冲突？"（口头表达/语言）
- "如果你想用一个符号表达这种思想，这个符号应该具有什么样的形式呢？"（视觉/空间）
- "请以数学公式的形式解释这种思想。"（数学/逻辑）
- "我在大自然的哪些地方可以找到这种概念的例子？"（自然认知）
- "音乐家如何表达这一点？"（音乐/韵律）
- "这种思想对你的生活有什么影响？"（内省）
- "这种思想如何帮助我们更好地相处？"（人际交流）
- "请用哑剧展示这种思想。"（身体/运动）

重点提示

- 加德纳确定了对其理论应用质量进行评估的指导标准。和社会保障号码一样，每个人都是独特的，人们既不需要做同样的事情，也不需要同样的东西。
- 差异化教学是个性化中介的关键。过程和最终结果一样重要。
- 个性化中介可以使学生有能力进行自我控制、独立制订决策并在行动之前进行思考。
- 你的父母是否向你提出过"如果你的朋友从桥上跳到河里，你也会跟着他跳河吗"之类的问题？这说明你的父母正在尝试对你进行个性化中介。
- 在个性化中介的过程中，中介者需要在允许孩子表现个性、帮助孩子控制自己的行为（内部控制点）以及尊重孩子隐私权的同时掌握好平衡。
- 希望吸引教师全部注意力的学生可以从个性化中介中受益。你应该通过使用八种多元智能标准把学生培养成自主学习者。

- 允许学生在从事以主题和概念为中心的跨学科单元活动中对自己使用的智能进行选择。这样做可以实现差异化教学。

课例

个性化中介的最终目标是让学生有机会把握自己的命运。教师可以通过帮助学生建立内在控制点来引导这一过程。这种内在控制点可以帮助学生对于自己制订的决策建立主人翁意识和责任感。下面的课例展示了教师如何将个性化中介融入到符合教学标准的内容丰富的跨学科学习项目中。

低年级项目课例

社区安全

标准 练习安全行为
中心智能 口头表达/语言，人际交流
辅助智能 内省，视觉/空间
中介重点 个性化

先验知识检查

让孩子们在你周围围成一圈。用一张放在画架上的大厚纸记录他们的观点。向他们提出这样一个问题：“你最喜欢你们社区里的哪些地方？”首先把你自己的答案以印刷体写在纸上。让每个孩子说出一个不同的地点。

设计任务结构

1. 画出你们学校周围社区的主要交叉街道。画出学校的简图并标出“学校”一词。请学生选择学校周围的其他地点，并在你的地图上把它们标出来。

2. 请学生说出他们知道哪些关于社区危险和在社区安全生活的事情。在画架上画出以“危险”和“保持安全”为标题的T形图表。图表完成以后，请学生说出保持人身安全有什么重要意义。

回顾与反思

请每个孩子说出他今天为了在社区里保持人身安全而准备采取的一项行动。

内容延伸

给每个孩子分发蜡笔和白纸。请他们以保持人身安全为内容画一幅画。

评估学生的表现

收集学生的绘画，将它们挂在公告板上，并且写上每个孩子的名字。

变形

1. 带领孩子们在街区上散步，寻找他们在地图上标出来的那些地点。邀请一位社区服务员和你们一起散步并向孩子们介绍如何保持人身安全。

2. 请孩子们自己画出街区简图。

中年级项目课例

我的文化传统

标准 比较各个种族群体的不同特点

中心智能 口头表达/语言，人际交流

辅助智能 内省，视觉/空间

中介重点 个性化

先验知识检查

1. 将学生分成两人一组。解释“传统”一词。请各个小组确定他们的家庭传统以及他们家里能够代表这种传统的标志。

2. 请一些志愿者分享他们的答案。

设计任务结构

1. 收集关于你们班各个种族和人种的一系列书籍。向学生提供小说和非小说类作品。鼓励所有学生选择一本与他的传统文化有关的书。

2. 为所有学生提供一份汇报表格。在他们的阅读过程中，他们可以写下第一个问题的答案。

姓名____________________	书名____________________
作者____________________	文化____________________

1. 你在这本书上看到了哪些与你的传统文化有关的事情？（在阅读过程中将要点列举出来。）
2. 你的传统文化中有哪些让你吃惊的地方？
3. 关于你的传统文化，你所学到的最重要的事情是什么？
4. 你的传统文化对你来说有哪些重要意义？

回顾与反思

将学生每三人分成一组。在每个小组里，学生轮流分享他们的传统文化中对他们来说最为重要的内容及其原因。三轮分享过后，各个小组对各种答案进行比

较，选择最相似的答案。当这一切准备好以后，每个小组将所有成员的一个共同特点与其他人分享。

内容延伸

1. 请每个学生向一位家长或者重要的成年人写一封信。在这封信里，学生应该对他们关于自身文化传统学到的东西进行总结，并说出这些知识对他们具有什么意义。

2. 请学生以形象的方式对他们关于自身文化传统学到的东西进行展示。将这些成果张贴出来，供大家欣赏。

评估学生的表现

举行一次论文考试，下面是关于考试要求的例子：

1. 描述你对于自身文化传统学到的最重要的东西。

2. 想象你正在对同学发表演讲。你如何向他们介绍你的文化传统中最重要的东西呢？

3. 准备向全班同学发表关于你的文化传统的三分钟演讲。撰写一个辅助演讲的提纲。

变形

1. 邀请一些社区领导者就他们的文化传统发表讲话。请学生判断这些传统与他们自己的文化传统有哪些相同点和不同点。

2. 实地考察一些种族博物馆。给学生提供韦恩图，让他们用韦恩图展示这些种族的文化传统与他们自身的文化传统有哪些相同点和不同点。

高年级项目课例

我的美国文化传统: 文化研究

标准 比较不同的特点

中心智能 人际交流

辅助智能 内省，视觉/空间

中介重点 个性化

先验知识检查

1. 请学生确定自己家庭的文化传统。将学生每三人组成一个小组，尽量保证一个小组里的成员具有不同的文化传统。

2. 请小组里的每个学生找出他所认为的自身文化传统中的独特之处。当这张图表完成以后，小组成员可以查看并确定不同文化传统中的相同点和不同点。将这些结果张贴出来，让所有人看到。

我们的文化传统

A. ________________ B. ________________ C. ________________

设计任务结构

1. 让所有学生对于介绍其祖先为美国传统文化的形成和发展所作贡献的书籍、文章、电影等进行研究。向学生展示如何通过标注来源和作者并用一小段话对自己所收集的观点进行总结的方式制作记录卡片。为不同学生提供不同难度和数量的材料。

2. 确定完成这项任务的时间表。

3. 为每个小组提供厚纸、记号笔、蜡笔、杂志和胶水。请他们制作一幅拼贴画或者画一幅素描，用于表现其祖先为美国传统文化作出的贡献。然后，每个小组必须为解释这幅画包含的元素及其原因做好准备。在解释原因时，小组需要参考他们所做的研究。

回顾与反思

展示结束后，请每个小组用下面的框架总结他们的工作。(你也可以在项目开始时就向他们提供这个框架。)

你在何种程度上(分数：1-5，1表示低，5表示高)

在拼贴画或素描中使用了你的研究成果？________

指出了相同点和不同点？________

解释了你的理由？________

展示了先人对美国传统文化的贡献？________

与他人合作？________

为团队作出了自己的贡献？________

内容延伸

1. 请所有学生准备一篇论文，讲述他们如何展示自己具有双重文化传统的自豪感。

2. 请学生以形象的方式展示如何将他们的家庭文化传统融入到美国文化传统中。

评估学生的表现

1. 举行一次论文测试，请学生确定他们的哪些家庭文化传统元素对美国文化传统贡献最大。

2. 请学生写一篇强调自身双重文化传统的自传。

变形

1. 在收集式研究中，请学生设计一份访谈性的调查问卷，用于对家长和社区里的其他人进行调查。这些调查问卷的中心问题应该是学生所认识的那些成年人对自身文化传统和美国文化传统的看法。

2. 让全班同学在学校里选择一面墙，画一幅壁画(在得到允许的情况下)，展示他们对自身文化传统和美国文化传统的研究成果。

第十章 目标规划

“优柔寡断就像一个继子：如果他不洗手，他就会被人嫌脏；如果他洗手，他就是在浪费水资源。”

——马达加斯加谚语

在以“即时满足”为标准的高科技社会，许多年轻人不会停下来规划时间、制订目标或者考虑未来。他们从电视上得知，要想享受更加舒适的生活，他们应该抓住当下，喜欢什么就偷什么，顺走一件职业运动服或者一双高价鞋，在居住区附近驾驶汽车向敌方帮派或者无辜儿童射击，在空白的墙壁上绘制涂鸦签名和帮派标志，吸食可卡因，抽大麻，或者在商场或偏僻地区闲逛。冲动行为可以给他们带来更多的乐趣。

目标规划中介

当学生生活在即时满足文化中时，当他们满眼都是富人的生活形象，而他们自己又缺乏财富时，目标规划的中介就成了对抗冲动行为的一种重要工具。当教师指导学生制订和规划策略或者制订短期和长期目标时，他们进行的就是目标规划中介。中介者通过清晰的指导提高学生制订策略和目标的有效性，以便让学生担负起完成目标的责任。

和其他培养学生自我控制能力、降低冲动行为的师生互动类似，目标规划与学习成绩联系在一起时是最有效的。不过，对于不喜欢学习的学生，中介者仍然可以使用目标规划方法成功帮助学生推迟实现愿望的时间，控制冲动行为。（在这方面，中介者需要将目标规划中介与胜任感、行为管理、个性化、挑战和自我改变中介结合在一起。）中介者将会发现，学生或班级的冲动性越强，他就越需要开展目标规划中介。

制订目标的四个步骤

在目标规划中介过程中，中介者可以先用学生熟悉的材料或者不影响学生学习目标制订过程的非正式材料对目标规划过程进行明确的介绍。为介绍这个过程，教师可以在公告板或者分发给学生的单页上列出制订目标的三条标准和四个步骤：

1. 设置一个现实可行的目标，讨论它对ABC标准的符合程度。

A = 可实现。学生是否认为以他们的能力和局限性可以实现这个目标？

B = 可信。学生是否见过和他们类似的一个人实现过类似的目标？

C = 可理解。学生是否能够理解实现目标的过程？

2. 制订一个实现目标的详细行动计划。

3. 对努力的过程进行评估。

4. 最后，评估结果并作出必要的调整。

中介者可以用学生已经掌握的知识展示制订目标的四个步骤。首先，他们在黑板上写出目标并作出标记。例如，如果学生已经学习了如何列出代数方程式，中介者就可以将它作为目标，并将这个目标标记为步骤一。然后，他们在黑板上写出列方程的过程，将这个“详细的行动计划”标记为步骤二。接着，他们做一道例题，然后指出他们在解题过程中的表现，并将其标记为步骤三。最后，他们会检查结果是否正确，并将其标记为步骤四。当这个演示过程结束后，中介者需要检查学生对目标制订过程的理解，然后将同样的过程应用于新的知识内容中。

从此，每当教师介绍新的知识时，他们可以先请学生用自己的亲身经历解释制订目标的四个步骤，以巩固学生的理解。在讲课过程中，中介者可以在制订目标的四个阶段请不同的学生指出并解释这些步骤（这里是使用“以教师期望提高学生成绩”即TESA技巧的一个好机会）。在单元或课时结尾，中介者可以用各种评估策略让学生评估自己对知识的掌握程度和对目标制订过程的掌握程度。

目标规划准则：基准和标准

当教师为全班同学制订活动、课时、单元的目标时，他们可以把自己对学生的评价准则告诉学生，这种准则规定了学生和教师对其表现的评价基准和标准。

涉及课程内容时，加德纳的多元智能理论应用或者来自费厄斯坦“工具强化”计划的思维拓展策略框架下的评估准则可以为教师和学生指明前进的方向。如果没有这种评估准则，学生可能会被动地坐在教室里，教师和学生都没有明确的责任。有了评估准则，每个人都可以早早知道自己应该作出的表现，目标制订过程也可以得到更好地执行。

首先，中介者选择一个基准并和学生讨论。中介者指出，在这节课上，全班同学不能仅仅以走马观花的方式学习某些内容，如“今天我们阅读第十三章‘发现的时代’”“今天我们讨论第五章‘理解分数’”“这个星期我们要阅读并讨论《哈姆雷特》(*Hamlet*)”。相反，中介者将和全班同学讨论他们在学习这一单元的过程中需要培养的能力和掌握的知识。例如，如果课程基准规定，通过这个单元的活动，所有学生需要培养出从事科学探索的能力，中介者就应该向学生解释科学探索的含义并举出例子。其次，中介者将学生即将学习的内容列出来，然后列出中介者希望学生达到的标准。例如，科学探索单元将会向每个学生展示如何规划并进行一项简单的研究，如何使用简单的设备收集数据，如何利用数据对结果作出解释，如何将结果呈现出来。

教师将制作好的准则在教室里张贴出来。下面是评估准则的一个例子：

准则

基准

你们将向我展示你们能够进行一项科学探索。

内容

你们将学习如何做下面的事情：
1. 规划并完成一个展示能量流动方式的项目；
2. 用烧杯和其他工具为你的项目收集数据；
3. 用一幅标记图解释你所收集的数据；
4. 向全班同学展示你的发现。

表现标准

你和我将会对你的计划、你对工具的使用、你的绘图和你的展示这四个方面作出评价。我们会使用下面的评价标准。当你对每一项作出评价时，你应该考虑一下哪些数据可以支持你的评价。

1. 你的计划有多完整？是否具有目标和完成目标的步骤？

非常不完整　　缺少一两个元素　　完整

2. 你的计划效果如何？

失败　　有点用　　得到了大量数据

3. 你在使用工具时是否遵循了正确的步骤？

使用不佳　　偶尔　　非常熟练

4. 你的绘图是否完整而详细？

粗糙的简图　　缺少一些细节　　拥有完美的结构

5. 你的展示是否清晰而准确？

混乱而缺乏联系　　缺少一些联系　　完美

中介者介绍完评价准则以后，可以选择展示往年学生的工作成果，以便对评价等级进行说明。最后，在开始单元学习之前，他们还要留出制订目标的时间。学生只需要将自己的各项信息填在一张简单的表格里，作为日志记录或者交给教师，让教师进行检查。

目标设置	
姓名________________________________	
班级________________	日期________________
单元题目：能量	
我的目标：	
1.	
2.	
3.	
4.	
如何实现这些目标：	
1.	
2.	
3.	
4.	

教师在每一节课开始时向学生介绍目标制订过程的做法也许会给学生带来好处，不过由于时间的限制，这么做很可能会让教师不得不舍弃课程的大量内容。另一方面，有充分的证据表明，教师在每个单元开始时应该花时间介绍目标制订过程，并在学生开展研究项目的过程中以及项目结束后通过中介的方式回顾目标制订过程。

在学生开展研究项目时，中介者可以使用下面的方式引导学生的目标规划过程。

- “让我们回顾一下这个过程。”
- “这个步骤是否符合你的目标？”
- “你现在是否正在向目标迈进？”
- “你需要改变某些步骤吗？”
- “你是否遇到了之前没有预料到的困难？”
- “让我们回顾计划，重新定义目标。”

对于目标规划的反思策略

项目结束时，中介者可以请学生对他们的工作过程、最终成果和学到的知识进行评估。学生最好在回顾项目之前花时间思考或者写日志。下面是一些反思策略：

3-2-1目标规划回顾法

让学生组成两人一组。每个小组用三分钟的时间对他们在刚刚学过的单元中使用的目标制订程序进行回顾。接着，让各个小组用两分钟的时间讨论他们在这种规划经历中学到了什么。最后，每个小组需要在一分钟的时间里想出一个向全班同学提出的关于他们刚刚经历的目标规划过程的问题。在黑板上写出三到五个问题。对于每个问题，让学生用三分钟的时间分享他们的观点。

五分钟的“独立思考—结对合作—相互交流”

让学生用两分钟的时间思考并写下他们在这个单元的目标规划过程中学到的五件事情。接着，将学生分成两人一组，让每个小组分享他们学到的事情（每人一分钟）。学生不能重复同伴已经说过的观点。给每个小组成员30秒的时间，让他们进行第二轮交流。然后给每个成员15秒的时间，让他们进行第三轮无重复交流。（你也可以把这项策略用于学生的工作成果和学习内容上。）

关于目标的轮流发言

让学生用30秒到60秒的时间对下面的句子开头进行思考并将其补充完整。

“关于目标规划，我学到了……”

“在这节课上，我在……方面提高了我的目标规划能力。”

“在这节课上，我在目标规划方面表现最好的地方是……”

目标规划PMI

向所有学生展示一张“添加—删减—兴趣点”（PMI）问题表。请他们说出他们在这一单元的目标规划过程中有哪些值得肯定的地方。然后，对于需要否定的地方（第2栏）和关心的问题（第3栏）重复同样的步骤。

三个反思问题

请每个学生对于下列与本单元目标规划过程有关的问题进行思考或者把答案写在日志上。

1. 你刚才完成的目标规划有什么重要意义？
2. 你如何对你在学校里的其他任务进行目标规划？
3. 当你对另一项学习任务进行规划时，你会采取哪些步骤？

重点提示

- 制订目标的四个主要步骤分别是设置一个现实的目标、提出一个详细的行动计划、对努力的过程进行评估以及对结果进行评估。目标应该可以测量，可以实现，并且具有书面形式。
- 教师应该在学生学习之前用评估准则确定评价学生的基准和标准，并与学生分享这些准则。
- ABC标准：目标应该具有可以实现、可信和可以理解的特点。

低年级课例

制订目标的活动——得分

标准 让学生学习做决定的策略

中心智能 身体/运动

辅助智能 口头表达/语言

中介重点 目标规划

先验知识检查

小学生可以在电视上看到许多比赛——篮球、足球、橄榄球比赛。他们知道，在大多数比赛中，参赛队的目标是拿到尽可能多的分数。“投篮得分”（basket）、“射门得分”（goal）和“触地得分”（touchdown）都是他们非常熟悉的专业术语。请全班同学通过头脑风暴的形式想出所有需要得分才能取得胜利的运动。将运动的名称和选手得分的方式（如触地得分）写出来。

设计任务结构

1. 向学生解释比赛目标（如触地得分、投篮得分）与人生目标（我们想得到的某种东西）之间的联系。

2. 把一个废纸篓放在一把椅子上。在废纸篓前面的地面上画三条线（每条线长两英尺），每两条线之间以及废纸篓与最近一条线之间至少间隔三英尺。给每条线分配一个点值：离废纸篓最近的一条线为一点，中间的线为两点，离废纸篓最远的一条线为三点。

3. 将全班同学分成四组。每个小组需要在三分钟的时间里获得尽可能多的分数。每个成员至少要在某条线上投一次篮。

4. 给每个小组三分钟的时间制订一项策略。投篮命中次数与投篮位置点数的乘积就是团队取得的分数（例如，在第三条线命中一次得3分，在第二条线命中五次得15分）。在每轮比赛开始之前准备一箱由8.5英寸×11英寸的纸张揉成的纸团。

5. 在每个小组每轮投篮之后，在黑板上记录得分。得分最高的小组将取得胜利。

回顾与反思

请每个小组解释并判断他们制订的与目标有关的策略。让他们讨论下次应该作出哪些调整。

内容延伸

每个小组讨论下面的问题并分享他们的答案。“这场游戏的得分过程与生活中制订目标的过程很相似，因为________________________。”

评估学生的表现

用某种准则检查学生在制订目标方面的知识和能力。

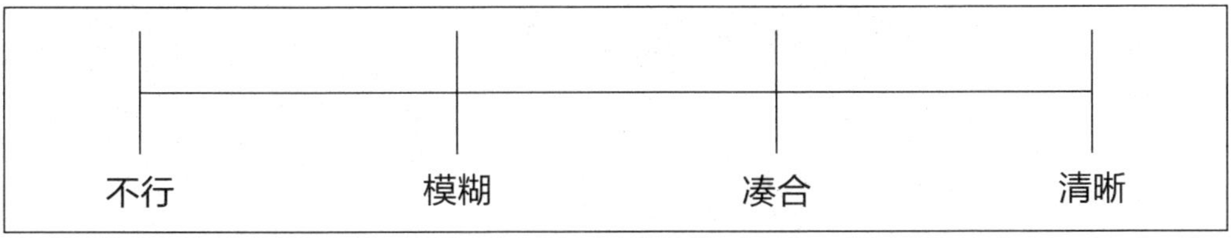

学生能在何种程度上

1. 解释“目标”这个词语？
2. 解释制订目标的重要意义（总体上的）？
3. 解释制订目标在阅读和数学学习中的重要意义？
4. 选择一种策略并解释其优势和劣势？
5. 在阅读或数学任务中使用这种策略？

材料

废纸篓，纸团，粉笔

变形

在接下来的两个星期里，每天让这些团队改进他们前一天的表现。让他们在任务开始前用三分钟的时间规划策略，在任务结束后用三分钟的时间评估策略。每个星期结束时，让各个团队用自己的语言解释“策略”和“目标”的区别。

中年级课例

通过画图的方式制订计划

标准 如何制订计划

中心智能 视觉/空间

辅助智能 人际交流，内省，口头表达/语言

中介重点 目标规划

先验知识检查

将学生分成两人一组。给每个小组分发一张大纸和一支记号笔。用黑板或投影仪列出以下条目：

1. 登上月球
2. 寻找奥兹（Oz）巫师
3. 寻找亚特兰蒂斯
4. 去南极洲旅行
5. 拜访外婆

请学生确定这些条目的共同点（某人去旅行，去某个地方，拥有一个来自故事的目标等）。在你讨论完这些条目之后，让每个小组选择一个条目。他们将以此为基础共同完成一项规划任务。

设计任务结构

1. 确定下列词语的含义并给出定义：

目标：一个希望得到的状态或地点

陷阱：圈套

障碍：阻碍或妨碍

2. 每个小组在纸上画出他们的出发点和目标。（在投影屏幕或黑板上演示。）

***目标**
***出发点**

3. 他们需要画出从出发点到目标的至少三条线路。每条线路至少要有三个不同的陷阱或障碍。他们应该把这些陷阱和障碍画在合适的地方，而且不能使用文字。

4. 他们应该对躲避陷阱、绕过障碍的方法提出建议，并将这些方法画在一张图上。

回顾与反思

将两人小组合并成四人小组，指导他们使用ABC评估表（见下面《为目标打分的ABC标准》课例）。每个两人小组需要用八分钟的时间描述这张表和制订决策的思考方式，并对ABC评估作出回答。

内容延伸

提出下面两个问题：

关于目标规划——

1. 我可以在其他课堂上使用的一种思想是……

2. 我不知道当……时会发生什么。

让全班同学轮流作出回答。

评估学生的表现

让学生就目标制订过程写一篇论文。他们必须在论文中用自己的个人经历进行解释。告诉学生论文的评估准则。

变形

1. 将学生每三人分成一组。确保每个小组的成员具有不同的能力。让每个小组在学校地图上寻找一个地点。为他们分配一个目标，并用一节课的时间让所有小组拿着地图寻找这个地点。

2. 请学生就职业目标或个人目标的话题对朋友、家庭成员或其他人进行采访。制订目标的做法对目标的实现起到了哪些帮助或者阻碍作用？为了帮助采访者实现目标，他们能够提出什么建议？学生可以在目标制订过程的讨论中使用这些信息，同时做好保密工作。

高年级课例

为目标打分的ABC标准

标准 如何评价目标

中心智能 视觉/空间

辅助智能 口头表达/语言，人际交流，内省

中介重点 目标规划

先验知识检查

请学生根据自己的理解确定“目标”一词的定义，并列出目标的同义词（愿望，希望，欲望等）和他们所拥有的目标类型（职业目标，教育目标，个人目标等）。然后，让他们在日志中将下表补充完整。

目标		
含义	同义词	类型

设计任务结构

1. 用拼图策略分享下列信息：现实问题的解决始于制订目标的ABC标准。A = 可实现，B = 可信，C = 可理解。这三个标准可以帮助学生衡量他们的目标质量。分别考虑每一个标准。

首先是“可实现”（achievable）：可实现的目标指的是一个人可以从目前的位置逐步过渡到的真实可达的地方。这意味着这种目标是明确而清晰的。在追逐目标的漫长过程中，人们知道各个步骤的顺序，哪些步骤是重要的，哪些步骤可能需要作出某些调整。例如，15岁的苏（Sue）网球打得很出色，她的目标是成为职业网球运动员。她仔细考虑了自己需要做的事情。例如，她知道自己每天必须练习至少四个小时，坚持执行体重控制计划，根据一位营养师的要求控制饮食，锻炼自己的力量。通过将长期目标分解成可以掌控的、有顺序的步骤，她可以更好

地实现自己的目标。

其次是“可信”（believable）：可信的目标指的是通过对个人的能力范围进行仔细评估制订的目标。我们每个人都可以通过自身经历改进我们对自身能力的理解。直接的经历是最好的老师，间接的经历作用也很大。例如，苏的母亲可能会认为她想成为职业网球运动员的目标可信度并不高，因为她的母亲既不知道也没有听说过哪个“平凡”的女孩儿成了职业网球运动员。在她的母亲看来，这个梦想基本上是无法让人相信的。苏和母亲都需要看到具体的例子。对于苏的母亲来说，这样的例子是不存在的。不过，苏在《体育画报》（*Sports Illustrated*）上读到过女子职业运动员的故事，在温布尔顿看过女子网球比赛，在电视上看到过塞雷娜·威廉姆斯（Serena Williams）和维纳斯·威廉姆斯（Venus Williams），参加过一次当地的锦标赛，拥有施特菲·格拉芙（Steffi Graf）的一个签名，而且为高中杂志采访过她的邻居，一位职业女子教练。与职业女子运动员有过直接接触的苏对自己的目标充满自信。

然后是“可理解”（conceivable）：可理解的目标指的是根据对一个人的优势和劣势进行充分评估制订的目标。这里的“充分”指的是一个人有足够的证据证明自己可以做什么，不可以做什么，并且这些证据具有可靠的来源。苏的教练就是一个可靠的来源。她每周都要查看苏的练习录像。她们共同跟踪苏对每一种击球方式的掌握程度。她们对苏的力量、准确度和注意力进行测量。她们可以将苏与特长班上的其他成员以及职业女子运动员进行比较，以评估她的能力。

用于制订目标的ABC标准可以帮助学生制订出更加清晰、更加现实的目标。这三条标准结合在一起，可以帮助学生以更加现实的视角看到自己想要实现的目标和实现目标的最佳途径。通过学习使用ABC方法，学生可以获得一种有效的工具，从而可以为自己建立一个用于解决大量问题的积极而清晰的框架。

2. 将学生每三人分成一个小组。为每个小组的学生分配1、2、3三个序号。

3. 利用投影仪或黑板向学生展示“澄清”“拓展”“关注”和“支持”这几个词语。对于每个词语，向学生征集一些解释和例子。让学生将这些词语添加到笔记本的生词表里。

4. 分到序号1的人是被关注人。小组里的其他两个人需要在六分钟的时间里集中全部注意力关注他。被关注人需要在不到三分钟的时间里描述他的目标，期间不能被其他人打扰。然后，另外两个人需要提出用于澄清目标的问题和拓展性问题，让被关注者作出回答。他们绝不能和被关注人争论。他们需要通过目光接触和积极的肢体语言对被关注人的回答给予无声的支持。在后面三分钟里，他们需要轮流提出问题。

5. 被关注人可以从下面的列表中选择一项与小组分享。

（1）职业目标

（2）技能目标

（3）学习目标

（4）成果目标

（5）任务目标

（6）人际关系目标

（7）个人提高目标

（8）家庭目标

（9）精神目标

（10）身体目标

（11）财务目标

被关注人需要在三分钟的时间里尽量详细地描述这个目标。一个成员负责查看时间。被关注人可能会描述目标的原因、优势、选择这个目标的理由、这个目标可能会带来的好处以及追逐目标的过程中可能会遇到的困难等。

6. 在听了被关注人不超过三分钟的讲述之后，其他小组成员用ABC方法轮流提问。除了在必要时提出像“你能说得再具体点吗”和“你能给我们举个例子吗”这样的澄清性问题，其他小组成员提出的所有问题都必须与这个目标有关。（他们不能提出“为什么”和“你是否认为……”这样的问题。）

7. 为学生示范采访过程，然后让他们进行采访。从你的生活中选择一个目标与全班同学分享。让一名计时员在三分钟之后打断你的发言。请学生在清单中选择一些问题，让你作出回答。不要忘记使用弃权规则。实际上，这里是你向学生进行亲身示范的一个好机会，你完全可以说：“我放弃回答的权利。”在学生提出三四个问题后，通过让学生伸大拇指等方式检查学生的理解。在指导学生对被关注人采访时对必要的地方作出澄清，然后让各个小组进行第一轮采访。

8. 采访结束时，让被关注人以“我感谢……”为开头对每个伙伴提供的帮助表示具体的感谢，并将最初的目标描述以及在其他小组成员的澄清和支持下作出的所有改动写在日志上。

9. 在第一个被关注人写日志的时候，其他人可以准备他们的目标描述。在你的命令下，小组里的第二个人成了被关注人。按照第一轮采访的方式完成第二轮采访。当第二条日志记录完成时，第三个人又会成为被关注人，各个小组又开始进行第三轮采访。

回顾与反思

请全班同学轮流以“在这次目标澄清活动中，我学到了……”为开头发言。鼓励所有学生仔细倾听发言者的思想。请一些志愿者找出这些思想之间的相同点。让一名学生在纸上或者黑板上记录这些相同点。在学生找到一些相同点之后，让学生对下列问题给出不同的回答：“你可以从这些相同点中得出什么结论？为什么？提出用于澄清目标的问题有哪些一般性的价值？你在哪些时候或场合应该向自己提出用于澄清目标的问题？”

内容延伸

让学生翻开日志。他们可以选择一个与之前在小组里讨论的目标不同的目标。对于ABC中的每一个方面，让他们在日志上写下他们可以向自己提出的关于这个目标的一个合适问题。

评估学生的表现

1. 让学生规划出年底之前的个人学习目标。用ABC模型设计任务结构。让学生每个星期在日志上做记录，以监测进展情况。

2. 让学生写一篇论文或者制作一幅拼贴画，以展示他们如何将制订目标的过程融入到个人生活中。向学生提供一个评估准则。

变形

和健康教师共同举行一次户外活动。让每个学生选择三个体育项目（如仰卧起坐、跳远）。学生可以组成两人小组，画出未来两个星期的ABC目标和计划图。他们可以在合适的时候记录他们相对于目标的进步。

第十一章 挑战

“当一个人获悉了学习的乐趣时，他就会在一生中不断地追求学习的乐趣，并在这个过程中成为一个具有逻辑思维的人。这就是教学的挑战和乐趣。”

——玛瓦·柯林斯（Marva Collins，莱利，1993）

那些试图理解优秀教师奥秘的研究人员似乎从未听从玛瓦·柯林斯关于学习乐趣的建议。相反，他们似乎专注于行为学家的模型和理念，认为优秀教师拥有许多技巧和手段，其效果很容易衡量。阿尔菲·科恩（1993）在其作品中指出，这些手段分为两类：奖励和惩罚。奖励包括高分、金星、表扬和恭维；惩罚包括低分、批评、延迟下课或延迟放学以及可怕的“给家里打电话”。

科恩和费厄斯坦等人扩大了内在动力学说的影响。在下一个中介互动标准即挑战的中介中，中介者为学生营造学习环境，提供学习机会，以便让学生取得进步。这些机会可以培养学生完成任务的内在动力，使他们在面对看上去非常困难的任务时也能产生兴趣和激情，坚定自己完成任务的决心。在中介者的支持、鼓励和挑战下，学生可以发现自己之前不知道的潜能。

挑战的中介

在挑战中介中，中介者为学生营造学习环境，提供学习机会，以便让学生取得进步。

考虑两个不同的小学数学课堂。在一个课堂上，教师向每个学生分发一张带有54个数字问题的单页。她把要求告诉学生，然后坐在书桌前。如果学生遇到了一个问题，他就得在教师书桌的右侧排队等待教师解答。在另一个课堂上，教师将学生每三人分成一组。她给每个小组分发两个杯子，一个杯子里装的是干玉米粒，另一个杯子里装的是弹子。她让每个小组从杯子里取出三颗玉米粒和四颗弹子。这些小组需要迅速确定他们所取出的“物品”数量。教师将这个过程重复若干次。每一次，问题的难度都会有所提高，孩子们对新的挑战也越来越感兴趣。

当学生把所有玉米粒和弹子摆到桌子上时，教师请他们解释自己从这种计数活动中学到了什么。在学生发言之后，教师让他们对一些数字进行加法运算。当他们完成任务时，教师又会提出一个难度更大的问题。

当一名教师或家长像上面第二个例子中那样进行挑战中介时，学生在学习上的经历与滑雪新手在山坡上的经历是类似的。最初，滑雪新手需要在初级滑道上练习。当滑雪者可以在教练的指导下从山上滑下来而不摔倒或者摔倒后还能爬起来继续滑时，这些新手就可以回到自己的滑道上滑行。随着信心的增加，滑雪者会产生厌倦情绪：他们已经无法体验到最初挑战滑雪时的那种新鲜感了。现在，他们相信自己能够在绿色滑道上滑行，而且做好了准备。当他们可以轻松驾驭绿色线路时，这些滑雪者可以挑战难度更大的蓝色滑道，并最终挑战双黑钻滑道。这些学生在每次取得成功时得到小木棍和小星星的奖励了吗？没有——他们的回报是他们在战胜恐惧、承担风险和挑战自身极限时感受到的是来自内心的激动和快乐。

建立挑战

中介者如何为学生建立挑战呢？首先，他们以亲身示范的方式教导学生面对困难的文字问题时采取开放而激动的态度。当学生用语言和身体动作表示“哦，我的天哪，我永远也无法完成这样的任务”时，中介者应该对学生给予鼓励：“我知道这很难，但我也知道你的能力，我们可以共同完成这项任务。”

其次，中介者为学生准备一系列难度和复杂度逐渐增加的任务。他们为学生规划前进的道路，告诉学生如何超越初级滑道，尝试更加艰难的滑道。中介者还可以为学生提供新鲜的视角：他们不是为学生布置重复而又无聊的练习题，让学生完成并上交这些题目，而是为学生提供以活动为基础、难度逐渐增加的学习环境，让学生亲自动手实践。在解决问题的过程中，学生的信心也会得到提高。

第三，中介者鼓励学生怀着一颗好奇心、以具有创造性和原创性的方式完成任务。当学生掌握了基本的步骤时，中介者就会提高任务的难度，激励学生想出解决问题的新方法，他们可以对学生说“请告诉我你的另一种想法”或者“另一种方法是什么”。学生需要对各种方法进行试验，以寻找最佳方案。

第四，中介者鼓励学生进行适当的冒险。他们激励学生在他们想要试验的策略中使用新的方法。“这样做能让你发挥得更好吗？它能把你带入新的领域吗？”

第五，中介者帮助学生反思成功的原因，确定最佳策略，将思考模式融入到学习方法中，中介者将他们对学生学习表现的观察告诉学生，并将自己看到学生取得进步时产生的热情和兴奋以及对学生的肯定传达给学生。他们对学生选择的做法和取得的成就给予特别的强调："你选择了这个策略，而且取得了成功。干得不错。"

不应该做的三件事情

在进行挑战中介时，家长和教师不仅要知道自己应该做什么，而且要知道自己不应该做什么。

在进行挑战中介时，家长和教师不仅要知道自己应该做什么，而且要知道自己不应该做什么。首先，中介者不能妨碍学生完成任务，不能代替学生完成任务，也不能以自问自答的方式帮助学生。如果中介者过早结束任务，不给学生留出足够多的时间，他们就会剥夺学生必要的练习机会和改正错误的机会。

其次，中介者应该避免使用外部行为矫正手段，尤其是有条件的奖励承诺："如果你做到这一点，我就给你……"有条件的奖励会让学生养成对奖励的依赖。当学生得到小型奖励时，他们就会期望下次得到更大的奖励：起初是一双新鞋，然后是一条高价连衣裙——用不了多久就会轮到汽车钥匙了吧？一旦跌入外部奖励的陷阱，学生就不会再去关注他们在战胜新的困难时获得的积极感受。

最后，中介者应该避免为学生提供看上去无法完成的任务。用滑雪来比喻，中介者不能把新手带到黑钻滑道的顶端，然后说："滑下去吧，我知道你能行。"冒险从事那些看上去超出自己能力范围的任务只会让学生变得更加缺乏自信。

将思考方式融入所有课程中

在中介课堂上，高水平教师可以通过提出难度逐渐升高的问题，进行挑战中介。例如，他们可以使用三层智能模型。

乍一看，这个模型似乎仅仅是布卢姆分类法的一个简化版本。颇有讽刺意味的是，许多教师被要求背诵布卢姆为我们留下的篇幅不短的分类清单。相比之下，三层模型是一种非常有用的工具，它为教师提供了一个挑战框架，用于提高中介问题的挑战水平。每个楼层列出了学生在标准课程中经常无意识使用的思考方法，所有这些思考方法都经过了仔细的挑选。例如，"第二层楼"上包含了推断方法，几乎每一个四年级阅读课程都要求学生进行推断，因为它是阅读理解中的一项重要技能。大多数学生都会在九年级的代数课上学习逻辑。在高水平的中学作文训练项目中，学生通常需要在论文中对故事的人物、体裁和主题进行比较和对比，并对故事结局作出预测。

三层智能

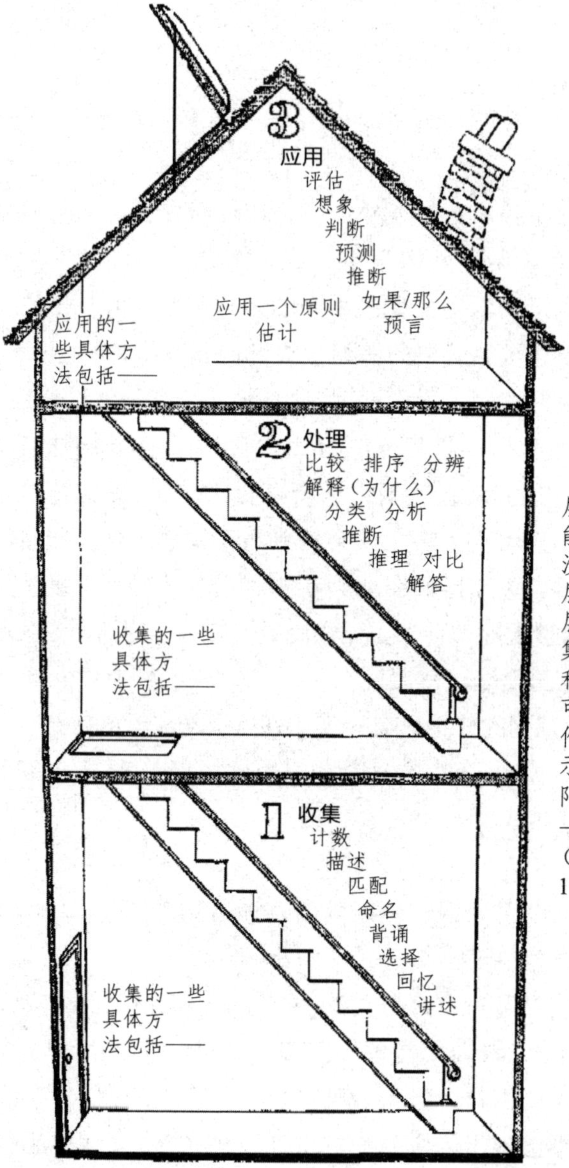

左边是一层智能、二层智能和带有天窗的三层智能。那些只知道收集事实、没有其他目标的人生活在一层。住在二层楼上的人对一层居民的劳动成果和自己收集到的信息进行比较、推理和总结。住在三层楼上的人可以总结思想、发挥想象、作出预测——他们的最佳启示来自透过天窗照射进来的阳光。

——奥利弗·温德尔·霍姆斯（Oliver Wendell Holmes，1993）

来源：贝兰卡和福格蒂（2003）。

使用三层智能模型

在以问题为中心的课堂上，教师的工作重点是帮助学生更加深入地理解课程中的重要概念。

在挑战教室里，教师可以用三层智能模型以三种方式引导学生的学习。首先，教师可以在讨论学习内容时用这种模型向学生提出难度逐渐升高的问题。教师可以依次提出一层问题、二层问题和三层问题，以检查学生对所学内容的理解。

1. 说出________地区面积最大的国家。

2. 将这个国家的出口额与________的出口额进行比较。

3. 请预测一下，如果这个国家不再对美国出口商品，这一做法会对国际贸易产生什么影响。

其次，教师可以通过用三层模型重新调整课程结构的方式进行挑战中介。在课程结构的调整中，有两个要点：内容和过程。对于每一个要点，课程结构调整的第一步都是目标的调整（“目标规划”）。目前的现实是，许多课堂上的活动仅仅由教师讲述教材和学生做练习册两部分组成。在以问题为中心的课堂上，教师的工作重点则是帮助学生更加深入地理解课程中的重要概念。

对于想要进行挑战中介的教师来说，要想将概念作为教学重点，他们需要首先问自己：“当学生学完这门课程时，他们将会获得哪些知识和能力？”当教师确定这个问题的答案以后，他们需要问自己：“为了帮助学生理解这些重要概念，掌握这些重要技能，我需要哪些资源？”教师需要从教材和其他材料中选择能够支持他实现目标的资源。

在挑战课堂上，课本是学生的重要学习资源。教师不应该一章一章地照本宣科，他们应该选择最有利于解答学生疑问的章节和内容。在从课本中选择内容时，他们应该问自己：“这些内容是否能够有效地帮助学生实现目标？”这样一来，他们就会通过选择保留那些最重要的信息，丢弃那些与中心问题无关的内容。

这种选择过程叫作“有选择的放弃”，大多数教师在上大学的时候都接触过这个概念。遗憾的是，他们几乎没有机会将“有选择的放弃”这门艺术付诸实践。当他们走上工作岗位时，他们发现教育系统基本上不支持这种基于概念的教学方法。很快，课本和练习册就成了没有选择余地的教学指南，他们必须学会在36个星期之内将课本一章一章地讲完。实际上，通过这种教学方式，他们成功实现了不让学生理解课程核心概念的目标。

假设一个刚刚走上工作岗位的教师需要教九年级英文。在职业生涯的第一天，她听了一场斗志昂扬的演说，参加了一场部门会议，并在会议上得到了教材、教室号和暂时的学生名单。教材看上去很熟悉——和她上中学时使用的教材一模一样。晚上，她回到家，打开课本和教学计划书。她在教学计划书里写下了第一个星期的工作计划："星期一：点名，分发教材，回顾课堂规则。星期二：阅读盎格鲁-撒克逊时期的历史内容和《贝奥武夫》（*Beowulf*）。星期三：展示盎格鲁-撒克逊时期的幻灯片。星期四：《贝奥武夫》（*Beowulf*）讨论。星期五：《贝奥武夫》（*Beowulf*）测验。"她取出了自己在学习大学概论课程《英语文学101》（*English Literature 101*）时做的笔记，以便为授课做准备。

星期一	星期二	星期三	星期四	星期五
点名 教材 规则	阅读盎格鲁-撒克逊时期的历史内容和《贝奥武夫》	展示幻灯片	《贝奥武夫》讨论	测验

她还可以采用另一种截然不同的做法。她可以利用自己的文学知识，向自己提出这样一个问题："这门课程结束时，学生将会获得哪些知识和技能？"她给出的答案中可能会包含这样一些内容："我的学生将会知道，文学可以给我们的人生带来极大的启示，帮助我们在困难局面下作出更有思想深度的决定"或者"我的学生可以写一篇由三个段落组成的具有连贯思想的论文，用于解释他们所阅读的文学为他们的人生带来的启示。"有了这些答案，她可以轻松设计出第一周和随后各周的高效教学计划：

"星期一：点名，询问学生文学可以给他们的人生带来怎样的启示；举出一个例子，并用TESA[以教师期望提高学生成绩]方法让所有人对这个问题进行思考；告诉学生课程结束时关于这个问题我对他们的期望。星期二：让学生在读完文学作品之后把自己的感想写在日志上，然后进行全班讨论。让他们紧紧围绕文学对我们人生的启示进行思考。阅读并讨论金博士的《伯明翰狱中来信》（*Letter From the Birmingham Jail*），因为这篇文章与学生过去的知识和经历有关。日志题目是——'这封信对我们来说有什么意义？'星期三：对日志题目进行讨论，为学生总结《贝奥武夫》（*Beowulf*）；讨论这个故事及其与金博士的信件之间的关系。日志题目是——'《贝奥武夫》（*Beowulf*）对我们的人生有什么启示？'星期四：重写日志。星期五：介绍写作过程。画出两位作者的韦恩图——将这些内容与我们的人生联系起来；回顾日志记录，讨论金博士的书信与《贝奥武夫》(*Beowulf*)之间的联系。"

星期一	点名，说出我的期望 提问：文学可以给我们的人生带来怎样的启示？
星期二	日志：对文学的反思
星期三	金博士的书信：它给我们的人生带来了怎样的启示？
星期四	比较《贝奥武夫》与金博士的书信 在日志中记录新的反思内容
星期五	写作课：用韦恩图对两部作品和我们的人生进行比较

显然，第二个计划漏掉了教材中的许多内容。不过，第二个计划与课程关注的两个目标具有更加直接的关系。随着时间的推移，教师会忽略掉长达723页的课本中包含的许多文学作品和历史解说。在课程进行过程中，她会选择那些最能帮助学生将文学与现实生活联系在一起的文学作品，同时培养学生撰写说明文的基本能力。同照本宣科式的教学方法相比，这种方法很可能会让这些学生在课程结束时对于必读课文获得更全面的认识、更深入的理解和更丰富的知识。此外，同通常那种以"耗时间"的形式让学生完成写作任务的做法相比，通过将第二个目标作为第一个目标的表达工具，教师可以更好地培养学生写作有意义的论文的能力。

除了调整课程结构，重视质量而非数量，教师还可以利用三层模型提高任务的挑战水平。在上面的九年级例子中，教师可以用前半学期的时间设计写作任务的结构，以便让学生提高信息收集的质量（第一层）。当他们阅读文学作品和背景材料时，教师可以让他们关注故事情节、与人物有关的事实以及故事发生的地点和历史背景。教师可以让学生在论文中列举事实，描述细节。当学生能够更加精确地完成这些任务时，教师可以将写作任务移到第二层，让学生对收集到的信息进行比较和对比，并对它们的原因进行解释。到了下学期，学生可以进入第三层，将评估、预测、综合等高级方法运用到论文写作任务中。

三层智能模型还有第三种用途，教师中介者可以让学生利用这个模型学习如何提出问题。他们可以将三层模型张贴出来，然后向全班同学展示他们在课堂讨论和设计写作任务时使用的提问技巧。为利用学生对于提问的既有知识，教师还可以利用"独立思考—结对合作—相对交流"的形式，让学生就他们正在学习的内容提出原创性问题。此外，他们还可以在每个单元结尾留出时间，让学生组成两人小组，设计出与刚刚学过的内容有关的问题，并向全班同学提出这些问题。这两种方法都非常简单。

其他提问策略

其他形式的提问策略也可以起到激励学生的作用。

问题网状图

在每节课结尾，将学生分成两人一组。每个小组需要回顾这节课的内容，在他们不理解的地方或者需要重点强调的地方提出一个问题（什么、为什么、什么时候、什么地方或者怎样）。在所有小组想出问题之后（给出五分钟的时间），随机找学生说出他的问题。在黑板或投影屏幕上将这些问题组织成一个网状图。问题收集环节结束后（不要有任何重复），带领大家对每个问题进行讨论。用进一步提问的方式引导学生思考，把第一次回答的机会留给学生。

"三合一"方法

提出至少拥有三种可能回答形式的问题。将学生每三人分成一组。让小组里的每个学生给出一种可能的回答，并让记录员将答案写下来。提出一个后续问题，以帮助学生根据三个小组答案确定一个最佳答案。他们可以对三种想法排序或者将其合并。检查员需要检查：

1. 所有成员是否赞同这个最佳答案（通过小组成员伸大拇指的方式判断）；2. 每个成员是否能够对他们选择的这个答案作出解释；3. 每个成员是否能够说出选择这个答案的原因。小组成员应该先对2和3进行演练，然后才能在小组的工作表上签名，以表示"我同意""我能作出解释"以及"我能说出我们作出这个决定的原因"。

报纸图

将学生分成两人一组。给每个小组发一份下面的图表，让他们根据刚刚学过的内容将这张图表补充完整。

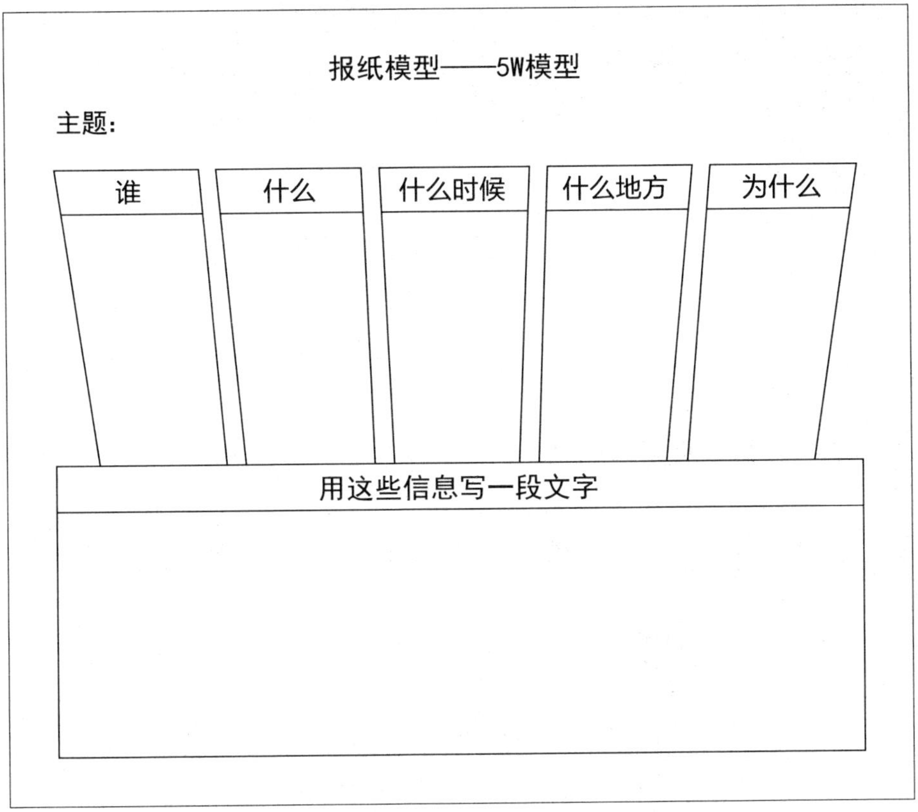

来源：贝兰卡和福格蒂（2003）。

除了挑战中介策略，中介教师还可以在课堂上激励学生用自己的观察、思考模式和总结能力对知识作出解读并加深理解。在下面的课例中，教师中介者通过始于具体经历终于高难度总结的教学结构，向学生传授重要的课程概念（如周长和社区）。

重点提示

在挑战中介中，中介者为学生营造学习环境，提供学习机会，以便让学生在难度逐渐升高的任务中取得进步。

本章介绍了中介者在挑战中介过程中应该做的和不应该做的事情。他们应该培养学生对于学习的激情和热情，为学生提供一系列难度和复杂度逐渐升高的任务，鼓励学生进行适当的冒险，并在完成任务的过程中发挥独创性。

在挑战中介中，提问后的反思是取得进步的关键。

三层智能模型在本质上与布卢姆的分类法类似，这种图形工具可以帮助教师设计出更好的问题、任务和测试，让学生对来自第2层和第3层的更具挑战性的问题进行思考，而不是仅仅根据第1层的问题对信息进行简单的机械重复。

低年级课例

解决问题的故事

标准 解决问题

中心智能 口头表达/语言

辅助智能 人际交流，视觉/空间

中介重点 挑战

先验知识检查

贴出一张解决问题观察学习表，供学生使用。选择一个阅读能力强的学生阅读每个步骤，然后带领全班同学齐声朗读。告诉学生，在这节课的小组活动中，当你观察他们执行这些步骤时，你还会使用这个图表。

解决问题工作表

1. 提出问题。
2. 提出解决问题的方案。
3. 确定最佳解决方案。
4. 说出最佳解决方案的形成过程。

设计任务结构

1. 选择一个故事的视频。（你可以在教学生解决问题的不止一节课上使用相同的流程）。下面是一些故事视频。一定要事先查看每个视频，以确定你在故事的哪些地方暂停，以便让学生讨论问题。（你也可以采用向全班同学阅读故事的形式。此时，你可以在每个故事合适的地方使用相同的问题。如果学生小组的数量足够多，你可以在播放视频之前让每个小组的阅读员阅读故事，并在合适的地方让他停下来，以便让各个小组对问题进行讨论。故事读完之后，你可以播放视频，也可以不播放视频。）

可以使用的视频故事
《大象的鼻子是怎么来的》(*How the Elephant Got His Trunk*)
《坚定的锡兵》(*The Staunch Tin Soldier*)
《韩塞尔与葛雷特》(*Hansel and Gretel*)
《打火匣》(*The Tinder Box*)
《小拇指》(*Little Tom Thumb*)
《侏儒怪》(*Rumpelstiltskin*)
《皇帝的新装》(*The Emperor' s New Clothes*)
《青蛙王子》(*The Frog Prince*)
《狼来了》(*The Boy Who Cried Wolf*)
《睡美人》(*Sleeping Beauty*)
《丑小鸭》(*Tale of the Ugly Duckling*)
《迈达斯国王的耳朵》(*The Ears of King Midas*)

2. 在开始播放视频之前，将全班同学每三人分成一组。用带有彩色圆点的卡片确定每个小组成员的身份。阅读员负责阅读问题。如果你决定采用由学生阅读故事的形式，那么阅读员还要负责阅读故事。记录员负责记录问题的答案。检查员需要确保所有小组成员赞成每个答案的观点。

3. 给每个记录员分发一张解决问题工作表。

4. 告诉学生，在观看视频的过程中，当问题或挑战出现时，你就会暂停播放。回顾解决问题观察图表上的步骤，因为各个小组即将使用这些步骤。在播放完视频或讲完故事时，让每个小组用五分钟的时间填写解决问题工作表的第一个空格，即问题。

5. 对剩下两个空格重复同样的步骤。告诉学生你准备在哪里暂停，回顾解决问题的恰当行为，并在视频结束后给学生留出五分钟的时间。

回顾与反思

对于工作表上的每个空格，请一些学生说出他们的答案。将这些答案写在黑板上，讨论还有没有其他答案。鼓励全班同学得出一个共同的答案。不要给出答案或提示。对每个小组的汇报进行总结，然后让全班同学达成一致。当全班同学对工作表上的每个空格达成一致时，将这个答案写在观察表上，然后讨论下一个空格。当你收集各个小组的数据时，不要重复询问同一个小组。

内容延伸

1. 请各个小组在解决问题工作表的背面写出如下内容：(1) 他们从故事中的人物解决问题的过程中学到的东西；(2) 工作表中他们最善于使用的方法。对于这两个问题，分别请一些小组说出他们的答案。接着，根据观察表，说出你所观察到的各个小组在任务中的表现。将包含你的反馈意见的观察表张贴出来，供大家参考。

2. 用观察表记录学生在任务中的表现，以便让他们看到自己的进步。你可以设置一些标杆，作为激励他们前进的动力。你可以对于多个故事使用相同的授课流程，通过难度逐渐升高的故事激发学生的学习动力，这种方法可以使观察表发挥出最佳效果。

材料

解决问题观察表，经过挑选的视频，电视，视频播放机，索引卡片，彩色圆点，解决问题工作表，胶带。

变形

1. 如果没有视频设备，选择一个故事，向全班同学阅读。

2. 在“回顾与反思”中，进行挑战中介。具体来说，就是让学生讨论：(1) 故事中人物面临的挑战；(2) 每个人物是如何应对这种挑战的；(3) 学生可以从这些人物应对挑战的过程中学到什么。

中年级课例
传统英雄

标准 确定信息来源，包括特征、行为和性格
中心智能 视觉/空间
辅助智能 人际交流，口头表达/语言
中介重点 挑战

先验知识检查

1. 在公告板上画出一个或多个传统英雄网状图。（为班上同学代表的每一种文化画出一个网状图。）

2. 请学生为他们能够叫上名字的每个名人制作一张姓名卡片。将这些卡片放在合适的网状图上。请学生介绍这些人物。

设计任务结构

在现有网状图上添加学生没有提到的人物。

1. 请每个学生在网状图上选择一个名字，并用一个星期的时间研究这个人物。让学生寻找下列信息：

（1）这个人是谁？（重要的日期和事实）

（2）他作出了什么贡献？

（3）他克服了哪些困难？

（4）我们可以从他的人生经历中学到什么？

向学生展示如何用索引卡片记录答案，确定信息来源。

2. 让每个学生用一篇包含五个段落的论文（开头一个段落，中间三个段落，结尾一个段落）回答这些问题。讨论你将要使用的考查标准。和每个学生讨论初稿，对语法、拼写、结构等方面的错误进行修改。

3. 收集、检查并张贴最终稿。

4. 随机将每三名学生分成一组。各个小组需要确定不同英雄在思想、信仰和态度上的相同点和不同点。

5. 让每个小组规划并表演一个为期五分钟的英雄电视采访节目。这些英雄需要对一件时事进行讨论。之后，每个小组成员需要解释他们表演的人物为什么具有某种主张。(为了给表演留出足够的时间，每天只表演两到三场。)

回顾与反思

请学生讨论他们从这些英雄身上学到了哪些应对挑战的方法。他们如何将同样的方法应用到每天的生活中？

内容延伸

请每个学生向他所扮演的英雄写一封信。他们需要在信中解释他们从这些人身上学到了什么以及他们如何将这些知识运用到自己的生活中。一定要在他们动笔前回顾评价标准。

评估学生的表现

1. 学生撰写的由五个段落组成的论文是否与他们需要回答的四个问题具有清晰而准确的对应关系？

2. 小组的展示在多大程度上表现了人物的信仰和思想？

3. 学生写的信在多大程度上表现了人物的优秀品质？

材料

公告板，大头钉或胶带，具有多种颜色的彩纸，记号笔或蜡笔，索引卡片。

变形

1. 让每个三人小组对一个人物进行研究。

2. 对每个人物用真实的服装进行完整的表演。

3. 让学生为每个人物制作一幅拼贴画，用于代替论文。

4. 为每个小组分配一个当前的社会问题，让他们站在英雄的角度解决这个问题，用于代替对时事的讨论。让他们通过表演短剧的形式表现这种解决方法。

传统英雄

非裔美国人

穆罕默德·阿里（Muhammad Ali）
玛丽安·安德森（Marian Anderson）
马娅·安杰卢（Maya Angerson）
路易斯·阿姆斯特朗（Louis Armstrong）
亚瑟·阿希（Arthur Ashe）
詹姆斯·鲍德温（James Baldwin）
玛丽·麦克劳德·贝休恩（Mary McLeod Bethune）
格温多琳·布鲁克斯（Gwendolyn Broods）
罗纳德·布朗（Ronald Brown）
雷·查尔斯（Ray Charles）
威廉·“比尔”·科斯比博士和卡米尔·科斯比（Dr. William “Bill” and Camille Cosby）
奥西·戴维斯（Ossie Davis）和露比·（Ruby Dee）
W.E.B.杜波依斯（W. E. B. Dubois）
保罗·劳伦斯·邓巴（Paul Lawrence Dunbar）
迈德加·埃弗斯（Medgar Evers）
路易斯·法拉堪牧师（Min. Louis Farrakhan）
马库斯·加维（Marcus Garvey）
尼基·乔瓦尼（Nikki Giovanni）
贝里·戈迪（Berry Gordy）
迪克·格雷戈里（Dick Gregory）
亚历克斯·哈里（Alex Haley）
芬妮·娄·哈默（Fannie Lou Hamer）
阿萨·希里阿尔德（Asa Hilliard）
卓拉·尼尔·赫斯顿（Zora Neale Hurston）
约翰·H.约翰逊（John H. Johnson）
朗斯顿·休斯（Langston Hughes）
罗恩·卡伦加（Ron Karenga）
小马丁·路德·金教士兼博士和科雷塔·斯科特·金（Coretta Scott King）
贝蒂·艾克斯（Betty X）和马尔科姆·艾克斯（埃尔·哈吉·马利克-阿尔-沙巴兹）【Malcolm X（El Hajj Malik-Al-Shabazz）】
瑟古德·马歇尔（Thurgood Marshall）
杰西·欧文斯（Jesse Owens）
罗莎·帕克斯（Rosa Parks）
阿尔文·弗朗西斯·普森特（Alvin Francis Poussaint）
科林·L.鲍威尔（Colin L. Powell）
蕾昂泰茵·普莱斯（Leontyne Price）
A.菲利普·伦道夫（A. Phillip Randolph）
路·劳尔斯（Lou Rawls）
杰基·罗宾森（Jackie Robinson）
索杰纳·特鲁斯（Sojourner Truth）
哈莉特·塔布曼（Harriet Tubman）
C.J.沃克夫人（Madame C. J. Walker）
艾达·B.威尔斯（Ida B. Wells）
奥普拉·温弗瑞（Oprah Winfrey）
史提夫·汪达（Stevie Wonder）
安德鲁·杨（Andrew Young）

世界其他地区具有非洲血统的名人

伊索（Aesop）
桑尼·阿里（Sonni Ali）
里奇蒙·巴尔特（Richmond Barthé）
路德维希·范·贝多芬（Ludwig van Beethoven）
罗伯特·布朗宁（Robert Browning）
保罗·贝洛尼·迪·谢吕（Paul Belloni Du Chaillu）
克利奥帕特拉（Cleopatra）
塞缪尔·泰勒·柯勒律治（Samuel Taylor Coleridge）
塞缪尔·克劳勒（Samuel Crowler）
谢克·安塔·迪奥普（Cheikh Anta Diop）
阿尔弗雷德·多布斯（Alfred Dobbs）
亚历山大·仲马（Alexandre Dumas）
汉尼拔（Hannibal）
H.H.哈里森（H. H. Harrison）
哈特谢普苏特女王（Queen Hatshepsut）
理查德•希尔（Richard Hill）
印何阗（Imhotep）
示巴女王马克达（Makeda,Queen of Sheba）
纳尔逊·曼德拉（Nelson Mandela）
亚历山德罗·德·美第奇（Allesandro de’ Medici）
若阿尚·缪拉（Joachim Murat）
津加女王（Queen Nzingha）
杜桑·卢维杜尔（Touissant L’ Overture）
亚历山大·普希金（Aleksander Pushkin）
海尔·塞拉西（Haile Selassie）
查尔斯·斯波尔丁（Charles Spaulding）
玛丽·丘奇·特雷尔（Mary Church Terrell）
图特摩斯三世（Thutmose III）
威廉·特劳顿（William Trotten）
德斯蒙德·图图（Desmond Tutu）
埃萨克·华莱士-约翰逊（Issac Wallace-Johnson）
季诺碧亚（Zenobia）

西裔美国人

洛佩·德·阿格莱（Lope de Aguirre）
佩德罗·安托尼奥·德·阿拉尔孔（Pedro Antonio de Alarcón）
埃萨克·阿尔贝尼兹（Issac Albéniz）
佩德罗·德·阿尔瓦拉多（Pedro de Alvarado）
埃弗雷特·阿尔瓦雷兹（Everett Alvarez）
豪尔赫·卡雷拉·安德拉德（Jorge Carrera Andrade）
皮奥·巴罗哈（Pío Baroja）
加西亚·卡尔德隆（Garcia Calderon）
理查德·E·卡瓦佐斯（Richard E. Cavazos）
塞萨尔·查韦斯（César Chávez）
罗伯托·克莱门特（Roberto Clemente）
费尔南多·德·罗哈斯（Fernando De Rojas）
罗伯托·杜兰（Roberto Durán）
卡洛斯·芬莱（Carlos Finlay）
费尔南多·加西亚（Fernanco García）
卡洛斯·戈麦斯（Carlos Gomes）
塞西莉亚·冈萨雷斯（Cecilia Gonzalez）
何塞·玛丽亚·德·埃雷迪亚（Jose Maria de Heredia）
胡里奥·伊格莱西亚斯（Julio Iglesias）
胡安·拉蒙·希梅内斯（Juan Ramón Jiménez）
阿古斯丁·拉腊（Agustín Lara）
迭戈·马拉多纳（Diego Maradona）
里卡多·蒙塔尔万（Ricardo Montalbán）
丽塔·莫雷诺（Rita Moreno）
胡安·奥特加（Juan Ortega）
曼努埃尔·皮阿尔（Manuel Piar）
奥拉西奥·里韦罗（Horacio Rivero）
奇·奇·罗德里格斯（Chi Chi Rodriguez）
弗朗西斯科·德·索瑞拉·罗哈斯（Francisco de Zorrilla Rojas）
塞萨尔·罗梅罗（César Romero）
阿兰查·桑切斯-维卡里奥（Arantxa Sanchez-Vicario）
乔治·桑塔亚那（George Santayana）
李·特雷维尼奥（Lee Treviño）
佛南度·瓦伦佐拉（Fernando Valenzuela）
约瑟夫·怀特（Joseph White）

其他具有西裔血统的世界名人

瓦斯科·努涅斯·德·巴尔沃亚（Vasco Núñez de Balboa）
西蒙·玻利瓦尔（Simón Bolívar）
豪尔赫·路易斯·博尔赫斯（Jorge Luis Borges）
帕布罗·卡萨尔斯（Pablo Casals）
萨尔瓦多·达利（Salvador Dalí）
普拉西多·多明戈（Plácido Domingo）
贝尼托·胡亚雷斯（Benito Juárez）
费德里科·加西亚·洛尔卡（Federico García Lorca）
巴勃罗·聂鲁达（Pablo Neruda）
贝利（Pelé）
巴勃罗·毕加索（Pablo Picasso）
迭戈·里维拉（Diego Rivera）
安德烈斯·塞戈维亚（Andrés Segovia）
弗雷·朱尼佩罗·塞拉（Fray Junípero Serra）
迭戈·委拉斯开兹（Diego Velázquez）
埃米利亚诺·萨帕塔（Emiliano Zapata）

美洲原住民

查尔斯·亚历山大博士（Dr. Charles Alexander）
大脚（Bigfoot）
艾贝尔·波森姆（Abel Bosum）
约瑟夫·布兰特（Joseph Brant）
科奇斯酋长（Chief Cochise）
疯马（Crazy Horse/Ta-sunko-witko）
丹·乔治（Dan George）
杰罗尼莫（Geronimo）
约瑟夫酋长（Chief Joseph）
奈切酋长（Chief Naiche）
瓜纳·帕克（Quanna Parker）
格里高利·派瑞罗（Gregory Perillo）
庞蒂亚克酋长（Chief Pontiac）
红云酋长（Chief Red Cloud）
约翰·罗斯（John Ross）
桑塔纳（Santana）
塞阔雅（Sequoya）
坐牛酋长（Chief Sitting Bull）
特库姆塞（Tecumseh）

高年级课例
一圈又一圈

标准 如何用数学公式对圆作出更加精确的估计

中心智能 身体/运动

辅助智能 人际交流，口头表达/语言

中介重点 挑战

先验知识检查

请班上的一名学生猜测一只玻璃杯的周长和高度哪个更大。给这名学生一个水杯样品。在这名学生作出“猜测”之后，询问全班同学是否同意他的回答。大多数人都会猜错，他们会选择杯子的高度。在一些学生作出回答之后，学生们将会开始对问题进行“估计”，而不是单纯的“猜测”。对于每一个不同的回答，请学生给出理由。对两三个不同的杯子重复同样的步骤。将确定正确答案的方法在黑板上列出来。如果没有人说出“半径”“周长”“直径”这些术语，那么你需要把它们列出来，讲解它们的定义。最后，向学生介绍“估计”一词。请学生给出它的定义和例子，并说出如何利用周长和半径对杯子进行更加精确的估计。对学生的优秀表现给予表扬，为先验知识的拓展打下良好的基础。

设计任务结构

在黑板上用一张图展示这些重要术语之间的关系。告诉学生，这节课的目标是：“学习如何用数学公式对圆作出更加精确的估计。”将学生每三人分成一组。为每个小组分配计算员、检查员和鼓励员的角色。给每个小组一个塑料袋，里面包含：1. 一个计算器；2. 一个卷尺；3. 三张具有不同尺寸的圆纸板；4. 工作表。各个小组需要测量每个纸板的半径，并用公式计算周长。（给出15分钟时间。）

回顾与反思

让每个小组讨论下面的问题，然后找一些学生给出他们的答案。

1. 你得到的结果是什么？你的估计准确度如何？如何提高估计准确度？

2. 你的小组成员为团队做了哪些工作？

内容延伸

选择1中的一个或多个任务，让学生在日志上写出答案。

1. 解决下列应用题：

(1) 有一些车轮的半径分别是17英寸、36英寸、7英寸和129英寸，它们的周长是多少？

(2) 如果你的卡车车轮直径为39英寸，在三英里的旅行中，车轮需要转多少圈？(一英里等于______英寸。)

(3) 阅读问题，给出解题过程。玛丽的自行车车轮直径为39英寸。玛丽每天骑自行车上学，走的是同一条4.5英里长的路线。在往返学校过程中，自行车前轮需要转多少圈呢？解题过程必须包括：(a) 里程乘以2，以代表往返路线；(b) 英里换算成英寸；(c) 将19.5英寸转化成英里；(d) 计算周长。

(4) 自己设计一道关于周长的应用题并给出解题过程。

(5) 解释“周长”“直径”和/或“半径”这些词语，指出学习每个词语的重要意义。

(6) 在这间教室里以及你的家里，你可以根据数学知识估计出哪些物体的周长？将这些物体列举出来。选择一个物体，展示你的估计过程。

2. 在学生解决完这些问题之后，找一些学生说出他们的答案，并进行讨论。

评估学生的表现

学生可以在多大程度上

1. 解释数学术语，并用日常生活中的例子说明这些概念之间的关系？

2. 测量圆形物体的半径，并用正确的数学公式计算周长？

3. 解释这个公式在日常生活中的重要意义？

材料

几个具有不同高度和周长的杯子，投影仪和幻灯片，装在塑料袋里的一个计算器、一个卷尺、三个具有不同尺寸的圆纸板以及工作表，学生日志。

变形

1. 将圆形换成三角形、正方形或者其他几何图形。提供具有不同尺寸的形状模型，让学生动手操作并用测量公式进行计算。

2. 让学生对家庭生活中的物体进行测量（如测量盘子、储藏箱、垃圾桶的周长）。

第十二章　自我改变

“不管你是否期待明天，明天都会来临。”

——塞拉利昂谚语

自我改变是第十个中介标准，它就像马拉松比赛的最后冲刺阶段一样。中介者的终极使命是培养和提高学生的自我改变愿望，改变他们一生的学习方式，这是所有其他中介标准的基础。不过，学生对自身变化的发现、接受、评估和监督才是促使他们抵达独立自主学习这条终点线的决定性因素。

费厄斯坦认为，自我改变能力是人类最稳定的特点。不管人们承认与否，人类自身和周围环境一直都在变化，而且这种变化永远也不会停止。许多人抗拒这种变化——待在安乐窝里往往比踏上自我改变之路更加容易。

自我改变中介

中介者不能强迫学生作出改变。他们可以帮助学生认识到变化的动态潜力。他们可以让学生知道变化的优点和缺点。接着，根据费厄斯坦的核心理论，中介者可以引导学生对学习进行自我控制。这种自我控制包括对于内在变化的认识，对个人能力增长的期望，对个人变化的自我监督以及对于离开安乐窝、促进自身变化的更加开放的态度。

有一些最有效的自我改变中介课堂策略非常便于使用：

- 取消那些暗示学生无法作出自我改变的标签和分类
- 提高对个人才能的尊重，不鼓励学生相互比较
- 制止学生相互之间的贬低、诋毁和人身攻击行为
- 鼓励学生进行个人评估和反思
- 培养每个学生对自身变化的理解
- 帮助学生用个人标准和目标引导自身的变化
- 利用进步图表加强学生的个人监督

- 提供有益的反馈
- 在家长会上让学生进行自我汇报

在这十种策略中，前四种尤其适用于城区学校。

取消标签和分类

美国的教育工作者是世界上最善于使用标签和分类的教育工作者。他们像对待动物园里的动物一样，对学生进行测验，将他们分成不同的群体，并为每个群体贴上标签。他们的本意是以“诊断治疗”的模式进行个性化教育，但是这些标签并没有提高学生的成绩和表现，反而制造了低期望和隔离，激发了学生的愤怒情绪。长期被分到“差生”群体中、接受简化课程教育的学生拥有足够的理由和借口支持自己浅尝辄止的学习方式。如果课堂上没有毫无意义的标签和分类，如果学校不对学生进行跟踪记录，不把学生分成不同的能力等级，学生也就缺少了一些对自身降低期望的理由。

尊重学生的个人才能，不鼓励学生相互比较

如果教师能够营造出尊重个体差异的课堂氛围，学生的表现就会得到明显的改善。

尽管人们在口头上非常重视个性化教学，但是被贴上标签的学生很容易适应人们对他们的低期望。具有“行为障碍”的学生通过作出出格的举动将他们的标签付诸实践，具有“学习障碍”的学生用“我不需要做到这一点，因为……”这样的说法应对教师和家长的要求，“具有失败风险”的学生以消极的态度对待他们的学习。这些现象没有什么好奇怪的，因为这些学生找到了最方便的逃避借口。他们可能具有音乐、视觉和人际交流方面的才能，但是他们知道这些学术考试考查范围以外的才能不会得到人们的重视。为了更好地维持他们在同龄人之中的尊严，他们接受了人们贴在他们身上的标签，努力让自己的表现符合人们对他们的期望。不过，当教师抗拒教育系统对多种才能和多元智能的否定时，他们可以营造出一个良好的课堂环境，使每一个学生的个人才能都能得到尊重。这些教师还可以对学生寄予新的期望，鼓励学生运用自己的才能取得更好的学习成绩，追逐更高的人生目标。

制止贬低行为

我已经原谅了自己；我要作出改变。一旦你原谅了自己，你就可以安慰自己说，钻石是巨大压力下的产物。如果压力小一点，你就会得到水晶；压力再小一点，你就会得到煤炭；再小一点，你就只能得到叶子化石或者普通的泥土。压力可以把你变成某种极其宝贵、极其精彩、极其美丽的东西。

——马娅·安杰卢（莱利，1993）

如果教师能够营造出尊重个体差异的课堂氛围，学生的表现就会得到明显的改善。中介教师不允许学生作出相互贬低、诋毁和人身攻击这些使他们相互疏远的行为，他们会提前要求所有学生在语言上相互尊重。这需要教师专门用一些课时的时间讲解社交技巧，培养学生的团队合作能力，对学生的个人进步给予鼓励，公开表扬那些为了尊重所有同学而付出额外努力的学生。在教室里，人身安全是每个学生最基本的权利，其次是情感上的安全。没有这些基本条件，学生就无法作出自我改变。

鼓励学生进行反思和个人评估

如果学生从小就在鼓励冲动反应的环境中成长，那么他们很难形成有利于取得优秀学习成绩的思维习惯。

中介者的耐心引导有助于培养学生的反思行为和诚实分享行为。

如果学生从小就在鼓励冲动反应和偶然经历的环境中成长，那么他们很难形成有利于取得优秀学习成绩的思维习惯。最近的大脑研究发现，教师应该引导学生学习如何对自己的行为作出规划，如何监督自己的进步，如何判断自己的工作质量；这种引导是非常重要的。当学生将这三种能力运用到思考过程中，“对自己的思考方式进行思考”时，他们可以取得明显的进步（贝兰卡和福格蒂，2003，191—192页）。不过，要想培养出这些思考习惯，学生需要时间和教师中介者的指导。

有许多简单而强大的策略可以培养学生的反思和个人评估能力。在合作学习的“建设”模型中（贝兰卡和福格蒂，2003），这些策略被描述成了鼓励学生“回顾与反思”的工具。在这些工具中，学生需要总结：1. 他们在课程的事实、概念和内涵方面以及成功的团队合作和解决问题方面学到了什么；2. 他们对课程内容的学习方式以及对团队合作技巧和思考方法的使用方式；3. 如何改进自己的学习方式、合作方式和思考方式。中介者可以用直接教学方法介绍并演示这些策略，帮助学生抛弃简单而短暂的思考方式，通过复杂的自我评估监督自己在认知和情感方面的进步。

反思日志是辅助学生进行连续自我评估的优秀工具。带有塑料保护套的反馈卡片可以帮助中介者和学生进行高效对话（参考下面的例子）。索引卡片则是一种便于教师收集和检查学生想法的工具。

反馈卡片

（正面）	（反面）
主题________ 姓名________ 学生的反思写在这里：	中介者的反思写在这里：

当中介者为学生提供反思框架时，学生更容易避免卡壳，而且可以进行更加细致的反思。有三种非常简便易用的策略框架，可以帮助学生更好地在内容、合作和认知方面进行自我评估。它们分别是：“半句话”“波特太太的问题”“添加—删减—兴趣点”问题（PMI）。

在信奉行为学家理念的常规课堂上，学生没有时间进行自我评估。教师将所有时间用于讲课、判断学生的表现、奖励（小星星、小木棍和高分）和惩罚（延迟下课时间、红墨水和低分）。在中介课堂上，教师在讲述重要的课程内容之前向学生说明确定学生表现的评估标准和成功的判断依据。学生在学习过程中可以花时间根据评估标准检查他们的进步情况，并且接受教师提供的纠错式反馈意见，以了解自己的学习情况与标准之间的差距。

学习如何使用反思策略和培养自我评估习惯是一项长期任务。在低年级，教师可以让学生以“我学到了”为开头轮流发言，循序渐进地学习反思和自我评估。在下课前，教师可以说：“我想让你们每个人轮流说出你在这节____课上学到的一件事情。不要重复或模仿别人的回答。请开动脑筋，想出你自己的答案。请认真倾听其他同学的发言。”

“我学到了”开头
今天，我学到了……
我发现了……
我理解了为什么……

每天安排时间让学生进行反思的做法可以促进自我控制中介和分享中介。以自我为中心的孩子会打断别人的讲话，不按顺序发言，忘记倾听他人的意见。中介者的耐心引导可以鼓励学生进行反思和真诚的分享。当学生养成了反思、制订学习目标和评估个人进步的习惯时，教师就实现了个性化教学的目标。

到了中年级，教师可以经常使用德•波诺（De Bono）（1985）的PMI方法或贝兰卡和福格蒂（2003）的“波特太太的问题”（205页），以培养学生深入反思的能力。不管是语言艺术课程的论文、科学实验、美术大作业，还是体育任务，中介者都可以利用这些策略设计任务结构，培养学生的学习习惯。

波特太太的问题	
我应该做什么？	我在未来可以作出哪些改变？
我在哪些地方做得好？	我需要哪些帮助？

PMI

P	M	I
添加	删减	关心的问题

重点提示

用反思日志培养学生的反思和自我评估习惯。如果没有反思，“如果你一直做同样的事情，你就会一直收获同样的结果”这种说法就会变成现实。

尊重学生的个体才能，不鼓励学生相互比较和相互贬低。不要对学生说“你好哇，这里是地球”或者“你在听吗”。

低年级课例
改变我们生活的名人

标准 通过写作过程理解有色人种对美国历史所作的贡献

中心智能 口头表达/语言，视觉/空间

辅助智能 人际交流，内省

中介重点 自我改变

先验知识检查

让全班同学帮助你完成一张关于非裔美国名人的K-W-L图（知道的，想知道的，学到的）。（如果班上的学生除了非裔美国人之外还有其他肤色和种族，你应该调整你的清单。）前两列完成以后，告诉全班学生他们这节课需要解决的问题。对于你所选择的名人，选择阻碍他平等享受所有宪法权利的具体因素。这种因素导致了什么问题？

设计任务结构

1. 将全班学生每三人分成一组。每个小组需要从K列中选择一个人名，从W列中选择三个问题。

2. 对于学生选择的每个人物，提供适合学生年龄的印刷材料和/或视频材料。各个小组需要用这些材料：（1）找到这个人的一张图片；（2）回答关于这个人的问题；（3）找出这个人通过解决眼前的问题和挑战改变个人生活和其他人生活的方式。

3. 每个小组需要用硬纸板和记号笔或者蜡笔描绘这个人经历的变化或者留给其他非裔美国人（或者其他相应群体）的遗产。

4. 展示学生完成的绘画。

回顾与反思

带领全班同学列举出他们所关注的人物改变自己人生的各种方式。讨论对自己负责、改变自己人生的重要意义。

内容延伸

请每个孩子写一篇小论文，并让他们说出他们从名人身上学到的东西是如何帮助他们完成这篇论文的。让学生用P-M-I表进行自我评估。收集学生的论文和表格。

评论学生的表现

学生可以从有色人群中找出改变自己人生的人。每个学生可以：

1. 确定并讲述自我完善的一个重要方法。

2. 用一篇小论文讨论他们关于自我改变学到的一种思想。

材料

新闻纸和记号笔（用于K-W-L图表）；关于有色人种的图书、文章和录像带；为每个小组分发的硬纸板和记号笔；胶带或大头钉；论文纸和铅笔

变形

1. 选择属于有色人种的一个名人的传记。将这个故事读给全班同学听。

2. 指导每个学生采访他所敬佩的一个有肤色的人。学生提出的问题应该包括：“你是谁？你是做什么的？你是如何改变人生的？”利用学生得到的信息制作海报。

3. 修改K-W-L图表，使其代表学生的文化背景。如果班上主要是西裔学生，你的K-W-L图表应关注西裔美国人。如果班上的学生来自不同的文化，一定要让你的K-W-L图表反映出这些文化。

4. 为了将K-W-L图表与互联网结合在一起，在L列前面加入一个D列（代表数据）。“哪些资料可以帮助我们回答W列的问题？”

5. 让每个孩子制订一个自我改善目标，作为课程内容的延伸。

6. 让每个学生选择一个作出重大自我改变的重要英雄人物。经过研究，学生可以通过不同的方式将这个人的改变意愿给我们带来的重要启示展示给大家。

中年级课例
重视尊重

标准 如何在课堂上和其他环境中制止学生贬低、诋毁和蔑视别人的行为
中心智能 人际交流
辅助智能 人际交流，视觉/空间
中介重点 自我改变

先验知识检查

1. 将全班同学每三人分成一组。为每个小组确定一名记录员。记录员需要将你在白板上画出的双T形图表记录在纸上。

看上去是什么样的	听上去是什么样的	感觉上是什么样的

2. 每个小组根据他们在学校里经历过的与“不尊重”有关的事情在表格中的每一列写出三个以上的条目。所有成员都需要参与到这项任务中。给出每一列的具体例子（看上去是什么样的——不文明的手势，听上去是什么样的——“书呆子”，感觉上是什么样的——愤怒）。让学生用五分钟的时间完成这项任务，然后让各个小组的汇报员帮助你在黑板或新闻纸上列出一份没有重复项的清单。然后，向全班同学展示两种符号，让他们说出他们应该为这个清单标记哪个符号。随机找一些志愿者（参考“以教师期望提高学生成绩”策略，即TESA策略）解释理由。在听到学生的回答后，说出你认为应该对不尊重行为打出“拇指朝下”手势的理由。

拇指朝上	拇指朝下

设计任务结构

1. 保持学生的分组形式不变。指导每个小组制作一张双T形图表，题为“教室里的尊重”。(为每个小组提供一张24英寸×36英寸的新闻纸或硬纸板。)

2. 在所有小组完成T形图表之后，请他们利用图表上的信息制作一个关于“尊重”的杂志广告。为学生展示一些语言简洁、清晰、有力的广告。

看上去是什么样的	听上去是什么样的	感觉上是什么样的

3. 将学生制作的广告张贴在教室周围。每天选择两三个广告，让全班同学通过头脑风暴的形式思考他们喜欢这些广告的什么地方。他们可以根据他们制作的T形图表上的有礼貌的做法进行讨论。

回顾与反思

在检查了所有广告之后，用双T形图表带领全班同学选出这间教室里最重要的十种有礼貌的行为。给每个学生一个红色的圆点(五分)，一个蓝色的圆点(三分)和一个黄色的圆点(一分)。列出总清单，然后让每个学生进行三次投票。计算分数，选出分数最高的10种行为。将最终清单张贴出来。

内容延伸

让每个学生写一篇反思性的论文。在这篇论文中，学生需要讨论：1. 关于“尊重我的同学”我学到了什么；2. “我如何作出改变”，以便对别人表示出更多的尊重。

评估学生的表现

学生能在何种程度上

1. 确定三到五种尊重别人的行为？
2. 解释尊重的重要意义？
3. 展示他在班级里有关尊重方面的改善？

材料

新闻纸或硬纸板，记号笔或蜡笔

变形

1. 将各个小组制作广告的任务换成其他形式（如论文、视频、网站主页设计、游戏、拼贴画，说唱歌曲）。

2. 让每个小组为自己选择制作任务。

3. 将这项制作任务作为家庭作业分配给学生。

4. 利用各个小组的制作成果举办一场面向家长和/或其他班级的展览会。

5. 将艾瑞莎·弗兰克林的歌曲《尊重》（*R-E-S-P-E-C-T*）和珍妮·杰克逊（Janet Jackson）的歌曲《控制》（*Control*）中的歌词改成双T形图表中的信息，然后演唱这些歌曲。

高年级课例
反思日志

标准 如何向学生介绍用于管理自我控制的反思方法

中心智能 内省

辅助智能 口头表达/语言

中介重点 自我改变

先验知识检查

1. 通过放映幻灯片或者分发材料的形式，向学生展示尼基・乔瓦尼（诗人和儿童图书作者）的诗歌《小马丁・路德・金的葬礼》（*The funeral of Martin Luther King, Jr.*）。

2. 利用鼓励所有同学积极参与的TESA策略（见第2章），向学生提出如下问题（请一名学生将所有回答写在黑板上）：

这首诗说的是什么？请用你自己的语言作出回答。

这首诗让你想起了关于金博士的哪些知识？

这首诗让你产生了哪些新的或者说不同的思想和感情？

设计任务结构

1. 为每个学生提供一本日志。（它可以是用钉书器钉起来的20～30张白纸，可以是从商店购买的笔记本，也可以是课堂笔记活页夹后面的活页。你需要让学生每天把这本日志带到学校来，或者把它一直放在教室里。）

2. 向学生解释这本日志的作用，它可以让学生：(1) 对他们在课堂上学习的知识/内容进行深入思考（是的，它同时具有数学日志、科学日志、艺术日志和英语日志的功能）；(2) 思考他们如何运用自己正在学习的知识；(3) 理解课程内容之间的关联；(4) 看到他们取得的持续进步。

3. 告诉学生你在检查日志时使用的标准。你需要确定你在数量（每日一记）、思考质量、回答的完备性、拼写和语法要求等方面的检查标准。如果你想为日志打分，你应该让学生知道评分准则或尺度。

4. 向学生解释“保密”概念。有时，你会私下阅读学生的日志，有时，你会让志愿者与全班同学分享他们的观点。在志愿者和全班同学分享日志内容之前，先让他们和你分享这些观点。

5. 告诉学生，你会为每一项日志记录提供某种框架。如果他们想要记录额外的内容，你可以让他们随意选择一个框架。

6. 最初，你可以使用你在讨论上面那首诗时使用的“三个问题”框架。如果你教的是艺术或者英语，你最好在课堂讨论之前让学生把三个问题的答案写在日志上。

（1）这个____说的是什么？请用你自己的语言作出回答。

（2）它让你想起了关于____的哪些知识？

（3）这个____让你产生了哪些新的或者说不同的思想和感情？

如果你教的是数学、科学、社会学或者其他学科，你应该在学生浏览或阅读介绍性材料之后让他们回答同样的问题。

（4）这些信息说的是什么？请用你自己的语言作出回答。

（5）它让你想起了关于这个主题的哪些知识？

（6）你觉得你将会学到哪些新的或者不同的东西？

7. 为学生留出记日志的时间。在这段时间结束时，你可以找几个志愿者分享他们对每个问题的回答（这是练习相关中介技能的好机会）。

8. 另一个使用反思日志的机会是在下课前或单元结束前。此时，你仍然需要提供问题框架，以引导学生反思。学生可能认为你希望他们迅速作出回答，所以你一定要提醒他们，你更喜欢看到经过思考的答案。下面是一个基本的三步提示框架：

- 我[今天，在这节课上，在这个单元里]学到了……
- 这些信息很重要，因为……
- 为了使用这些信息[技能]，我想……

回顾与反思

当学生在日志里积累了一些条目时，请他们回顾他们所写的内容，并与大家分享：

- 在我记录的条目中，令我感到满意的地方有……
- 在我记录的条目中，我想我可以在……方面有所提高
- 在我未来记录的条目中，我打算……

内容延伸

请学生在日志后面画一张课程概念图。随着课程的深入，让学生思考课程的主题、子主题、事实之间的关系，画出课程概念图。给他们展示一个例子，并且提醒他们，每个人画的课程概念图都是不一样的。

评估学生的表现

学生可以在多大程度上

- 用多个句子回答每个提示？
- 作出自己独特的回答？
- 表达自己对材料的理解？
- 显示出自己在掌握课程内容方面的持续进步？
- 在口头回答时组织好自己的语言？

材料

为每个学生准备一本日志和铅笔或者钢笔。

变形

1. 根据你的主要中介目标检查课程的篇章内容，设计合适的日志问题。例如，如果你想要强调含义的中介，你可以让学生用合适的图形组织工具总结课程内容。如果你想要培养全班同学的分享行为，你应该考虑向学生提供与团队合作和社交技能有关的日志提示。

2. 鼓励学生在日志中使用适合个性化智能的各种形式，尤其是与其他同学不同的形式，如诗歌、歌曲、素描等。

3. 向学生讲解“波特太太的问题”，每个星期结束时，让学生在日志上对学生课堂生活三要素（内容、合作、认知）之中的一个进行评估。

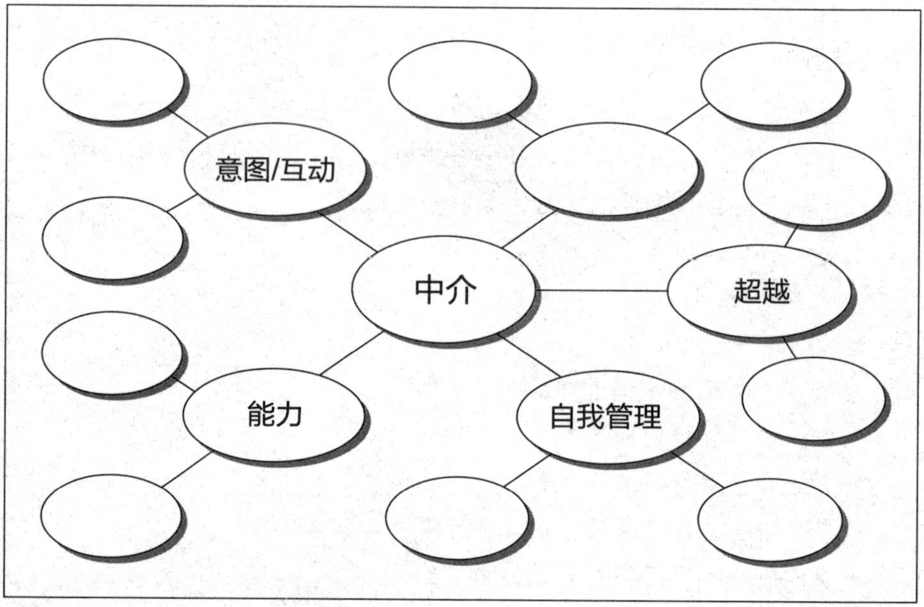
意图/互动
中介
超越
能力
自我管理

第十三章 取得好成绩的朴素道路

凯伦（Karen）看着通往学校前门的小路。水泥地面已经开裂，两边的草地无人修整，散落着矿泉水瓶、口香糖包装纸和一个易拉罐。在她前面是一扇颜色灰暗、边缘已经生锈的铁质校门。

今天是凯伦在华瑞兹学校担任教师的第一天。毕业后，她在一个夏天的时间里一直在为这一天进行规划。她背着一个沉重的书包，里面装着各种书籍、一个新的笔记本电脑以及写给校长的介绍信。“这将是怎样的一天啊！”她在大学课堂上无数次梦想过这一天。她要去教书了。她要作出改变，她要让学生的人生发生巨大的改变，而这一切都将从今天开始。

保持梦想

多少年轻教师在步入学校的第一天胸怀鸿鹄之志而又充满热情和活力，想要改变学生的人生呢？他们无所不能。他们可以在任何条件下为任何一个孩子提供良好的教育。没有什么知识是他们教不好的，也没有哪个学生是他们教不会的。

借用剧作家洛林·汉斯伯里（1989）的说法，许多年轻教师的梦想“在烈日下被晒成了葡萄干”，成了“遥不可及的梦想”。超过三分之一的人在获得终身职位之前感到幻想破灭，心灰意冷，因而离开了这个行业。对于许多人来说，幻想中那座整洁明亮、管理完善的校舍变成了一碰就掉的墙皮、遍地的垃圾和灰突突的校门。对于其他人来说，根据他们儿时在资金充足的城郊生活区度过的那段幸福时光，他们认为这里也会有整洁的计算机房和内容丰富的班级图书区，每个学生也会有闪闪发光的新教材；结果，他们看到的是使用了十年的教材和使用了六年、没有得到良好管理的计算机以及宣布今年的教室用品还没有到位的通知。还有学生的问题。一个班里的学生不是20人，而是35人。学生的年级与能力水平并不相称，大部分人都无法跟上课程内容。他们显然不是《教育101》（*Education 101*）中讨论的那种学生。

让所有城区教师保持最初的梦想并非易事，尤其是当学校预算无法为新书、新技术和职业发展提供足够多的资金时。不过，尽管存在这些障碍，学校领导和教师本人仍然有许多可以努力的地方，其中很重要的一点就是更好地去应对这些孩子独有的学习挑战。

政客们喜欢说，我们应该对所有孩子寄予期望。教师们面临的现实是如何将这些期望付诸实践。从新教师沿着小径步入校门的第一天起，他们就踏上了具有极大的挑战和机遇的旅程。面对预算限制和其他障碍，这些新手必须学会暂时将一部分梦想抛到脑后，接受这里的严酷现实。不过，他们永远也不应该放弃自己的梦想，那就是，他们可以极大地改变学生的人生。

在学习之路上前进

新教师的第一项任务就是在带领他们的新学生走上学习之路时紧紧抓住学生的手，并且永不放松。这条道路也许不像他们在大学时代经历的那条阳光明媚、鸟语花香的道路那样吸引人，但是他们别无选择。在这条道路上，有的孩子会摔跟头，有的孩子会惧怕躲在树丛中的怪兽，有的孩子会筋疲力尽，瘫倒在地上。不过，如果年轻的教师能够紧紧地抓住孩子们的小手，不时回头张望，照看跟随他们的学生，将摔倒的学生扶起来，督促偷懒的学生跟上队伍，将走不动的学生背到背上，那么所有人都可以走过这条崎岖的小路，走向成功。

寻找帮助和支持

新教师的第二项任务是寻找扩展职业技能以应对新挑战的明智、实用而划算的途径。为此，应该至少找到另一位仍然保持着梦想、想要影响所有孩子的同事，最好是同一幢教学楼里的一位有经验的老教师，尽管这种人并不一定找得到。但也可以找一位具有相同梦想的新教师。

第三项任务是走上自身的学习之路，即职业发展之路。这些教师可以每个星期开一次会，谈论他们对于孩子们的目标以及应当共同学习哪些教学方法，以便更好地完成这项任务，确保没有一个学生会问出“你为什么不能把我教成好学生”这个问题。

作出简单的改变……这并不难

本书第二章强调了将“提高期望”方法付诸实践的重要性。几十年来的TESA（以教师期望提高学生成绩）研究文献表明，提高期望是有效教学工具箱中的基本工具。近几十年的许多其他研究提出了一些新的方法。接着，元分析的结论让教师知道了哪些简单易用的方法可以更好地在各个学科中提高学生的成绩。

当教育研究人员致力于帮助教师看清哪些教学策略可以帮助他们更好地教育每一个孩子时，其他研究成果也为孩子们，尤其是家庭贫困的孩子们的学习提供了宝贵的信息。其中，最重要的就是费厄斯坦关于这些孩子的学习缺陷以及消除这些缺陷、让这些学生获得学习能力的途径的研究。

前所未有的丰富知识

这些研究的结果是，今天的教师，包括新教师和有经验的老教师，都知道关于如何更好地帮助城区学生面对不断增长的学习挑战取得成功的新知识。教师不再需要依靠那些可能从未见过城区课堂或者认为研究城区孩子的社会学特征更有价值的教育学教授所钟爱的理论。他们也不需要利用来自教育出版社的练习题和练习册对学生使用题海战术。实际上，对于所有的教师，尤其是那些希望保持最初梦想的教师来说，他们拥有足够多的工具确保课堂上的每一个学生成为优秀的学习者。

没有任何借口

在更加理想的环境中，比如在拥有大量资金、可以为教师提供职业发展的学区，教师不需要自己想办法加深自己的学习。不过，学校资金的匮乏并不意味着每个教师或者骨干教师不能为自己铺就朴素的职业发展道路。

为所有人铺就朴素的职业发展道路

朴素的职业发展始于一两个教师对本书第二章总结的提高期望概念的阅读和讨论。初步讨论之后，每个教师可以制订一个简单的计划，以评估他们在哪些TESA行为上表现得比较好，哪些方法需要学习。他们可以保留一本周记，用于和同事分享他们在实践和完善他们所选择的策略时观察到的影响。周记中关于哪些方法使用顺利、哪些需要改进的记录以及需要讨论的问题可以作为每周互助会议的素材。在不影响教学的情况下，这些教师应当互相参观对方的课堂，以观察和记录学生对教学行为的反应。每个单元结束时，教师还可以寻找能够反映学生进步的指标。

新手上路

1. 回顾TESA策略。对自身的优缺点作出评价。
2. 做好“影响周记”。
3. 和同事分享。
4. 相互参观对方的课堂并提供反馈。
5. 作出调整。
6. 继续改进选定的TESA行为。

高效策略

除了改善学生表现的教学行为，这些教师小组还可以确定应该将哪些高效教学策略——合作学习、图形组织工具、家庭作业等——变成他们自己的教学策略（见第三章）。根据“少即是多”的方法，每个教师应当每九个星期选择一个策略介绍给班上的学生或者对其进行改进。同TESA模型中的“提问”策略类似，教师最好以每周碰面的同行互助小组的形式针对如何将这些策略融入日常教学中、如何评估对学生学习的影响而制订计划。

涉及内容的时候

在中高年级，讲授相似内容的教师可以组成两到三人的同行互助小组。除了研究他们所选择的教学策略，这些小组还可以关注教学内容。他们可以相互询问教学内容方面的问题，如“这一单元符合教学标准的最重要的概念是什么”以及“哪些高效教学策略可以更好地帮助学生学习这些概念”。许多回答可能是假设性的，不过这些教师可以“检验”他们的假设，对结果进行观察，完善教学方法。

关注学习

在第一年，每周碰面的同行互助小组可以关注教学策略和教学内容。不过，至少从第二年开始，他们应当开始把重点从“教”转向“学”。为此，他们可以翻看本书前面的第三章到第十二章，回顾费厄斯坦的中介学习标准。在根据对学生需求的符合程度对这些标准作出优先级排序以后，他们可以开始对这些标准进行检查。在这种检查中，这些小组可以提出三个基本问题：这些标准是什么？它们有什么重要性？这些标准的中介途径有哪些？

在开始充当课堂中介者时，有的人可能会通过提问让学生关注他们所选择的标准。“你觉得你在解决这类问题方面取得了多大的进步？（胜任感）”“你觉得这段文字的含义是什么？（含义）”有的人可能会首先使用对某种标准进行中介的策略，如培养“分享行为”的合作学习。还有的人可能觉得有必要将中介问题或策略融入到整节课中（见每章结尾的课例）。

不管团队成员选择哪种出发点，他们都应当保持对学生学习的关注，他们可以提出这样的问题：“这些问题将如何改善学生理解这节课（含义）的方式”“通过这种中介，学生对于这些材料的学习发生了哪些变化”以及“学生正在经历哪些问题”。

消除学习缺陷

教师应确保他们在同行互助会议上关注学习的很大一部分时间用于分析影响每个学生取得好成绩的学习缺陷。这方面没有专门的考试，因此教师的眼睛和耳朵就是完成这项任务的最佳工具。在下面的评价表中，第一列指出了最常见的缺陷，第二列用于写出教师看到的和听到的表明学生存在缺陷的证据。接下来的几列用于评分（从低到高）。教师在填写这张表时应该牢记两个目标：教室和每个学生。最高的得分意味着最需要中介的缺陷。教师可以查看前面的第二章到第十一章，找出最有利于帮助学生消除这些缺陷的工具和策略。

消除学习缺陷						
缺陷	证据	1	2	3	4	5
1. 模糊而笼统的感受						
2. 没有计划的冲动反应						
3. 用一个词进行概括的能力受损						
4. 时间观念受损						
5. 空间定向能力受损						
6. 无法精确收集数据						
7. 观察不准确						
8. 碎片化的数据收集						
9. 缺乏推理思维						
10. 缺乏解决问题的方向感						
11. 片断式观点						
12. 缺乏比较能力						

来源：改编自费厄斯坦，1980。

教师必须留意“缺陷”一词。行为学家在这个问题上持悲观态度，认为学生不可能发生内在认知变化，他们的智能和学习能力是“固定”的。费厄斯坦的观点恰与此相反，他指出，缺陷是一种没有得到开发的倾向，而合适的中介可以强化这种倾向。在合适的中介干预下，任何学生都可以学会更加高效地思考和学习。事实上，研究文献中存在大量证据支持费厄斯坦的这种乐观理论，涉及各种各样的儿童和成人学习者。

意愿问题

当新教师依靠自己的力量进行朴素的职业发展时，他们是在“通过付出获得回报”。他们只需要每个星期放弃一节课的个人备课时间与同事合作。他们不是浏览由其他人拟定的包含一连串活动的各种提案，而是沿着自主的职业发展道路前进。他们需要的只是行动的意愿。在回报方面，这些教师可以从自身的分享行为中获得职业自主意识以及更大的动力和能力，从而更好地教育每一个孩子，并且为能够实现自身的梦想而感到自豪。在最艰难的日子里，当教师的教学和学生的学习看上去都不太顺利时，这种交流是他们坚持下去的源动力。这种动力对于帮助他们战胜任何暂时的失望情绪大有裨益。

朴素的道路与有经验的老教师

朴素的职业发展不限于新教师。希望保持梦想的有经验的老教师也可以从中受益。同自上而下的命令或与学生需求无关的没完没了的程式化培训班相比，自主研究、相互鼓励和共同解决问题的做法可以更加有效地让老教师疲惫的精神恢复生机。

朴素模式的关键元素

不久以前，主流的职业发展途径是学校的开学典礼。校长发表讲话，具有娱乐风格的教学顾问发表鼓动性演说，“去吧，今年好好干。”然后大家用一下午的时间安装和拆卸公告板。

今天，我们有了许多职业发展模式，人们日益认识到，同医生、牙医以及其他专业人士一样，教师要想长期工作，必须接受继续教育。对许多人来说，这意味着更高的学位。对其他人来说，这意味着积累课程学分，以获得职级和工资的提升。这些方法本身没有错，但它们没有让教师关注改变教学、课程和评估以确保所有孩子在教学过程中获得最高期望所需要的合作。

在学习小组、行动研究、学习社区等现有的各种模式中，有一些关键元素是成功所必不可少的。这些元素包括同行互助小组、校长的领导和学区协调。

校长是教学领导者

校长在影响所有学生的职业发展定位的变化中起着关键作用。许多人将校长称为教学领导者。许多校长在这方面做得很好，有的校长则将这份职责委托给别人，有的校长不理会这件事，有的校长采取放任自由的态度。如果校长选择花费更多的时间监督食堂，对一间间教室进行巡查，点数书本的数量，或者从事其他类似的工作，这当然很好。不过，如果这些工作影响了校长对教学改善过程的监督，那么他们永远也不会看到教师的表现和学生的表现得到提高。

50多年前，玛德琳·亨特在面向教师和管理者的许多演讲中指出，领导一幢校舍内的教学所花费的标准时间是50%。今天，有的校长可以做到高于这个比例，有的校长则低于这个比例。我们可以保险地说，高于这个比例的校长通常会看到教师在课堂上的表现符合关于有效教学的研究，学生的学习方式也会得到改善。

进行自我指导的教师或研究小组可以通过各种方式获得其他领导者的指导，尤其是校长。最重要的是，这些教师可以让学科主任、年级领导、现场管理人员尤其是校长参与进来。为此，这些教师可以建立一个文件夹，将他们的观察样例、显示学生变化的学生作业、显示工作结果的考试成绩放在文件夹中。他们可以邀请校长观察学生在课堂上的学习，出席跟踪会议，以发现用最低的预算增长在其他教室提高学生成绩为学校（和校长）带来的好处。

这些教学领导者能在这些朴素的方法中做什么呢？第一，他们可以为职业发展计划提供充足的预算。第二，他们可以监督年度职业发展日程表的制订。这些日程表将为活动规划提供充足的时间。第三，他们可以组成教师领导者或学科主任小组，以提供建议和规划指导，解决官僚主义障碍。第四，他们可以和中央办公室就计划的进展、产生的问题以及值得庆祝的成功进行沟通。第五，他们可以根据“中介学习过程”的标准引导每个教师前进。作为中介者，他们可以花时间评估每个教师对目标教学改进计划的执行情况以及他们可以提供的帮助。

全校计划

校长可以将教师在“朴素职业发展”中使用的做法确定为正规做法，以便让整个学校分享这种好处。下列指导方针可以帮助校长将某种教学改进方法推广到整个学校。

1. 为了以最佳方式为教师和学生服务，作为教学领导者，校长应在指导共同决策时保证学校采取任何行动的目的都是为了提高所有学生的成绩。对这些校长来说，让所有学生取得好成绩必须成为所有教育工作者毫不动摇的目标。

2. 校长希望和支持所有员工积极参与到改进的努力中来。他们让每个教师对提高学生学习成绩的工作负责。他们让学校团队为结果负责。为帮助所有教师取得成功，校长为同行小组和年级会议单独安排时间，让他们关注改善目标。他们还为教师分配时间，让他们相互参观对方的课堂。

3. 除了学区的标准评估，这些校长还应评估教师将基于研究的最佳实践和计划应用到学生成绩问题中的方式。

4. 校长鼓励教师以学校的成绩为目标共同工作。他们对取得的成绩表示祝贺，而且将全校团队的优秀工作成果传达给家长、社区和学区。

5. 校长为全体教员进行有力的中介示范。这始于意图（学校的目标和任务）和互动（让所有员工参与进来）的中介。优先的交互包括目标制订、分享行为和自我改变。

得到正规化的全校范围内的朴素职业发展活动不需要很大的预算。新的信息来自精心挑选的指导书籍（没有外部顾问）。教师在教学日的预定时段碰头（不需要津贴或代课教师）。教师对他们收集的信息进行反思，制订计划，将这些计划运用到课堂上，查看标准考试的结果。在这个模型中，所有人坐在同一条船上，校长充当领桨手，全体教员齐心协力共同划桨。

保持同行互助小组的简单形式

同行互助小组有一个简单的任务：共同学习。他们应当以简单的形式进行相互交流，以确保没有孩子会问他们“你为什么不能把我教成好学生”。下列指导将帮助这些团队保持简单的形式。

1. 每次开会只占据一节课的时间。按时开始，按时结束。最开始，应当每周规划一节课的开会时间。

2. 每次会议分配职责：谁负责记录？谁负责总结？谁负责主持任务？

3. 事先确定带有目标的议程。

（1）第一周：回顾关于________的研究。

（2）第二周：制订对于________的实施计划。

（3）第三周到第四周：收集关于实施的数据，对问题进行讨论。

（4）第五周：评估对学生学习的影响。

（5）第六周：确定困难最大的学习者，制订补救、干预和预防计划。

4. 相互尊重对方的思想。不能抱怨或发火。

5. 使用人际交流技巧进行积极的沟通。

6. 使用创造性思维。

7. 评估你们的进步情况：我们学到了什么？我们获得了哪些好处？我们的学生获得了哪些好处？我们如何做得更好？

使用外部顾问

朴素模式的重点是全体教员的自主改变，但有时也应该借助于外部顾问的专业力量。什么时候应该邀请外部顾问呢？

1. 需要依靠一个有信誉的人开启改善进程，为大家带来前进动力时。
2. 需要依靠专业能力解决有难度的实施问题时。
3. 需要为校长提供指导，以便将教员选择的计划确定为一项制度时。
4. 需要展示难度更大的方法时。
5. 需要加深教师对于与某一学科相关的内容、学习挑战或特殊方法的理解时。
6. 需要提供对于课程内容更加深刻的理解时。
7. 需要维持实施过程中的热情和兴趣时。

除此以外，学校可能需要使用得到认证的顾问对教师进行方法或计划的使用培训。例如，费厄斯坦坚持认为，当一所学校选择实施“工具强化”计划时，必须有一位经历过三年的培训和课堂使用的、得到认证的培训师的指导。费厄斯坦认为，只有这样，这些新手才能完全遵守整个计划，而如果没有恰当的培训的指导，他们很难做到这一点。

在使用外部顾问提供信息时，校长应坚持要求教师将顾问展示的材料付诸实践，至少是以“试验”的模式付诸实践。最好用上述同行互助会议计划和评估方法进行这种实践。如果顾问正在帮助教师使用新的计划或新的内容，校长应为顾问安排时间进行跟踪展示，参观课堂，召开教师会议。要想改进一所学校，信息是必要的，但它本身不足以促成改变。正如乔伊斯和肖沃斯（1983）二十多年前在他们的开创性研究中指出的那样，结构化的后续跟踪对于改变来说是至关重要的。没有一段时间的指导和支持，培训班上的信息只有不到10%能够真正进入课堂。有了合适的跟踪，包括顾问的定期参观，培训班上90%的信息都可以转化为教学上的变化。

学区联系

自我指导式的学习可以帮助每个教师和他们的学生，但它既不是职业发展的全部，也不是职业发展的最终目标。最重要的职业发展目标是确保一所学校乃至一个学区的所有学生从更好的学习方法中受益。

为了取得更好的表现，一所学校不应该让教师独自实施研究人员发现的改善学习效果的最佳方法，同样的道理，一个学区应该向居住在这个学区内部和外部的每一位家长保证所有孩子都有机会更好、更快地学到更多知识。所有孩子在资源方面将获得均等的机会，没有一所学校会被人遗忘在角落里。

首先，学区领导者应当支持和鼓励学校的改善做法。不过，如果这个学区不能做到以下两点，这种支持和鼓励本身并不能起到太大的作用：1. 为“朴素模式”提供充足的预算资金；2. 确保每一份合同为教师提供充足的时间，让他们能够开会并制订教学决策，并且确保有一个重要的中央办公室管理人员对此负责，每年至少召开四次会议，以评估项目进展，解决官僚主义问题。

其次，一个学区可以让所有学校使用这种朴素方法。朴素方法既适用于一所学校，也适用于一个学区。这是一个规划和领导问题。首先，这个学区只需要在每个校园建立朴素模式。在一天的时间里，所有校长都可以学会如何为一所学校建立朴素模式。在一位顾问和其他学区领导者陪同下对一个地点进行的几次为期半天的访问可以让领导们对这种计划的启动给予鼓励和支持。此后，这个学区就不需要派人监督协调每所学校的计划了。要想实施课程内容研究或者费厄斯坦“工具强化”计划等重要计划，这个学区可以规划一个“培训者的培训”模式，为每个校园分配一名计划引导员，以指导和协调后续工作。

自下而上，自上而下

在这种朴素方法中，职业发展既不是自上而下的，也不是自下而上的，而是双向的。学区层面对每一所学校寄予很高的期望，希望他们取得出色的表现，这种期望是不可协商的，不接受任何辩解。接着，学区为教师分配资源，尤其是时间，让他们在每所学校里开会，仔细规划和控制长期行动计划。

这种二元方法要想取得成功，需要什么条件呢？首先，必须存在相互信任和尊重。在以提高所有学生成绩为目标的学区框架下，如果学区或学校领导人不相信教师的自主学习，或者不相信教师具有顾及所有孩子的能力，这种朴素方法就会失败。类似地，如果教师或者教师代表不相信管理者能够承担起领导责任，这种朴素方法也会失败。

协助朴素过程

要想让这种过程在学校里发挥作用，学区应当为教师提供标准考试的数据，这种数据通常是在三月份采集的，应当在学年结束前提供给教师。不可否认，许多考试数据报告并不是给教师看的。许多数据被提交给了州教育办公室，以便让州教育办公室确定一所学校的表现。这些数据的形式也许无法帮助教师理解每个学生的进步情况或者学校在提高学生成绩方面的表现。另外，许多学校直到仲夏甚至仲秋时节才会收到数据报告。这两种现象都是不应该出现的。它们无助于教师根据数据制订关于每一个学生的决策。

朴素方法还有另一个危险。朴素方法可以帮助学区逃避为职业发展提供预算的责任。预算意味着价值。如果一个学区不为职业发展提供资金，那么它也就否认了职业发展的价值。没有职业发展，学生的分数很可能不会提高。对于学生的进步，尤其是表现非常不佳的学区内的学生的进步来说，教师和管理者必须学习使用更好的新方法来改进他们对知识的理解和改善学生学习方法的技能。

学区为提高成绩这一目标提供充足资金的一个途径是制订强有力的计划，将提高考试成绩这一目标作为所有职业发展的重心。这个学区可以审查它在“职业发展”标签下的所有不同活动上已经花费的资金，取消那些效果不佳的资金支持，并对所有活动进行整合，以关注学生成绩的提高。在这种情况下，管理者应当拒绝人们为参与不以提高学生成绩为目的的会议和学习班、有补贴的课程工作以及为期一天的程式化研讨班而提出的资金请求。

最后，学校或学区可以采用共同的形式指导作为朴素方法核心内容的同行互助会议。这些形式可以帮助这个学区将员工发展的重点放在合适的地方：实施阶段。有力的同行互助计划的重点不是“课时”以及信息的获取，而是使学区能够向人们传达这样一个信息：高质量职业发展的标志在于侧重研究的计划和以成绩为目标的策略的成功实施。

构建改进的历史：年度进步记录

人们过于强调标准考试结果，可能会忽略其他改变证据。在一所实行“朴素计划”的学校里，教员和家长都想看到学生的学习情况。成绩报告单为我们提供了一个证据。标准考试为我们提供了另一个证据。二者都是必要的，但它们都没有给出学生学习情况的全貌。因此，在“朴素学校”里，教员要保留一个年度文件夹：关于教学改进计划的年度进步记录。

这份年度记录包含多种证据，包括标准考试分数、阅读和数学的年级统计数据、重要事件的相片以及记录学生进步、团队成功和类似内容的各种载体和学生作业。

确定学生的学习需求

小组名称________________________年级________________________

学校____________________________日期________________________

成员姓名____

优先需求：

确定方法：

评注：

为提高成绩而进行的干预规划

小组名称______________________年级______________________

学校__________________________日期______________________

成员姓名____

目标：

目的：

针对的学习需求：

需要使用的策略：

时间轴：

责任：

评价：

教案设计

小组名称______________________年级______________________

学校__________________________日期______________________

成员姓名____

学习需求：

目标：

中介重点：

材料：

时间轴：（教案设计，续）

行动步骤：

检查先验知识：

设计任务结构：

回顾与反思：

内容延伸：

评估学生的表现：

评估学生的学习

小组名称＿＿＿＿＿＿＿＿＿＿＿年级＿＿＿＿＿＿＿＿＿＿＿

学校＿＿＿＿＿＿＿＿＿＿＿＿＿日期＿＿＿＿＿＿＿＿＿＿＿

成员姓名＿＿＿＿＿＿＿＿＿＿＿＿＿＿＿＿＿＿＿＿＿＿＿＿

标准：

收集到的学生作业：

评注：

小组评价

小组名称＿＿＿＿＿＿＿＿＿＿＿＿＿年级＿＿＿＿＿＿＿＿＿＿＿＿＿

学校＿＿＿＿＿＿＿＿＿＿＿＿＿＿＿＿日期＿＿＿＿＿＿＿＿＿＿＿＿＿

成员姓名＿＿＿＿＿＿＿＿＿＿＿＿＿＿＿＿＿＿＿＿＿＿＿＿＿＿＿＿＿

在这节课中，我们在哪些地方做得不错：

下节课我们应该在哪些地方作出改变：

我们需要哪些帮助？我们有哪些疑问？

重点提示

- 个人、团队、学校或学区层面上的职业发展都应关注学生的表现。
- 学校的预算体现了学区的价值观。要想知道你所在学校或学区有多重视与成绩有关的职业发展，只需要检查他们为这种职业发展分配了多少资金。
- 朴素的职业发展由低成本和无成本的活动组成，包括成立互助和询问小组，记录日志和周记，用图形组织工具进行反思和自主研究，以共同解决问题为目标与具有类似工作的同年级同事举行读书会，每个星期开会，并且定期与其他年级或内容领域的同事建立读书会，每个星期开会；这些读书会的形式很简单，那就是共同学习。
- 有效的职业发展可以提高分数，消除成绩差距。
- 教师心灰意冷的现象表明他们曾经充满热情。应该好好利用现有的职业发展计划或者开创你自己的职业发展道路，以便不断地为所有孩子提供教育。
- 讨论时关注以下要点：

1. 你想让学生知道什么。
2. 你如何知道他们已经学会了这些知识。
3. 如果他们没有学会这些知识，你的计划是什么。

结论

实际上，本书没有结论。每一个想要寻找最佳途径帮助所有孩子取得成功的教师都会走上一条没有尽头的终身学习之路。每个孩子都有取得好成绩的可能性。所有孩子都应当听到教师的承诺：没有什么东西是他们教不会的。有些学生面临的学习困难大一些，他们的存在只会促使教师在永无止境的探索中获得更多的知识、更深的理解和更完善的技能，以确保每个孩子充分获得学习的权利。

致谢

本书的框架基于鲁文·费厄斯坦对于“中介学习过程”理论的创造性工作。鲁文提出的高质量中介的十项标准对本书起到了极大的帮助作用。这些标准是将诸多策略和结构串联起来并将其有效应用到课堂上的重要线索。

此外，我们必须特别感谢鼓励我们完成此书的人。在考文出版社这个新版本中，我们要特别感谢凯特·贝兰卡（Kate Bellanca）。凯特抽出学校放寒假的时间，运用搜索技巧对她能找到的所有引述进行了搜索、核对和修改。我们感谢她的这项工作，也感谢她帮助我们提高了使用高科技的能力。

我们也要感谢帮助我们准备本书第二版的考文出版社工作人员。

我们还要将本书献给我们的祖先、父母、亲戚、朋友。我们很难描述他们在本书写作过程中所起的作用。无数朋友和同事多年来一直在支持我们，是他们帮助我们把注意力集中在孩子们身上。

最后，我们还要把本书献给正在沿着自己所知道的最佳方向努力前进的全国所有年轻学子和他们的家人，以及希望对学生的生活产生积极影响的教育工作者。

——詹姆斯·贝兰卡
——埃莉诺·蕾妮·罗德里格斯

我要感谢许多人对我的支持和鼓励。我先从我的家庭指导小组说起。首先，感谢我的母亲梅米·B.安德森女士（Mayme B. Anderson）一直以来的支持和关爱，感谢姐姐莱奥拉·纳塔利·杰克森（Leola Natalie Jackson）的唠叨和骚扰。我还要感谢在工作和生活上特别支持过我的朋友们，包括但不限于：德妮丝·L.金-米勒博士（Dr. Denise L. King-Miller）、B.安妮·乐芙雷迪（B. Anne Lovelady）、诺亚·V.罗杰斯博士（Dr. Noah V. Rogers）、约翰·布朗博士（Dr. John Brown）、黛博拉·M.布朗（Deborah M. Brown）、帕特丽夏·A.考恩（Patricia A. Cowen）、黛比·“完美”·贝克（Debbie “Superfantastic” Baker）。他们对我给予了无微不至的支持和关爱。

——埃莉诺·蕾妮·罗德里格斯

出版社致谢

考文出版社向下列审稿人所做的工作表示诚挚的感谢：

埃伦·布兰特林格（Ellen Brantlinger），特殊教育项目领域教授
印第安纳州布卢明顿市印第安纳大学

埃里克·库珀（Eric Cooper），纽约成功湖全国城区有效教育联盟，
华盛顿特区大城市学校委员会，伯明翰市阿拉巴马大学

朱蒂·迪罗（Judy Deiro），教员
华盛顿州贝灵翰姆市西华盛顿大学

爱德华·费格斯（Edward Fergus），城区教育研究大都会中心主任
纽约州纽约市纽约大学

罗莎琳德·佩杰·黑尔（Rosalind Pijeaux Hale），教育学教授
路易斯安那州新奥尔良市路易斯安那泽维尔大学

罗珊·G.亨德森（Rosanne G. Henderson），校长
犹他州盐湖城北极星小学

埃伦·赫伯特（Ellen Herbert），艺术工作室与艺术史教师
德克萨斯州朗维尤市朗维尤中学

特蕾西·尤齐亚克（Tracy Huziak），教学专业助理教授
俄亥俄州鲍灵格林市鲍灵格林州立大学

蒙蒂·科恩（Montie Koehn），校长
俄克拉荷马州俄克拉荷马市希科亚小学

玛丽·克拉斯卡（Marie Kraska），教育基金领导力科技项目米尔德里德·切希尔·弗雷利特聘教授
阿拉巴马州奥本市奥本大学

芭芭拉·卢迪亚克（Barbara Rudiak），校长
宾夕法尼亚州匹兹堡市菲利普斯小学

安妮·史密斯（Anne Smith），特别教育项目办公室教育研究分析师
华盛顿特区美国教育

参考文献

Alleyne-Johnson, J. (1995). Life after death: Critical pedagogy in an urban classroom. *Harvard Educational Review*, 65(2), 213–230.

Anderson, K. (1989). Urban coalition encourages minority youth to "say yes" to math and science. *Black Issues in Higher Education*, 5(21), 6–8.

Angelou, M. (1985, March 5). *USA Today*.

Anyon, J. (1995). Race, social class, and educational reform in an inner-city school. *Teachers College Record*, 97(1), 69–94.

Apple, M. W. (1991). The politics of curriculum and teaching. *NASSP Bulletin*, 75(532), 39–50.

Aronson, E. (1978). *The jigsaw classroom*. Beverly Hills, CA: Sage.

Ascher, C. (1993, February). Changing schools for urban students: The school development program, accelerated schools, and success for all. *Trends and Issues No. 18*. New York: ERIC Clearinghouse on Urban Education.

Atwater, M. M., Wiggans, J., & Gardner, C. M. (1995). A study of urban middle school students with high and low attitudes toward science. *Journal of Research in Science Teaching*, 32(6), 665–677.

Ausubel, D. (1978). *Educational psychology: A cognitive view* (2nd ed.). New York: Holt,Rinehart & Winston.

Ball, A. F. (1995). Text design patterns in the writing of urban African American students: Teaching to the cultural strengths of students in multicultural settings. *Urban Education*, 30(3), 253–289.

Banathy, B. (1991). *Systems design of education: A journey to create the future*. Englewood Cliffs, NJ: Educational Technology.

Beckum, L. C., Zimny, A., & Fox, A. E. (1989). The urban landscape: Education for the twentyfirst century. *Journal of Negro Education*, *58*(3), 430–441.

Bellanca, J. (1992). *The cooperative think tank: Graphic organizers to teach think-*

ing in the cooperative classroom. Arlington Heights, IL: SkyLight.

Bellanca, J., & Fogarty, R. (2003). *Blueprints for thinking in the cooperative classroom* (3rd ed.).Arlington Heights, IL: Pearson/SkyLight.

Ben-Hur, M. (Ed.). (1994). *On Feuerstein' s instrumental enrichment: A collection*. Palatine, IL: IRI/SkyLight.

Binet, A. (1886). *Psychology of reasoning*. Paris: Thoemes Continuum.

Bloom, B. (Ed.). (1956). *Taxonomy of educational objectives: The classification of educational goals, by a committee of college and university examiners*. New York: Longmans, Green.

Brookover, W., et al. (1982). *Creating effective schools: An inservice program for enhancing school learning climate and achievement*. Holmes Beach, FL: Learning Publications.

Brophy, J. (1986). Research linking teacher behavior to student achievement: Potential implications

for instruction of Chapter 1 students. In B. Williams, P. Richmond, & B. Mason (Eds.), *Designs for compensatory education: Conference proceedings and papers*. Washington, DC: Research and Evaluation Associates.

Carter, R. L. (1995). The unending struggle for equal educational opportunity. *Teachers College Record*, 96(4), 619–626.

Chapman, C. (1993). *If the shoe fits . . . : How to develop multiple intelligences in the classroom*. Palatine, IL: IRI/SkyLight.

Cohen, E. (1986). *Designing groupwork: Strategies for the heterogeneous classroom*. New York: Teachers College Press.

Cohen, M. (1993, April). *Patterns of school change*. Paper presented at the Annual Meeting ofthe American Educational Research Association, Atlanta, GA.

Cooper, E. J., & Sherk, J. (1989). Addressing urban school reform: Issues and alliances. *Journal of Negro Education, 58*(3), 315–331.

Costa, A. L., & Garmston, R. (1985, March). *The art of cognitive coaching: Supervision for intelligence teaching.* Paper presented at the Annual Conference of the Association for

Supervision and Curriculum Development, Chicago.

Cziko, C. (1995). Dialogue journals: Passing notes the academic way. *The Quar-*

terly, 17(4), 1–5, 11.

Dahl, K. L. (1995). Challenges in understanding the learner' s perspective. *Theory Into Practice*, 34(2), 124–130.

Dahl, K. L., & Freppon, P. A. (1995). A comparison of inner-city children' s interpretations of reading and writing instruction in the early grades in skills-based and whole language classrooms. *Reading Research Quarterly, 30*(1), 50–74.

Darling-Hammond, L. (1996). *What matters most: Teaching for America' s future*. New York: National Commission on Teaching for America' s Future.

Davis, B. (1995). *How to involve parents in a multicultural* school. Alexandria, VA: Association for Supervision and Curriculum Development.

de Bono, E. (1985). *Six thinking hats*. Boston: Little, Brown.

Deutsch, M. (1949). An experimental study of the effects of cooperation and competition upon group processes. *Human Relations, 2*, 199–232.

Dewey, J. (1933). *How we think*. Boston: D. C. Heath.

Eisner, E. W. (1983). The kind of schools we need. *Educational Leadership*, *41*(2), 48–55.

Feuerstein, R. (1980). *Instrumental enrichment*. Baltimore: University Park.

Feuerstein, R. (1996). *Instrumental enrichment*. Jerusalem: International Center for the Enhancement of Learning Potential.

Flanders, N. (1964). Interaction models of critical teaching behaviors. In F. R. Cyphert & E. Spraights (Eds.), *An analysis and projection of research in teacher education* (pp. 197–218). Columbus: Ohio State University Research Foundation.

Fogarty, R. (1989). *From training to transfer: The role of creativity in the adult learner*. Doctoral dissertation, Loyola University of Chicago.

Fogarty, R., Perkins, D., & Barell, J. (1992). *How to teach for transfer. Palatine*, IL: SkyLight. Frymier, J., et al. (1992). *Phi Delta Kappa study of students at risk: Final report* (Vol. 1). Bloomington, IN: Phi Delta Kappa.

Fullan, M., & Stigelbauer, S. (1991). *The new meaning of educational change*. New York: Teachers College Press.

Gardner, H. (1983). *Frames of mind: The theory of multiple intelligences*. New York: Basic Books.

Glasser, W. (1986). *Control theory in the classroom*. New York: Harper & Row.

Gonzales, M. R. (1995, April). *Multicultural education in practice: Teacher' s social constructions and classroom enactments*. Paper presented at the Annual Meeting of the American Educational Research Association, San Francisco.

Good, T. (1970). Which pupils do teachers call on? *Elementary School Journal*, 70, 190–198.

Good, T. (1987). Two decades of research on teacher expectations: Findings and future directions. *Journal of Teacher Education, 36*, 32–47.

Goodlad, J. I. (1984). *A place called school: Prospect for the future*. New York: McGraw-Hill.

Gottlieb, J., Alter, M., Gottlieb, B. W., & Wishner, J. (1994). Special education in urban America: It' s not justifiable for many. *Journal of Special Education*, 27(4), 453–465.

Grubb, W. N. (1995). Reconstructing urban schools with work-centered education. *Education and Urban Society*, 27(3), 244–259.

Hansberry, L. (1989). *A raisin in the sun*. New York: Vintage.

Harris, H. W., Blue, H. C., & Griffith, E. E. H. (Eds.). (1995). *Racial and ethnic identity: Psychological development and creative expression*. New York: Routledge.

Harris, J. J., III, & Ford, D. Y. (1991). Identifying and nurturing the promise of gifted black American children. *Journal of Negro Education, 60*(1), 3–18.

Hendricks-Lee, M. S., et al. (1995). Sustaining reform through teaching learning. *Language Arts*, *72*(4), 288–292.

Holmes, O. W., Jr. (1993). *The poet at the breakfast table*. Boston: Houghton Mifflin.

Hunter, C. (1991). On the case in Resurrection City. In C. Carlson, D. Garrow, G. Gill, V. Harding, & D. Hine (Eds.), *The eyes on the prize civil rights reader* (pp. 426–438). New York: Penguin.

Hunter, M. (1971). *Teach for transfer*. El Segundo, CA: Tip.

Ishikawa, K. (1985). *What is Total Quality Control*? Englewood Cliffs, NJ: Prentice Hall.

Iwaszkiewicz, S. M. (1995). Gunfire in the night. *English Journal*, *84*(7), 82–83.

Jackson, M., et. al. (1991). Class, caste and the classroom: Effective public policy vs. effective public education. *Western Journal of Black Studies, 15*(4), 242–247.

Jenlink, P. M. (Ed.). (1995). *Systemic change: Touchstones for the future school*.

Palatine, IL: IRI/SkyLight.

Johnson, D. W., et al. (1984). *Circles of learning: Cooperating in the classroom*. Alexandria, VA: Association for Supervision and Curriculum Development.

Johnson, D. W., & Johnson, R. T. (1999). *Learning together and alone: Cooperative, competitive, and individualistic learning* (5th ed.). Boston: Allyn & Bacon.

Johnson, V. R. (1990). Schools reaching out: Changing the message to "good news." *Equity and Choice*, 6(3), 20–24.

Joyce, B. R., & Showers, B. (1983). *Power in staff development through research and training*. Alexandria, VA: Association for Supervision and Curriculum Development.

Kagan, S. (1977). Social motives and behaviors of Mexican American and Anglo American children. In J. L. Martinez (Ed.), *Chicano psychology*. New York: Academic Press.

Kagan, S. (1992). *Cooperative learning*. San Juan Capistrano, CA: Resources for Teachers.

Kermin, S. (1972). *Teacher expectations and student achievement*. Los Angeles: Los Angeles County Office of Education.

King, S. H., & Bey, T. M. (1995). The need for urban teacher mentors: Conceptions and realities. *Education and Urban Society*, 28(1), 3–10.

Kohn, A. (1993). *Punished by rewards*. New York: Houghton Mifflin.

Kozol, J. (1991). *Savage inequalities*. New York: Crown.

Kozol, J. (1992). Inequality and the will to change. *Equity and Choice, 8*(3), 45–47.

Lee, C. D. (1995). A culturally based cognitive apprenticeship: Teaching African American high school students skills in literary interpretation. *Reading Research Quarterly, 30*(4), 608–630.

Lundquist, S. (1995). The urban partnership program: A new model for strengthening communitiesthrough educational change. *Community College Journal, 65*(7), 28–32.

Luria, A. R. (1976). *Cognitive development: Its cultural and social foundations*. Cambridge, MA: Harvard University Press.

Lyman, F., & McTighe, J. (1988). Cueing thinking in the classroom: The promise of theoryembedded tools. *Educational Leadership, 45*(7), 18 24.

Marcus, S. A., & McDonald, P. (1990). *Tools for the cooperative classroom*. Palatine, IL: IRI/SkyLight.

Marzano, R. J., Pickering, D., & Pollack, J. E. (2001). *Classroom strategies that work: Researchbased strategies for increasing student achievement*. Alexandria, VA: Association for Supervision and Curriculum Development.

Musial, D. (2002). [Cleveland report]. Unpublished study.

National Center for Effective Schools. (1993). *Multiple intelligences theory in action: Research and the classroom*. Madison: University of Wisconsin.

Noddings, N. (1993). For all its children. *Educational Theory, 43*(1), 15–22.

Ogle, D. (1986). K-W-L: A teaching model that develops active reading of expository text. *Reading Teacher, 39*(6), 564–570.

Parchen, E., Peacock, M., & Neches, N. (Eds.). (1996). *Poetry in motion: 100 poems from subways and buses*. New York: W. W. Norton.

Raiser, L., & Hinson, S. (1995). Writing plays using creative problem-solving. *Teaching Exceptional Children, 27*(4), 59–64.

Resnick, L. B. (Ed.). (1976). Metacognitive aspects of problem solving. In *The nature of intelligence* (pp. 231–235). Hillsdale, NJ: Lawrence Erlbaum.

Riley, D. W. (Ed.). (1993). *My soul looks back, "Less I forget" : A collection of quotations by people of color*. New York: HarperCollins.

Rosenshine, B. (1971). *Teaching behaviors and student achievement*. London: National Foundation for Educational Research in England and Wales.

Rowe, M. B. (1969). Science, silence and sanctions. *Science and Children, 6*, 11–13.

Rubovits, P., & Maehr, M. (1973). Pygmalion black and white. *Journal of Personality and Social Psychology, 25*(2), 210–218.

Sadker, D., & Sadker, M. (1985). Is the OK classroom OK? *Phi Delta Kappan, 66,* 358–361.

Sarason, S. B. (1990). *The predictable failure of educational reform: Can we change course before it' s too late*? San Francisco: Jossey-Bass.

Schmuck, R., & Schmuck, P. (1988). *Group processes in the classroom*. Dubuque, IA: William C. Brown.

Senge, P. (1990). *The fifth discipline: The art and practice of the learning organization*. New York: Doubleday.

Sharan, S., & Sharan, Y. (1976). *Small-group teaching*. Englewood Cliffs, NJ: Educational Technology.

Sharan, S., & Sharan, Y. (1992). *Expanding cooperative learning through group investigation*. New York: Teachers College Press.

Sharron, H. (1987). *Changing children' s minds: Feuerstein' s revolution in the teaching of intelligences.* London: Souvenir.

Slavin, R. E. (1983). *Cooperative learning*. New York: Longman.

Sperling, M. (1995). Uncovering the role in writing and learning to write: One day in an inner-city classroom. *Written Communication*, 12(1), 93–133.

Tribus, M. (2004). *Improving the quality of teaching according to Deming and Feuerstein*. Jerusalem: International Center for the Enhancement of Learning Potential.

Vygotskii, L. S. (1962). *Thought and language*. Cambridge: Massachusetts Institute ofTechnology Press.

Walker, A. (1983). *In search of our mothers' gardens*. San Diego, CA: Harcourt Brace Jovanovich.